Onomastica Sacra...

Paul de Lagarde

indigenus *H* | 18 aut uapor uel *B*, uel uapor aut *FH* | 20 Ascenez *BH* |
20 sic aspersus *BHv*, siue appensus *F*, sic aspergens *μβ*. *in antea
editis et aliquot exemplaribus mss sic aspersus esse testatur* μ | 20 Anuila
BFH, Aevila *μβ* | 21 Archat *B*, Archab *FH*, Arach *v*. μ Archab *mss
ueteres, editos cum paucioribus mss* Archat *habere testatur* | 21 diligens
F | 21 egrediens *F* | 22 siue arguens > *FHμβ* | 22 Ananim *BH*, Ana-
min *F* | 22 respondentis *H* | 22 Amorreum *BF* | 23 Arucheum *B*, Aru-
ceum *FH* | 23 circumrudentem *H* | 24 Asenneum *BH*, Assanneum *F* |
25 Amath *B¹*, Amethi *FH* | 26 Arfaxat *F*, Arfaxad *H* | 27 genera *F¹* |
28 Achizel *F¹* | 28 Abimael *F* | 29 Aran . . . capsa > *FH* | 30 *post*
coangustans + Arram rescum arca uel capsa *FH*, *nisi quod* riscum
H. cf Lagarde gesammelte abhandlungen 288, 25 | 30 Aggay *F* | 30
quaestio *H*, questio *BF* | 30 Amarfal *F*, Amarafal *H*

3

1 Arioc *H* | 1 Astharoth *H* | 2 Amalech *B* | 2 uel *BH*, siue *F* |
3 Aner > *FHμβ*. *habet etiam* v. ,,*editi non nulla addunt hoc loco* Aner
lumen uel illuminatio uel lucerna uel ciuitas uel oculus hominis. *nihil
horum exstat in codicibus mss quos inspeximus, nisi in regio* 3993, *qui
legit uocem* Aner *ante* Agar, *sed absque ulla expositione eiusdem uerbi.
unde autem in librum Hieronymi deriuata fuerint inuenire mihi licuit ex
codice ms colbert* 5216, *ubi auctor anonymus interpretationes nominum hebraicorum collegisse se profitetur ex Origene Hieronymo Beda Rabano et aliis ortho-
doxis patribus. in hac ergo anonymi congerie nomen* Aner *positum ante*
Agar *ab eo sic interpretatum legitur:* Aner amicus Abraham lucerna
uel frater lucernae uel lumen. Aner ciuitas imperialis oculus luminis
uel dolor eorum'' *Martianay* | 3 aduena *FH*, aduersa *Bv* | 3 conuersam
H | 3 Abraam *F* | 4 mei > *v* | 4 populus *BFH*, filius *v* | 5 Abimelec
FH | 5 Arbe *FH* | 6 Assurim *FH* | 6 humilis *B* | 6 siue *BH*, uel *F* |
6/7 Abidae *B¹* | 7 Adbel Ader grex > *FH. habet etiam* v | 7 Aser
BF, Afer *H* | 8 uel beatus > *FH, qui eorum loco* Ader grex *habent* |
8 Anna *FH* | 8 responsponsio *H* | 9 Ahie *FH* | 9 Abdan *B*, Adama
FH. Amada *e coniectura* μ. Abdam *v*? *e uoce* ,,*etiam*'' *a Vallarsio
adhibita elucet* v Abdan *habere* | 9 Achan *B* | 10 iracunde *F*. v = *BH* |
10 decor *FH*. v = *B* | 10 Adad *BH*, Arad *F* | 11 Auidh *H* | 11 mores *F* |
13 moeror] memor *F* | 13 Asenech *B*, Asenec *F*, Asenneth *H* | 14 Amol
FH | 14/15 Aroedi *FH* | 15 Arieli *FH* | 16 A *uocis* Arad *neglegentia
miniatoris* > *B*. *Vallarsi ad* Arad *adscribit quae oraculo delphico ob-
scuriora sunt* ,,*uacat describendo nomini in ms. tum alterum hoc* Asbel
sine expositione praeponitur'' | 16 Atad *FH*, Adad *B* | 17 *in margine*
B beth ϐ beta B be b | 17 Babilon *FH* | 17 uel Babel > *FH* | 18 Betel
F, sed supra t *forma antiqua spiritus asperi graeci, qua non raro ad
exprimendum* h *utitur librarius* | 19 uel *B*, siue *FH* | 19 Balac *FH*.
v, *qui praeponit* Bersa *absque interpretatione*, Bale *habet ut B* | 20 Ber-

sabee.... septimus $>FH$, *habet v* | 21 decipiens F | 21 Bathuel B Batuel F *sed* ⊦ *supra* t *addito* | 21 Beri FH | 22 mei $>FH$ | 23 delinquentem FH | 23 positam FH | 23 Benoni .... 24 dextrae $>FH$. Benoni .... mei *hoc loco habet v* | 23 Benvni B | 24 Balam H | 25 sententia F | 25 *post* eis + Beniamin filius dexterae FH | 25 Bahor FH | 26 Bosora F, Basora H | 26 Badal FH | 27 Balaanna F, Balaanan H | 27 *post* gratiam + Basan pinguis F, + Basan pisguis H. *non habet v* | 27 Baria FH

4

1 Bochor FH | 1 clitellus BH^1 | 1 agnus F, angustus BH | 2 *in margine B* cof p kappa k ce c | 2 acquisitio Bv, lamentatio F, interpraetatio H | 2 Cainam H | 3 Cithii B | 3 amantes F, amentis H | 3 stupentis H | 4 uel B, siue FH | 4 Cinei BFH | 4 *post* possidentes + Ceni nidus meus uel possessio ς *contra* $BFH\mu\beta$ | 4 Cenezei FH. $v = B$ | 5 zelotipus B, zelotipi F, zylotipis H, zelotypus v | 5 uel *prius Bv*, siue F, $>H$ | 5 sessio BHv | 5 Cedmonei BFH | 5 stristia F | 5 uel *alterum B*, siue F, $>H$ | 6 orientales BH, originalis F | 6 Camuel F | 6 uel B, siue FH | 7/8 Core caluitium $>FH\mu\beta$, *habet v nisi quod* Chore *scribit* | 9 c $>F$ | 9 litteram $>H$ | 9 sint H | 10 exin *lineolam supra in habet in B*, = exinde? | 10 χ *in BF prima manu* chi *super uersum additum habet*, chi *loco* χ H | 11 Cerubim H | 12 callidus F | 12 χ *ut* 10 | 13 scriptura H | 13 ⊓ *in B* ⊦ eth *impositum prima manu habet*, heth FH | 14 Chetim confracti $>FH$ | 14 Cethim B | 14 Chanahan F | 16 Chalec BF, Clalec H | 16 Chap- .... 18 doces $>FH$. Vallarsi *ordinem codicum meorum* FH *sequitur* | 17 tortorum Bv | 18 Cesluim B, Chaselubim F, Chaseluhim H | 18 *post* eorum + Chafthorim manus exploratorum siue manus tortorum sed melius capadoces F. *idem* H, *nisi quod* Chafthoriim explaratorum cappadoces | 18 Cetheus B, Chettheus F | 19 excelsus B | 19 *post* fixus + aut F | 19 abscisus FH | 19 *post* sed + et F | 20 incipit FH | 20 consonanti BH, a consonante F | 20 heth BF, beth H | 21 *post* diximus + Chaldei quasi demonia uel quasi ubera uel feroces. Chettiim confracti F. *idem* + H *nisi quod* Chaldaei et Chetthim | 21 Charram FH | 21 fodes H | 22 heth hebreicum [*sic solet F*] incipit F, beth hebraicum incipit H | 22 Chaldaei .... 23 feroces $>FH$ | 24 heth F, het H | 25 Chodorlagomer FH | 26 manipulum FH | 26 Chorrei BFH | 26 quas B | 27 traglitas BH, troglitas Fv. colbertini codices apud μ Troglitas *uel* Troditas, *ceteri ibidem* Traglitas *uel* Troglytas | 27 Chobal FH | 27 Chared H | 28 Cheth FH | 28 Chetura B, Chethura H | 29 uel .... iuncta $>FH$ | 30 Chabrata BH, Chabrath F | 30 chorreus BF, correus H

5

1 seu B, aut FH | 1 *post* meum + Charan v | 1 Chazib FH,

Chazhi *v* [*hoc mendum typographi*] | 2 mandacium *H* | 2 uel cognitio mea
> *v*, „*olim*" uel cognatio mea | 2 Chabor *FH* | 3 incantatio *F. H = B*|
3 heth *F*, het *H* | 4 *in margine B* Deleth ⌐ Delta *⊿* de d | 4 > *FHμβ*,
recepi uersum ex editionibus ueteribus | 4 patruelis .... cognatos > *B* |
5 *ante* Dedan + Dan iudicium aut iudicans *FHμβ* | 5 Dechla *F¹* |
6 suptilis *F* | 6 Demascus *F*, > *H* | 6 petus *H* | 7 Dan .... 8 iudicans
> *FHμβ* | 7 *post* iudicans *editi secundum μ* + Dedan grande iudicium |
9 apes *H* | 9 siue *prius B*, uel *FH* | 9 loquentia *F* | 9 Deson *FH* | 9
pupilla *F, H = B.* pupilla *uoluerat Vallarsi* | 9/10 calcauit *FH* | 11
autem *H* | 12 Desan *FH* | 12/13 elefantum *FH* | 14 uiridem *H* | 15 *in
margine B* he ⌐ e breuis e e e | 15 Erula *B* | 15 ornatum *H* | 18 de-
spiratus *H* | 18 Eueum *BFH* | 19 transitorem *FH*| 19 Ermodad *H*| 19 pre-
pua *H* | 20 dimensuram *H pro* dei mensuram | 20 Elasar *F* | 20 seperans *H*,
sperans *F* | 21 Efrom *H* | 21 iaculo regum *F*, iaculo gregrum *H* | 21 Escol
BF | 22 puluis *tertium* > *F* | 23 Eldea *FH* | 23 uel *B*, siue *FH* | 23 Etheus
B, Ettheus *FH* | 24 Efrata *BF* | 24 ficti [*sic*] id est plasma *FH*, fictus
siue plasmatus *v* „*cum uulgo editis libris*", quos *Martianay eadem quae
B habere testatur*. „*nonnulli codices*" *apud μ = B* | 26 Effraim *B* | 26
frugiferum siue crescentem *FH* | 26 Efrom *H* | 27 Elbel *F* | 28 brebem *H*

1 *in margine B* he ⌐ etha H e e | 1 Elisa .... 2 saluatio > *FH* |
1 deus .... 2 saluatio > *B* | 2 urbis *H* | 2 horribilis *FH* | 3 Epha *B* |
4 fractura *H* | 4 robureus *H*, roboreus *μβ. v = B* | 4 siue *alterum B*,
uel *FH* | 5 Elon *Hβ. corrupte tum in editis cum mss fuisse* Elom *te-
statur Vallarsi* | 5 uel *B*, aut *FH* | 5 roboreos *H* | 6 Eliphaz *B* | 6
Eman *F* | 7 uel *B*, aut *FH* | 7 theribintus *F* | 8 pellicius *FH* | 8 aure
surrectio *H* [*non* aut rᵒ] | 9 heroum *FH*, eroim *B* | 10 dolorum *BH*,
eorum *F* | 11 *in margine B* fe ⌐⌐ fi φ ef f | 11 libies *F*, libyes *H* |
12 Fethtrusim *H* | 12 Felestum *F*, Felesthim *H* | 13 *ante* Farao +
Falec diuidens *F* [*H = B*] | 14 discoperiens *FH* | 14 Faleg diuidens
> *FH* [*sic*] | 14 Ferezei *BFH* | 15 feracitas *sua sit Vallarsi* | 16 Filisthiim
F, Filisthim *H* | 17 *ante* Faldas + Falestim *v* | 17 paupertati *H* | 17
Fau > *H* | 17 aut *B*, uel *FH* | 18 iuncto *FH* | 19 dissecandum *F* [*H
= B*] | 19 Faraes *H, uerum* ae *compendio scriptum e correctura seriori* |
19 Fetefre *FH²*, Fetefce *H¹* | 19 lybicus *FH* | 20 discoperiens *FH* |
21 Fallui *B* | 22 > *FH* | 22 Fanuel *B* | 23 *in margine B* Gimel ⌐
gamma *Γ* ge g, *nisi quod* ⌐ *formam a nunc usitata diuersam habet* |
24 Gergeseus *B*, Gergeseum *F*, Gergesseum *H* | 25 uidit > *F* | 25 siue
FH | 26 materia *F*, macheriam *H* | 27 materia siue spes *F*, macheria
siue saepes *H* | 27 Gazam fortitudinem *FH* | 28 siue *B*, uel *FH* |
29 𝔂 *ut* y *pingitur in B*, ain *FH* | 29 Geter *B*, Gater *F*, Gather *H* |

1 Gegal *B* | 2 propinquantis *H* | 2/3 cornipeta *FH* | 3 Gad *B*,

Gaad *FH* | 3/4 latranculis *H* | 5 quaestionum > *H*, questionum *ante*
hebreicarum *suum* [*sic enim solet*] *habet F, sed signis* || || *in ordinem*
nostrum uocabula redacta sunt atramento ipsius librarii | 6 Gesem *FH* |
7 palpatio *B* | 7 Gerson *FH* | 8 adiectio *B* | 8 Gani *FH* | 9 ortus *B*,
ortatus *F* | 10 *in margine B* Ioth ⁊ iota I i I | 10 Iubal *B*, Iobal *FH* |
11 Iared *FH* | 13 Iebuseum *BFH* | 13 Iactan *F* | 14 Iare *F* | 14 uel
B, siue *FH* | 14 destillans *FH. post hoc uocabulum* + Irad ciuitatis
descensio. Iaram ciuitas eorum. Iras uidit fratrem meum siue fra-
tris mei uisio *FH, nisi quod* Iram *pro* Iaram *habet H.* $\mu\beta = B$ | 14
Iesca *B* | 15 Ismael *F* | 16 os *BF*, uos *H* | 17 Iesboch *BFH* | 17 tactis
H | 18 ordinata *FH* | 18 Iudit *B* | 18 laudas *H* | 19 I⋆uda *B* | 19 Isa-
char *FH* | 20 *post* augmentum + Ior riuus $\mu\beta$. *v non habet* | 20 Ior-
danen *F*, Iordanem *H* | 20 descessio *H* | 21 Ieboc *FH* | 21 Iectran *B* |
22 Ieteth *F*, Ietehth *H* | 23 Irad.... 24 uisio > *FH* | 23 dissensio *Bv* |
23 ciuitas *e* ciuitatis *correctum B* | 24 Iemuel *F*, Iemuhel *H* | 24 *ante*
dies *littera una radendo deleta in F* | 25 Iamim *F*, Iamen *H* | 25 mag-
nus *F* | 25/26 Iaalhel *F*, Ioalhel *H* | 26 uel .... 27 marina] uellans
deumma prestorina *H* | 27 Hiesua *H*

1 Iesul *FH* | 1 Iasehel *FH* | 3 *in margine B* Lamech ♭ Lauta λ
el l | 3 Lamec *B* | 3 humiliatum aut percutientem *FH* | 3/4 Ludiim
F | 4 natis *H* | 4 Labiim *FH* | 5 Lasa *FH* | 5 Luth *B*, Lut *F*, Lud
H | 5 Lot *H²*, Lut *H¹*, Loth *BF* | 5 uinctis *H* | 6 Lathusim *B*, La-
tussim *F* | 6 Loommin *F*, Loommim *H* | 7 matris *F* | 8 Lotam *B* | 8 uel
B, siue *FH* | 9 *in margine B* mem 𝕡𝕔 mi aa em m | 9 Mahuhiahel
FH | 9 dominus *BF²H*, deus *F¹* | 9 Malalehel .... 10 deum > *FH* |
10 Matusale *B* | 10 emissio *FH*, concussio *B* | 11 *ante* Magog + Ma-
lelehel laudans deum *F*, + Maallelel laudans deum *H* | 13 Mosoch
.... certe] *nil nisi* te *in medio uersu H* | 13 Mesech *F* | 14 hostis *F*,
hoc est *H* | 15 mensraim *B¹* | 15 appelletur *F*, appellatur *BH* | 15/16
e uado *Lagarde*, euado *B*, elado *H. F = H, nisi quod super o lineolam*
addit. elatio $\mu\beta$. *v = B aut ut ego, nam typographus Vallarsii uenetus*
adcuratus non est | 16 diuisiones *F*, diuisionem *H* | 16 praespicuam *H* |
17 Masech *BF* | 17 Moab de patre > *FH. habet v* | 18 frangentem
siue confractam *FH* | 18 Mada *B*, Medan *F*, Maedan *H* | 18 metientem
siue respondentem *FH* | 19 Mabram *B, sed supra uersum* uel sam. Ma-
san *F*, Massan *H*, Mabram *v et editi apud* μ | 19 iucunditatibus *H* |
20 Masma *B*, Masme *F*, Masmae *H* | 20 uel *B*, aut *FH* | 21 Mahe-
lethi *B*, Melethi *F*, Maelethi *H* | 21 Mezza *FH* | 21 Manath *F*, Manat
H | 22 donati *F¹H. correxit in F prima manus* | 22 Masrecha *BF* |
22/23 sibilans *FH*, libans *B* | 23 Metthael *F*, Mettabel *H* | 23 Matraid
F, Metraid *H*, Madred *v* | 23/24 persecutio *FH*, percussio *Bv* | 24 Mi-
zaab aquam hauriens *B* | 24/25 siue aquam fluens [*sic*] *corrector co-*

acuus in margine B addidit. aqua *ex FH* | 25 Mabzar *B,* Mapsar *F* | 25
manita *H* | 25 Magdahel *FH, sed* d *F in rasura* | 25 repromissione *FH* |
26 magnificet *B* | 26 Madianei *BF,* Madienei *H,* Madianim *v* | 26/27
uel Madianitae > *FH, habet v* | 27 Mannasse *F* | 28 Melchiel *BFH*

1 uindens *H* | 1 Memfon ....eorum > *FH* | 1 Melchisedech *BH* |
1/2 iustus *BFH* | 2 *post* stitiae + Menfon de ore eorum *F,* + Memfon
de ore eorum *H* | 3 *in margine B* nun ꝫ ꝫ. ni N. en n. | 3 decor *FH* |
3/4 uoluntas *F* | 4 Nebroth *F,* Nebrod *H* | 5 aut *B,* uel *FH* | 5 Ni-
neue *H* | 6 Nesthuim *F,* Nefthum *H* | 7 requiescenti *B* | 7 Nabeoth
FH | 8 Nabdahel *F* | 8 deo *BH,* dei *F* | 8 Nafes *FH* | 9 Neptali *F,*
Nepthali *H* | 9/10 uel implicuit me uel dilatauit me *v* | 9/10 implicuit
B, implicauit *F,* inplicauit *H* | 10 Naeth *FH* | 10 Naeman *FH* | 11
in margine B hebrei. o. non. habent. scripto. sed pro eo. v. uel. a. scri-
bunt. o. breue. o. o o. | 11 Oreth *BFH,* Obeth *editi apud μ* | 11 Ocho-
zat *B,* Ocozat *F addito spiritu aspero super* c | 12 Odolamites *H* | 13
Offimi *FH* | 13 thalamis *F* | 16 *in margine B* domega ω o.o. *sed cauda*
litterae d *lineâ transfixa* | 16 Ophyr siue ufir, *F,* Ofir siue ufir *H.* Ophir
siue Uphir *μ, qui in editis libris et aliquot 'mss siue* Aphir *esse testatur.*
siue Aphir *v* | 16 per > *F* | 16 *post* scribitur + et *FH* | 18 moeror
eorum] mater reorum *H* | 19 *in margine B* Res ꝛ Ro. p *deinde* ef ſ
uidetur secutum esse nunc spongia deletum | 19 Rifeth *F,* Rifet *H* | 19
buccillam *H* | 19 uidens *alterum BH,* uendens *F.* | 19 Rhodi *H* | 20 ro-
dimet *F* | 20/21 aut patruus *B,* aut paruus *F,* aupatrus *H* | 21 Raama
F, Raamma *H,* Rechema *v* | 21 tonans *Bv,* tonitruum *F,* tonetrum *H* |
22 Roobooth *F¹* | 24 uel *primum B,* siue *FH* | 24 pacientiam *F* | 25
aut *B,* uel *FH* | 26 accentorum *H,* actuum *F* [*sic*] | 29 Raguel *F,* Ru-
guhel *H* | 29 Ros *F* | 30 uel *prius Vallarsi in* de *mutari uolt* | 30 *utroque*
loco tinia *H, altero* tine *F* |

1 uocalibus *B,* uoca *F,* uocabulis *H* | 2 interdum una sit *FH* |
2 litterae *H* | 4 Hebraeos] eos *F* | 4/5 littera *FH* | 6 s > *FH* | 8 no-
strae aures *FH* | 8 reformidabant *B¹* | 8 sicui *F* | 9 atque aliter > *F* |
12 *in margine B* Samech ם sin ש zadi צ Sade p simma c ef ſ | 12/13
poculus *F* | 13 seu *B,* uel *FH* | 15 Sabatha *B²,* Sabathaca *B¹,* Sa-
bata *FH* | 15 *utroque loco* circumiens *FH* | 15 Sabathaca *B,* Sabatatca
F, Sabacatha *H* | 15 uel *B,* siue *FH* | 16 dendium *H* | 17 Sidomna
uenenatio *F* | 17 Samareum *BFH* | 18 coniunctis *H¹,* coniunctvs *H²,*
coniunctus *F* | 18 meus *FH* | 18 *post* sed + et *F,* + i *H* | 18 custus *H* |
18/19 Sodomorum *FH* | 20 dammularum *FH, quod recipere debebam*
20 statio *prius F,* stratio *BH* | 20 aut *B,* uel *FH* | 21 Salef *B,* Sala
F, Sela *H* | 21 Soffera *F,* Sofera *H* | 21 *Vallarsi* Seruc *suasit et*
et mox 22 profectus, *nam corrigiam uocari* שרוך *et apud LXX esse* Σε-

ϱούχ, *in lexico Origenis graeco autem* ἀπάρτημα *nomen nostrum explicari*|
22 Sarri *F* | 22 humeri *BF* | 22 aut *B*, uel *FH* | 23 Soor *H* | 23 Sen-
naal *B* | 23 dentes *F* | 23 pater > *F* | 24 fętor *B*, foto *F*, factor *H* | 24 Seme-
bad *F*, Semabat *H* | 25 supra > *F* | 26 scribaturque *BF*, scriptura
quae *H* | 27 sauhe *B*, Saue *FH* | 27 elatio *B*[1] | 28 Sarra *F*, Sara *H* |
29 aut *B*, uel *FH* | 29 Saba *BFH* | 29 recte *FH* | 30 cantelena *H* | 30
Simeon *F* | 30 Sale *B* | 31 Sicimorum *FH* | 31 humeri *BF* | 31 > *F*[1]

1 sichem *F* | 2 Sofur *H* | 3 Safon speculator > *FH* | 3 una *F* | 4 uices
F | 4 *post* portandum + Saphon speculator *F*, + Safon speculator *H* | 5 expe-
ditus *F* | 5 Saba *F* | 6 Selo *FH* | 6 eius *prius B*, ei *FH* | 6 eius *alterum*
> *F* | 6 Somtonfanec *B*, Somphonfanec *F*, Sompthon fanec *H* . *prae-*
stantissimus codex Mareschalli apud Vallarsium Somthofanec | 7 correpte
Vallarsius e codice Mareschalli protulit | 7 saphnecfane quod *F*, saphnec
fanae equod *H* . β *e codice Mareschalli* Saphinet fane *adnotauit* | 8 ęgip-
tiis *F*, egyptis *H* | 9 quodquod *H* | 9/10 Semro *F* | 10 Sarad *FH* | 11
tristię *F* | 11 Soni *FH*, Som *B* | 12 sibilams *F*[1], siuilans *H* | 12/13
umecta *FH* | 13 Satalam *BH*, Sulam *F* | 14 *in margine B* thet. V tau.
ꞇ te . t | 14 Taech *B*, Tabec *FH* | 14 *post* occidens + id est interficiens
FH | 14 Tacho *BH* | 15 Ucusque *F* | 15 simplicem ꞇ litteram *H*,
simplicem litteram *F* | 15 legimus *F* | 15/16 adspirationem *H* | 17 *in*
margine B thaf ת theta θ t. h. t. h. | 17 Tobel siue Tubal *F*, *sed super*
T *utrumque antiqua spiritus asperi forma prima manu scripta est* | 17
uel *B*, siue *FH* | 17 ad *alterum BF*, aut *H* | 18 Tyras *H* | 18 ad *B*,
aut *FH* | 18/19 Thagorma *H* | 19 Tharis *H* | 20 *post* laetitiae + siue
gaudium *FH* | 20 Tara *v* | 23 Thamna . . . deficiens > *F* | 23 Thamnath
Lagarde, Thamath *BFH* | 24 *post* data + *omissa* 23 *F* | 24 Tholahe *FH* |
25 Thesmon *B*[1] | 25 fertinus *H* | 26 *in margine B* vaf 1 u u | 26 consa-
lator *B*[1] | 28 *in margine B* zain p zeta z | 28 Zemram *FH* | 28 Zelfans *B*[1]

1/2 *Vallarsius glossas claromarescanas mss apud Rosweidum* habitacu-
lum pulchritudinis *praebere auctor est* | 2 fluxis *H* | 2 Zaban *F* | 3 Zo-
zommim *FH* | 5 > *H in uersu uacuo* | 5 interpretationes > *F* | 6 Aser
beatus *post* fortis *ponunt FH* | 7 Abeberim *H* | 7 uel *B*, siue *FH* | 8
Anatim *F*, Anacim *H* | 8 siue *BF*, siue siue *H* | 8 humiles uanos *BH*,
humilis unus *F* | 10 Ambram *H*, Abraam *F* | 11 Abin *B* | 11 est > *H* |
11 pater ipse *FH* | 12 Abiasar *Bv* | 12 Amalech *B* | 12 brutus *BF*, bra-
chus *H*, bruchus μβ, *nam Martianay* יךל *in uocabulo quaerebat* | 13 Ac-
cerubim *FH* | 14 Ahisamech *F*, Achisamalech *H* | 16 Beseleel *F* | 16
Behelsefon *H* | 17 molaresidentis *F* | 17 dolens μ *typographi mendum?* |
17 uel *alterum B*, aut *FH* | 18 Cananei *F*, Canani *H* | 19 uel *prius B*,
aut *FH* | 19 Carmi *F* | 20 Cherubim *H* | 20 aut . . . 21 intellectus *in*
margine B, *ut uidetur prima manu* | 20 aut scientię *F* | 22 uel *B*, siue

FH | 23 Ebraeorum . . . . transitus > *F* | 23 hebreorum *H* | 23 Ethi
BH | 23/24 tumerunt *F*, *supra uersum inter* m *et* e *additum* v | 24 obstipuerunt *FH* | 25 Emorreum *BFH* | 26 tristię *F*, iustitiae *H* | 29 Edom
rufus *B in margine tantum, loco ubi inserenda essent non indicato* | 29 *post*
Edom *octo litterae deletae in H* | 30 Ucusque per breuem e litteram *F*

13

1 Elisafam *BFH* | 2 Elisamei *B*, Elisami *F*, Elisame *Hv* | 3 Elchana
B | 3 Ethan *B* | 6 dissipator *FH* | 6 dicoperuit *F*, discoperuit *H* | 7
uel *BH*, siue *F* | 7 Foa *FH* | 8 rubum *H* | 8 Futhiel *B*, Fothiel *F*,
Fotihel *H* | 9 loci aduerbium *FH, post quae* + est *H* | 9 dei *B*[1] |
10/11 uel orrere quaeuita ut augurium ori *H* | 10 aut oris *B*, auctoris
F, de H modo exposui | 11 Filistim *B*, Felesthim *H* | 11 occiderunt *H* |
11 Fasech *B* | 12 transcessio *F* | 13 uel *BF*, aut *H* | 14 aduena *prius*
B, incola *F et colbertinus* 4354 *apud* µ, incla *H* | 14 Gersoni *BFH* | 14
corum *H* | 14 siue *BH*, uel *F* | 14 aduena ibi *BF*, abbentubi *H* | 15
pipillę *F, sed* v *super* i *prius scriptum manu antiqua* | 15 accinctio *BF*,
uechinccio *H* | 16 Gamaliel *BF* | 16 Gohel *H* | 18 Goni *FH* | 18 orti *BF* | 19
Gabaa *H* | 19/20 attiocorum *F* | 20 *post* trium + Hebreorum transeuntium
Hebrioth transitus Horeb ardor siue siccitas uel solitudo *F* | 21 Israel
F | 23 Ietro *BF* | 23 Iebusei *Bv.* „*olim Iesubei" teste Vallarsio, quod*
nescio utrum ad v *an ad editiones Hieronymi ueteres pertineat . in quibusdam mss apud* µ Iesubi *et in editis apud eundem Iesubaei* | 24 Iamuel
BF | 24 Iachim *F* | 25 Iesar *F*, Iessar *H* | 25 mea > *F* | 26 metaforicus *FH* | 26 Iocabed *F*, Iochabed *H* | 27 uel *B*, aut *FH* | 28 est > *H* |
28 *post* palma *alterum* + saluator *H* | 29 "liquentis materię" mensura
F | 29 materia *H* | 30 Labeni *FH* | 30 uel *BH*, aut *F* | 30 aut *BH*,
uel *F*

14

1 Merraim *H* | 1 hortes *F* | 1 eorum > *F* | 1 Moyses uel > *FH* | 1
Moses *BF*, Mosen *H* | 2 uel *B*, siue *FH* | 2 eaqua *H* | 3 amaram *F*,
amuraim *H* | 3 amaritudinis *F* | 4 ab initio *BF*, ambitio *H* | 4 Mosy
F, Musi *H* | 5 uel *B*, siue *FH* | 5 Mesahel *F* | 5/6 interrogat *H* | 6
Magdola *FH* | 7 Mariam *suasit Martianay* | 7/8 aut zmirna maris aut
stella maris *BH, nisi quod* smirna *B*, aut stella maris aut smyrna
maris *F* | 8 Mara uel > *FH* | 8 *super* Merra *B* uel y, Mirra *F* | 8
Marat *B* | 9 hu *et* est hoc > *FH* . v = *B* | 10 Nepthali *F*, Neptali *H* |
10 Nefec *FH* | 10 pronum *F*, prunum *H* | 11 Neesson *FH* | 12 uel *prius*
> *FH* | 13 Oziel *BF* | 14/15 mensura trium modiorum *FH* | 16 sequuntur *H* | 16 lelenda *H* | 18 Oreb *BF*, horeme *H* | 20 filius *BH*, filios *F* |
20 uidete *FH*, uiden *et supra uersum prima manu sigla typis non imitanda B* | 20 Raamses *F*, Raamres *H* | 21 lętus *B*, letatus *F*, lactus *H* | 21
de tinea malicia *B* | 21 Raguel *BF* | 22 Rafidin *F*, Rasidin *H* | 22/23 autui
sioris *H* | 24 Simeon *F* | 24 audiui tristitia *H* | 26 Suriel *F* | 28 audi-

uilaudatio mea *H* | 28 Setri *B* | ˙29 Sochoth *B*, Socchot *F*, Sechechot *H* | 30 uel mandatum > *FH* | 30 Sin *BF*, Syri *H* | 30 anphorę *F*, amphore *H*

1 Synai *F*, > *H* | 1 rubus > *FH* | 1 siue *B*, uel *FH* | 2 Sethim *Bv*, Segim *FH et colbertinus optimae notae apud* μ | 3 Themana *FH* | 3 ager *B* | 4 Thole *F*, Tholate *H* | 4 Theet *B* | 6 Zebulon *H* | 6 Zetri *B*, Zecri *H* | 7—9 > *FHμβ*, *habet v* | 10 Badri > *FHμβ . eius loco* Leuitici *F* | 10 *ante* Fath + Melcho regi . Salomin retributio uel pacifica *FHμβ*, *nisi quod* Salumin *H*, Salumith *μβ* | 10 quod *BH*, cum *Fμβ* | 11 septentrionalis plaga *FHμβ* | 11 Melcho . . . . 12 pacifica > *FH* | 13 > *H*, numerorum *F* | 14 Aaron . . . 15 neus > *FH*, *habet v* | 15 Ammiod *FH* | 16 annuntia *F*, adnuntia *H* | 16 meam > *F* | 17 Admisedai *F*, Amisedai *H* | 17 pupulus *H* | 17 Achan *B¹*, Acharan *FH* | 18 turbabit *F* | 18 Ahierę *F*, Achiree *H* | 18 Anam *B* | 18 Abia *H* . Abaia *v*, *mss uetustiores apud* μ Abaia *uel* Abala | 19 iuste *BH*, iustus *uel* iuste *aliquot mss recentiores et editi apud* μ, *uetustiores apud eundem* iste | 19 habundantia *FH* | 20 beatitudinis *BFH* | 20 Ammihel *H* | 20 dei *BF*, diei *H* | 21 Aiman *H* | 21 Anachim *BF* | 22 Aetthi *F*, Aethi *H* | 22 obstupescens *B¹* | 22 uel *B*, siue *FH* | 22 paterrens *H¹* | 24 Aarad *F* | 24 discensionem *H* | 24/25 *per neglegentiam miniatoris* tarum *B*, Aatharim *F* | 25 explorator *FH* | 25 Ahei *FH* | 25 quam *BH*, quum *F* | 25 λιϑολογίαν *non difficulter legitur in B*, ΑΙΟΟΛΙΑΗ *F*, ΝΕΟΝΑΝ *H* | 25/26 Aranon *FH* | 26 aceruum *FH*   26 uigila *F* | 27 Aggag *B* | 28 Asur *B* | 28 *post* Assur + id est *F* | 28 solemnis *F* | 29 Arieli *F*

1 Ammon *BFH* | 1 Aserahel *F*, Asarahel *H* | 2 ista > *F* | 2 Alchiram *B¹*, Ahiram *F*, Airam *H* | 3/4 certaminit *F*, *qui super* m *siglam* s *scribit* | 4 iniit > *H* | 4 aut *FH*, Auth *B nouum nomen* | 5 Aabarim *F* | 5 significantie *H* | 6 dicitur πέραν *FH* | 6 Atharod *B*, Atharoth *F*, Ataroth *H quem sequi debebam* | 7 mirice *B*, myrice *F*, myrrice *H* | 7 Abiroth *B*, Airoth *H* | 7 Alas *BH*, > *F* | 8 commisse *H* | 8 firason *B*, φιρασον *F*, φυρατον *H* | 9 obstipuit *F*, obstipui *H* | 9 siue *BH*, aut *F* | 9 aut *BH*, siue *F* | 10 munera *B* | 10 uel *B*, aut *FH* | 11 Achiam *H* | 12 Abethsatim *B*, Abelsettim *F*, Abelsethim *H* | 13 Achrabbim *B* | 13 decent *addita lineola super* t *F* | 15 Ahin *FH* | 15 Azam *B* | 16 Ahidod *BFH* | 17 Bamot *B* | 18 brucus *FH* | 19 ignomina *F* | 19 nibus adicitur *H* | 19 Balach *B* | 19 uel *alterum BH*, siue *F* | 20 siue *prius B*, aut *FH* | 20 Balam *FH* | 21 uel *B*, aut *FH* | 21 Baal *FH* | 22 Balfohor *F*, Balfoor *H* | 22 pellicium *FH* | 22 Bacar *F*, Bachar *H* . *v* = *B* | 23 agnus > *v* | 24 uel *B*, siue *FH* | 24 Beelsefon *FH* | 25 in > *H* | 25 Barnee *F*, Bamech *B*, Bamec *H* | 26 commotatio *H* | 27 arce *FH* | 28 Baalmeon *FH*

17

1 Benachan *B*, Banaean *F*, Banacan *H* | 1 siue *bis H* | 2 aut uetus >
F[1], *pr m addita inter uersus* | 2 uentus *H* | 3 cõmutat⁹ *B*, conmotus *H* |
4 pessesio *F* | 5 Canat *B* | 5 zelotopia *F* | 5 Calaatha ecdesia *H* | 6
Cadesbarnę *B*, Cadesbarnee *FH*, | 6 uel > *FH* | 7 oppidulum *F* | 7
uitium *H* | 7 Camuel *BF* | 8 deus > *H* | 9 Ucusque *F* | 9 c litteram
simplicem *B*, c simplicem *F*, c simplicem litteram *H* | 9 legimus *F* |
9/10 adin spiratione *H* | 12 Chalep *F*, Caleb *H* | 12 uel *B*, aut *FH* |
13 congregatos *H* | 13 attrectatio *B*, attractio *F* | 13 Chasbi *FH* | 14
chitararum *F* | 15 sceleratae *H* | 15 uel quasi *B*, aut *FH* | 15/16 Che-
rubim *FH* | 16 uermicula *F* | 16 scientia *H* | 18 Deuhel *F*, Dehel *H* |
18 Datham *FH* | 18 domum *H* | 18 siue *B*, uel *FH* | 19 Debon *FH* |
19/20 habundanter *FH* | 20 Debongad *FH* | 21 uel *B*, siue *FH* | 21
Debelatan *F*, Debelathan *H* | 21 lateris *H* | 22 quas *prius* > *FH*, quę
B | 22 quas *alterum in H* quos *fuit, recenti manu emendatum* | 23 de-
blatan *B*, debelath *F*, debellant *H*[1], debelant *H*[2] | 23 gᵉci *B* grece
H | 23 palatas *BF*, palathas *H* | 23 *ante* loco + itaque *FH* | 24 pa-
latę *B*, palathe *FH. antea* palata *fuisse Vallarsius testatur* | 25 Effraim
B | 25 Elaad *FH* | 25/26 solitarius *H* | 26 uel *B*, aut *FH* | 26 Erina *H* |
27 cinculum *F* | 28 uel *B*, siue *FH* | 29 uanus *BH*, unius *F* | 29 Eladi
F | 29 Ebrana *F?* Ebruna *H* | 30 transgressus *B*, transcensus *FH* |
30 Ennihhel *H*

18

1 Efod *F*, Efoti *H* | 1 superhumerale *BF* | 1 Escol *BFH* | 1 botris
FH | 3 ₊Ucusque *F* | 5 meus *alterum* > *F* | 6 pater *prius* > *F* | 7
Elisamat *H* | 8 Elisafat *H* | 9 Edroi *FH* | 10 aut *BH*, siue *F* | 10 uel *B*,
aut *FH* | 10 pellicius *FH*, pollicens *B* | 10 aulon *B* | 12 Etam *F* | 13 fons
BF[1]*H*, frons *F*[2] | 15 Fodasur *FH* | 15 fortis > *F* | 15 Fagiel *F*, Fagihel *H* |
16 uel *prius BF*, aut *H* | 17 Falecti *BFH* | 17 Feleth *FH* | 17 Fesga
FH | 18 uel *BH*, siue *F* | 18 aut *B*, uel *FH* | 18/19 Fethrora *F*[1] | 19
bucella *H* | 20 uel *prius* > *H* | 20 uel *alterum* > *FHμ* colbert 4951
apud μ | 20 sile *H* „exemplaria" *apud μ*, > *F* colbert 4951 . uel silet
habet v ut „antea editi" *apud μ* | 21 Faros *FH* | 21 Finon *F* | 22 Farnac
B, Farenath *F*, Farenach *H* | 23 Gedeoni *BFHv*, Gedeon *editi* | 23
uel temptio *H* | 23 humilitatis *FH et omnes uetustiores mss codices apud*
μ, iniquitatis *Bv et editi ueteres* | 25 Iefanne *B*, Ifanne *FH* | 25 proprin-
quus *H* | 26 discessio *H* | 27 factam *B*[1] | 28 Iabo *B* | 28 *pro* יִרְחָן Iarib
B, Ieribus *F*, Ierib *H* | 28 Iasu *FH*

19

1 Ieseui *FH* | 3 Ietebata *B*, Iethebata *F* | 4 adducᶦ *F* | 4 redimes *BH* |
5 Lobna *F . hoc uolebat Vallarsius* | 6 Manasse *FH* | 7 Madad *F* | 7
Michael *BF* | 8 Matthana *FH* | 8 Madaba *F* | 9 restituit *F* | 9 ue-
numdauit *F*, mundabit *H* | 10 Melca *F* | 10 Malchiel *BFH* | 10 Ma-

cheloth *BF* | 10 ecclesiae *FH* | 11 Mathea *H*, Matcha *BF* | 11 dulci-
tudo *Hμ* | 12 Moseroth *FH* | 12/13 uel disciplinae aut successiones *FH* |
14 Nathanel *F¹*, Nathanael *F²* | 14 absconditi *FH* | 15 Neffe *F* | 15
spirans *FH . v = B* | 15 Namuel *B*, Namuuel *aut* Namuel *F*, Namoel *H* |
16 do miuit *H* | 16 in quo *Bv*, inquiunt *FH* | 16 Naa *F* | 16/17 significan-
tius grẹci *F*, significantius greci *H* | 17 salon *B* | 17 netman *F* | 17/18 corum
H | 18 paradisus *H* | 18 ueniemi *F??* ueniemus *BH*, *quod in editione
mea pudenda typothetae neglegentia inter inprimendum me inuito de-
prauatum est* | 19 clusione *B¹F* | 19 Naasson *H* | 21 Othotam *F* | 21
Offan *FH* | 22 talumi *F* | 22 Offer *F*, Ofer *H* | 23 heth *B*, h&h *F*,
apud quem h *prius radendo deletum et in margine* ⊓ *rudiuscule pictum
additum est,* haec *H* | 24 littera *H* | 24 legimus *F* | 24/25 extensemus
F | 26 amplexatus *FH* | 26 quoquens *F* | 27 exclcdens *F¹*, exclvdens
F², excludeṇs *H* | 27 Oose *B* | 28 Onam *BF*, > *H* | 28 uel musitatio *B*,
aut musitatio *FH* | 29 Obat *B* | 29 magnus *F* | 29 phitonissa *BFH* |
29 grece *FH*

1 *B* ɛνγαστριμνϑων *scribit ita ut legi satis commode possit, eodem modo*
F ɛνγαστριμον ον *exhibet,* *H* ensac *latinis litteris et* τριμνϑον *graecis
praebet.* γγ *nemo horum habuit* | 3 Rafac *F* | 3 Raoh *H* | 4 siue *BH*,
uel *F* | 4 picturẹ *F*, picturae *H* | 4 Reue *F* | 4 an *F¹, in margine* ỿ |
5 scribiturum *H* | 5 Ratma *B* | 6 Remmonsares *H* | 6 mali granati
BH, maligna *F* | 7 frenum *B*, fenum *H* | 8 sadesor *F*, Raddesor *H* |
8 meorum *F* | 8/9 Salamiahel *F* | 9 Surisadde *FH* | 10 suriel *F* | 11
ante fortis *in* *F duae litterulae radendo deletae* | 11 *post* deus *alte-
rum* + pusillus *H* | 11 Soar *FH* | 11 pusillus Samue > *H* | 11 Samoe
F | 12 Safat *BF*, Samoe *H* | 12 Sodi *BF*, Safat *H* | 13 Susi *BF*, Sodi
H | 13 Sethur *BF*, Susi *H* | 13 uel *B*, siue *FH* | 13 diuertens *H* | 14
Sisai *BF*, Sethur *H* | 14 Soon *BF*, Sisai *H* | 14 *post* egypti *suum* +
Sion tanis urbs aegypti *H* | 15 gramen *compendio scriptum B* (g *lineola
inposita, cum* ger *sit* g⁸), germen *FHμβ* | 15/16 inutile *BFHv*, > *μβ* |
16 Seffor *FH* | 16 Sethim *B*, Setthim *H* | 17 Sathan *B*, Satam *H* | 17
Sedh *F*, Sed *H* | 18/19 ɛνσϑαϑɛς *B cuius litteras imitari typis gottin-
gensibus nequeo,* ɛγπαɛνc *F*, σνɛɩλϑνσ *H* . Martianay: „pro* ɛνπαϑὴς *a
nobis restituto ad fidem mss codicum editi legunt* ɛνσταϑής: *qua uero
auctoritate uiderint illi qui tanto studio antiquas defendunt editiones".
scaphusanus graeca non habet, babenbergensis alter* 16ᵇ ɛγπαɛнc, *ut hunc
cum FH in lectione* μβ *tuenda conspirare certum sit. uerum B ut editi
ueteres* | 19 uel *B*, aut *FH* | 20 Sefoin *H* | 20 aut *B*, uel *FH* | 20 spe-
culẹ *F* | 21 coccum *FH* | 22 Sērom *F, fini* m *punctum subpositum* | 22
custos eius *BH*, cultus ei *F* | 22 Sychem *F* | 22 humerus *B* | 22/23
Semidabe *B*, Semidahẹ *F* | 23 Salfaat *B*, Salfaad *F*, Safaad *H* | 23
fortitudinis *F* | 24 Sutala *B*, Sutalẹ *F*, Suthale *H* | 25 uel *B*, aut

FH | 25 sfupan F^1, sfufan F^2 $\mu\beta$. *Martianay in editis et aliquot recentioribus mss libris* suphasim *se legisse testatur, in aliis uero numero et uetustate praestantioribus* saphaphim | 26 rostrorum $FH\mu\beta$ | 26 safafim F, fafafim H | 27 Sarae B^1 | 27 Sicer F^1 | 28 hebrietas F | 28 Salem F | 28 quempiam F | 29 labia FH

1 ericius B, ˺ ericius F, herecius H | 1 Sochot B, Socoth F, Sochcoth H | 1 Sammona H | 2 umbram H | 2 aut BF, autem H | 2 Sin B, Sian FH | 2 sitiens BFH, sciens v | 3 Seddada H | 4 g°ci aycϑaka B, grece ʍүcтка F, greci ʍтcтшc H | 5 Safutum F, Safatam H | 5 Samuel B, *frisingensem* Samuhel *uoluisse credo, sed nunc* Samuel *legitur, cuius uocali tertiae cauda sinistra* h *inposita cernitur* | 7 Tholę F, Thole H | 7 uel B, siue FH | 8 εὐδοχοῦσα *facile legitur in* BH, ϵүтокᴅyca F | 8 Thena $>$ H | 9 donata BH, dona F | 9 Theeth H, Thet B, The . & F | 10 littera hac B, ᴛ littera F, te littera H | 11 principiis sunt FH | 12 Uaphsi FH | 13 Zachar H | 13 Zarat B, SZarad F^1, Zarad F^2H | 13 Zoab F | 14 exaceruans H | 14 Zere F | 15 Zefer . una BF | 15 palmus F | 16 meum $BFHv$, $>$ β | 17 = B, deuteronomio H, deutero nomium F | 18 uel *prius* $>$ FH | 18 ouilia $>$ F^1, uilia H | 18 uel *alterum* B, siue FH | 19 uespere F | 20 Auotgair B, Auothair F^1H, Auothiair F^1 | 21 authiair H, Aüthjair μ, Authjair β. „*in aliquot mss et editis antea libris* [v] Avathjair" *Martianay* | 21 Achan B | 22 &h F, th&h H | 23 si uero per alef B, si uero per aleph F, siueopera leph H | 24 dines FH | 24 populi BH, popilli F^1, pvpilli F^2 | 24 uel B, siue FH | 26 Baalfeor FH | 26 superi B | 26 Barar H | 27 siue in angustia *recte a me praescriptum typotheta deprauauit* | 27 ue infanti F | 28 mutationis $F\mu\beta$. v = BH | 28 Bulaam H, *qui* aa *e correctura habet, quid prius scriptum fuerit, nescio* | 28/29 populus uanus F | 29 + uel sorbitio $\mu\beta$ *contra* $BFHv$

1 Cademoth *in* H *a nescio quo modo mutatum habet* | 2 sequuntur H | 4 Chorreus BFH | 4/5 ϑⱴογαϱϵⱴ B, ϱοσαι тηη F, тⱴи tain* H, тϱωγλιтηⱴ *Martianay* „*omnes mss*", тϱωγλίтηⱴ *Vallarsi* | 5 dicunt B, uocant FH | 5 Capthorim F, i *subter lineam producta*, Capth thorim H | 5 turturum H, tortorum BF | 6 Capthor FH | 7 inunatio F | 8 discensio F, descemsio H^1 | 8 Eui F | 8 niqui F^1 | 9 Esdom H | 9 Emim F | 10 Quatuor B | 10 sequuntur H | 11 genda sunt H | 12 lapidum *prius* BH, lapidis F | 13 αι ϑοασϵωⱴ B, ⱼⱼⱼⱼ F, ⱼⱼⱼⱼ H | 13 πωүнсιc B, ⱼⱼⱼⱼⱼ F, ⱼⱼⱼⱼⱼ H, *qui* o *alterum punctis additis deleuit* | 13 uel frusta aut fractura v | 14 terribilis F | 16 Farga H | 16 abscissa F^1, abseisa H | 16 hos H | 16 Faran $\mu\beta$, Faras BFH | 20 Gessuri F | 20 uicina H | 21 uel B, siue FH | 21 uoluptabrum F, uoluptas $\mu\beta$. v = BH | 22 Gergeseum B, Gergesseum F, Gerseseum H | 22 uoluptatio

F | 23 aduenti H | 24 litoloeon B, αιεοαυαιϲ can F, λϑϑολοϲιον H | 25 iccirco B | 25 praetermissimus F^1? | 26 est $>$ H | 26/27 uel dicenda $>$ B | 27 a $>$ H | 28 facere mentionem F, facere mentationem H, *uerum facere* H *prima manu in rasura habet*

23

1 directa F | 1 *ευϑιαν* BF, eroiaϰ H | 1 adque H | 2 Maachati BFH | 2 facti H | 2/3 percussus H | 4 uel B, siue FH | 5 conceptos H | 5 cōphensio B, cōprẹsio F, conprae hensio H | 6 Rafaim FH | 7 uidentē F | 7 inter me $>$ H | 9 uel B, siue FH | 10 ds $=$ deus B^1, *uerum en* super *uersum prima manu additum* | 10/11 Salcha leuans uel tollens uenit v | 11 leua $FH\mu$. β $=$ B | 11 Sethim B | 11 capraẹ B^1F, caprea B^2H | 12 dammulaut H, *prima manu a super au addita* | 12 mare $>$ B | 12 Sames $BFH\mu\beta$, *emendaui ego: indicatur sequens uocabulum per* ⊙ *scribi* | 13 Sameth B, sam&h F, sumi&h H | 14 Thebel BFH, Thophel $\mu\beta$ „*contra editos et mss*" | 15 Zozommim haec cagitationes H, *subter ag* ◡ *addito* | 17 incipiunt interpretationes de libro ihu nave B, de libro hiesu F, $>$ H | 18 quaestio H, questio BF | 18 Adonibezech B | 19 uanis F | 19 sadde lelitteram H, sadde *prima manu in rasura, le spongia deletum* | 20 Azaeca H | 21 discipula F | 22 Quem si eglon B^1, Quod si eglon B^2 (*inter scribendum correctum*), Quodsi eglon F, quod suae glom H | 24 axa uoluerimus F, *adparet e ductu elementorum librarium frisingensem* axa *archetypi legere non potuisse, sed conrectori inserendum reliquisse* | 24 Aroboth H | 25 adque H | 26 meroris BH, memoris F | 26 Anuba H^1 | 28 malecdictio F^1 | 28 subfusio H, *quod recipere debebam, v* $=$ BF, suffossio $\mu\beta$ | 28 exsurgens H | 29 mirice B, miricẹ F, miricae H | 29 Adar FH | 29 *post* grex $+$ Amanon mons Ciliciae qui et Taurus . inde Ámana inquietus turbulentus uel dens uigiliarum *editi*, „*sed nullum remanet uerborum illorum uestigium in mss libris*" *teste Martianay: cf Reg* IV 5, 12 *Cant* 4, 8? | 29 Adram B, adaglam F, Adagram H, Adaglam $\mu\beta$: „*obseruandum uocem* Adaglam *in mss libris et* Adram *in editis ipsam esse quae infra dicitur* Adollamim *et pro* Adaglam *legendum* Adullam" *Martianay* | 30 affec F

24

1 eradicatio *suadebat Vallarsi* | 1 iustitiẹ F | 2 ignis F, gens BH | 3 incendii H | 3 ignis in flammis v | 4 diluculo F | 4 Achrabbim BH | 4 scorpionis H | 4 Addar FH | 5 Acor F^1, Achor F^2 | 6 Adommim H | 6 Anacham BF | 7 exsurgens F^2, exur*gens H | 7 Aimaɒ FH | 7 daudicans F | 8 poiesis B, noincic F, ⲧⲧⲟⲃⲥⲓⲥ H | 8 Atonihel B, Athoniel F | 8 eius eius deus H^1, eius deus H^2F | 9 Adad F | 9 Asergudda H | 11 litoloea B, αιϑοϲια F, λιοοαοϲια H | 11 *ante* Ain $+$ Asema os ab osse, non ab ore FH | 11 Aenganni F, Aengannim H | 12 oculus eorum B^1, oculus ortorum B^2, oculus hortorum F, oculus hortarum H | 12

Adollammim *FH* | ₁₂ Adosa *H* | ₁₃ Aathar *BF²*, Aatar *F¹*, Achar *H* |
₁₃ Achizib *H*, Achi zib *F* | ₁₄ lectus *Hμβ* . *v* = *BF* | ₁₄ Accin *F* | ₁₅
Arabba *FH* | ₁₅ Aturoth *H* | ₁₆/₁₇ alephetb*sin *H¹*, alepheth*sin *H²* |
₁₇ eth *FH* | ₁₈ Amachim *H* | ₁₉ uellocoronae *H* | ₁₉ p̄cinens *FH*,
p̄minens *B* | ₁₉ Aerim *BFH*, *emendaui uersum* ₁₀ *respiciens* | ₁₉ acer-
uum *F* | ₂₀ litoloeion *B*, ⲗⲓⲟⲟⲗⲟⲥⲓⲟⲛ *F*, ⲁⲓⲥⲁⲟⲧⲓⲟⲛ *H* | ₂₀ *fin* Affara *F* | ₂₁
Admona *F* | ₂₂ Aaleꝫ *B*, aleph *F* | ₂₂ Afarsualim *F*, Arassualim *H* | ₂₄
Ammes *FH* | ₂₄ Amat *B*, Amad *FH* | ₂₄ Acaram *F¹*, Acharam *F²* | ₂₅ moero-
ris > *FH* | ₂₅ Ama *F* | ₂₆ Ases *BH*, Asef *F* | ₂₇ Adamꝫ *B* | ₂₇ cruo-
ris *H* | ₂₇ sanguis *FH* | ₂₇ Ailon *F¹*, Abilon *uel* Ahilon *F²*, Ahialon
H | ₂₈ Anathot *B*, Anatoth *F addito* ⊢ *super* t *priori* | ₂₈ uel *alterum*
B, siue *FH*

₁/₂ Alal laxitudo *BFHβ*, Alal latitudo *μ* . *editi ante μ* Alax, *sed*
,,*monendus lector in omnibus mss codicibus supra iam citatis uel infra*
citandis esse Alal, *non* Alax" *Martianay* | ₂ ⲭⲁⲩⲛⲟⲥⲓⲛ *B*, ⲭⲁⲩⲛⲱⲛⲥ *H*, *in*
quo ⲛⲥ *coniunctim scripta et* ⲛ *hoc alterum radendo deletum* | ₂ siue le-
uitas *BF*, uel euitas *H* | ₃ *post* facturam + siue *H* | ₄ ⲡⲟⲩⲏⲥⲓⲛ . ⲡⲏⲣⲩⲅⲉⲛ
et super uersum prima manu poiesin perigen *B*, ⲡⲟⲓⲛⲥⲓⲛⲓⲧⲉⲡⲓⲧⲓⲛ *F*, ⲡⲟⲓⲱⲥ
ⲧⲩⲡⲉⲣⲓⲧⲩⲛ *H* | ₄ fatura *F* | ₄ ⲡⲟⲩⲏⲥⲓⲛ *B*, ⲓⲧⲟⲓⲏⲥⲓⲥ *F*, ⲛⲟⲓⲛⲥⲓⲥ *H* | ₆ Bethaun
F, Bethaan *H* | ₆ Babilon *BF* | ₇ Balagad *B*, Balagat *FH* . *male μβ*
secutus sum | ₈ uel *alterum BH*, aut *F* | ₈ fornicatus *H* | ₈ Bethasi-
moth *F* | ₁₀ domilicium *F* | ₁₀/₁₁ Betfeor *FH* | ₁₁ cementarii *BF*,
caementari *H* | ₁₂ uel *B*, siue *FH* | ₁₂ Bethamnara *H* | ₁₃ amaritu
dinem *H* | ₁₃ Bethaglam *FH* | ₁₅ ea *F*, eum *H* | ₁₇ ascensus *BF*, as-
censu *H* | ₁₇ mumero *H¹* | ₁₇ Bethafeleht *B*, Bethafaleth *FH* | ₁₇ Ba-
zeota *BF* | ₁₈ uel *prius B*, siue *FH* | ₁₈ *post* contemptus + eius *FH* |
₁₈ Baal *BFHμβ* | ₁₈/₁₉ defecatio *BF*, defectio *H* | ₁₉ Bethtafue *BF*,
Bethasue *H* | ₂₁ Betharabba *FH* | ₂₂ Bennennam *F¹* | ₂₂ mediorum
eorum *F* | ₂₂/₂₃ Bethegla *B¹* | ₂₃ Betula *B*, Bethala *H* | ₂₄ Bethmar-
caboth *B*, Bethmarcbabot *F¹*, Bethmarchabot *F²* | ₂₄ quadrigarum
Bethlabaoth domus > *H* | ₂₄ Bethlabaot *F* | ₂₅ Balat *F* | ₂₅ habitus
ab ⊢ abendo *F*, ab habitus habendo *B*, abitus ab abendo *H* | ₂₅ ab
alterum > *B* | ₂₅ ultu *H* | ₂₆ Bethram *FH* | ₂₆ Betheesse *F¹*, Beth-
fesse *F²* | ₂₆ odoris *F* | ₂₆ florentis *FH* | ₂₇ Bethsemys *F*, Bethcrmes
H [*cuius archetypus ergo saeculi VIII erat*] | ₂₇ Bethen *BF* | ₂₇ Beth-
mec *F*, Beth uemec *H* | ₂₈ Beuahel *B* | ₂₈ ꝫdificatio *B*, edificatio *F*,
ue difica uo *H* | ₂₈ Belbanath *F* | ₂₉ Balatala *F* . ,,*in non nullis mss*
exemplaribus Balathala, *in antea editis* Belatham, *in uetustioribus mss,*
uno colbertino et san - cygiranno [*sic !*] *altero,* Balathaba" *Martianay* |
₂₉ ab > *H*

₁ habitdo *B¹*, abendo *F* | ₁/₂ Banebarach *B*, Benebarac *H* | ₂ fulgoris

FH| 2 Balach *B* | 3 Cariathiarum *F* | 3 cades barneę *F*, Cadesbarnee *H* | 3/4 cōmmutata *B*, comutata *F*, commotata *H* | 4 electae *prius* > *H* | 4 sanat *BF*, saneta *H* | 5 snutata *H* | 5 uotio *H* | 6 Caina μβ, Cain *BFH* | 6 iactum *H* | 7 molis *H* | 8 Carıatbahal *F* | 9 quod latinum canna *BF*, uallatinum est canna *H* | 10 est *BH*, sit *F* | 10 sumitas *F* | 10/11 principum *F*[1] | 11 Cathat *BH*, Cattath *F* | 11 Caath *BH*, coliath *F*[1], coiath *F*[2] | 11 mors *FH*, morosus *suasit Vallarsi* | 11 Caseoth *B* | 12 Casabam *Bv* . *,,in mss regio codice 3993 scriptum est* Casabam, *quod editi sequuntur . at in duobus uetustissimis colbertinis saepius laudatis legimus* Cabasam,˙ b *ante* s. *nec solum in illis, sed in plurimis aliis codicibus s Ebrulphi uticensis, s Martini sagiensis, san-Cygiranni* [!], *fiscatensis monasterii, gemmeticensis etc" Martianay* | 12 Cartam *F*, Chartam *H* | 13 orientalis *F* | 16 scutus *H* | 17/18 catulus eius *B*, catulum *F*, catulus *H* | 18 leonis *H* | 18 скүмнон *B*, скємион *F*, скүмнон *H* | 18/19 Chemel *H* | 20 Chellon *BFH* | 20 Chsil *H* [*F* = *B*] | 22 Chisiloth *F*[1] | 22 Chabol *FH* | 24 Deber *F*, Debir *H* | 24 tinens *F*, est timens *H* | 24 Dor *F* [*H* = *B*] | 25 Debon *FH* | 25 habundanter *H* | 25 satis > *H* | 26 uel *alterum B*, siue *FH* | 26 tinens *F* | 28 Duma . . . . gaudium > *FH*μβ | 28 causam *F* | 29 *post* eius + Duma silentium siue gaudium *FH*μβ, *nisi quod* Dama *H* | 29 clius *F*, clibus *H*, clunis μβ. *,,mss plures"* apud μ *et* v cliuus | 30 Demna *H*[1], Damna *H*[2]

1 Ellom *B*, Eglom *FH* | 1 Erdod *H* | 2 ignis patruelis *BFH*: *edita typothetae debentur* | 2 Eueus *BFH* | 3 λιθολοθως *B*, ліоолуює *F*, аієплотос *H* | 3 Esrum *H* | 5 Emam *F* | 5 Eltholed *F*, Eltholetd *H* | 6 unatema *H* | 6 Estahol *B*, Estaol *F*, *sed prima manu* + *super* a, Esthaol *H* | 6 parturitionum *F* | 7 δεγθερωσισ *B*, αεγτερωσισ *F*, δευτερωσισ *H* | 8 fecundantem *H* | 8 uel *prius B*, siue *FH* | 8 edisertio *FH* | 8 esthāna *F*, Esthama *H* | 8 cogitatio *H* | 9 Elthechen *F*[1], Elthecen *F*[2] | 10 Elec portio > *H* | 10 Emecasis *BFH* | 10 concusionis *H* | 11 dantis *F* | 11 Enarad *B* | 12 Elchat *B*, Eloath *H* | 12 Elammalech *F* | 12 Estamoe *B*, Esthmoe *FH* | 13 mouentem *H* | 14 exin *BH*, hinc *F* | 16 exercius *H* | 16 єүпоріа *B*, єүіторіа *F*, єгпоріа *H* | 17 aut *alterum FH*, uel *B*, *quod recipere debebam* | 17 Engeddi *FH* | 18 hedi *BF*, boedi *H* | 18 ortorum *BF* | 19 Ennadda *B* | 20 uitam *F* | 21 precisa auctoris multi *H* | 21 Falecti *B*, falethi *F*, Faletthi *H* | 23 Gazor *H* | 24 Goza *H* | 25 sonanti *FH* | 25 *post* gimel *rasura sex litterarum H*[torcular] | 25 Gessori *F* | 26 reuelationes *F* | 27 transmigratio *FH* | 27 Gezeo *B*, Gazeo *FH* | 27 Getheo *B*, Getht⁺eo *F*, Gettheo *H* | 28 macera *B*, materia *F*, macheria *H* | 28 Gailoth *FH*, Gabaoth μβ . *,,plures mss codices habent hic* Gailot *et* Gaaloth: *at ex significatione retinendum* Gabaoth" *Martianay* . *,,in plerisque mss et nostro* Gailot *uel* Gaaloth" *Vallarsi* | 28 collis *B* | 29 meroris *BH*, memoris *F* | 29 Gethachafer . . . fossum > *F* | 29 Get-

thaafer *B*, Gettha afer *H*, Geththaapher *μβ* . *sine causa codicum fidem deserui*

28

1 Gabaton *BF* | 1 meroris *BF*, memoris *H* | 1 *post* moeroris + Gettha afer torcular eius humi uel fossum *F* | 1 Getremon *F* | 4 uolutrabris *F¹* | 4 Gabaat *B*, Gabaad *FH* | 5 Geremoth *F*, Ieremoth *H* | 5 altitudinis *F*, atitudinem *H¹* | 5 Iasic *H* | 6 est os *BH*, aestus *F* | 7 Iecman *B*, m *in* tn *mutatum*?? | 8 saltum *FH* | 8 uel *BH*, siue *F* | 8 Iebneel *F¹*, Iebnehel *F²H* | 9 Ietan *BF²*, Iaetan *F¹* | 9 mercedis *F* | 9 Ietrahel honestas *B*, iatrahel honestus *F*, Iecrahæl honestas *H* | 9 Iepte *B*, iesthae *F*, Iefthæ *H* | 10 Iecta *B* | 11 Iæzrahel *F* | 11 imcubuit *F* | 12 Iebblaam *BF* | 12 Iarfel *F* | 12 Iecnaam *B¹FH*, Iechaam *B²*? | 14 Iafehel *B*, Iefeel *F*, Iefel *H* | 14 Iedada *H* | 14 manimidedictio *F*, manus dictio *H* | 14/15 Iaiel *F*, Iahel *H* | 15 Ierahon *H* | 15 Ieracon *FH*, Ierachon *B* | 15 arugo *H* | 16 εχθηρων *B*, ικιεριν *F*, ikiepin *H* | 16 Ieffonne *B* | 16 nutus *FHμ* . „*editi sic legunt* Iepphonne nudus uel conuersio . *mss regius* Iefonne nudus . *ceteri antiquiores et melioris notae* Iefonne nutus" *Martianay* . „*reposui ad fidem mss* nudus, *pro quo Martianay uitiose ex aliis legit* nutus . . . *in editis antea addebatur* uel conuersio, *quod in mss non habetur*" *Vallarsi* | 16 Ieta *BFH* | 18 Lacis *F* | 18 iter est *F*, *quod recipere debebam ; ita legendum esse codicibus non adiutus uiderat Vallarsius .* iterest *H* | 18 sibi meth *H* | 18 lomna *F*, Labna *H* | 18 uel *alterum B*, siue *FH* | 19 uientes *H* | 19 Lamas *F* | 20 Luta *B*, Luia *H* | 20 amigdalon *BF*, amigrdalon *H* | 20 καοιων *B*, καοιον *F* . „*manuscripti codices legunt saepius* κλυον" *Martianay* | 22 et hic et ipse *F* | 22 Iabec *H* | 23 ad surgendum *H* | 25 Meceda exuftio *H* | 25 orientales *H* | 25 antesum *H* | 26 uel *B*, siue *FH* | 26 babitatio *F*? | 26 Masefa *F*, Maspha *μβ* | 27 Masefa specula > *F*, *manu prima serius additum H* . „*ita*" [*ut edidi*] „*omnes mss codices, quos diligenter contulimus*" [*et v*] . „*editi* . . . . Masphat speculatio uel contemplatio uel intentio uel locus iudicii"*Martianay* | 27 Morum sublimi *F* | 28 Mararfoth *F*, Massasfoth *H* | 28 de > *H*

29

1 Maachati *BH* | 1 Maarom *B* | 1 *ante* aliter *excidisse putat Vallarsius* aqua amara | 1/2 alittera mara *H* | 3 Medad *H* | 3 famis *H* | 3 Mefaat *BF* | 4 Mabaehel *F¹*, Maabehel *F²*, Maabeel *H* | 5 Modolia *H* | 5 Medaliena *H* | 5 honeribus *H* | 7 Medin *H* | 7 Mahala *Lagarde*, Mala *F¹*, Maala *BF²H* | 8 Malcba *FH* | 8 Melsa *BF*, Melca *H* | 8 rexa *H* | 8 azima *B*, azimus *F*, azymus *H* | 9 consensio *F*, consentio *H* | 9 uel *B*, siue *FH* | 9/10 Mddalihel *F¹*, Maddalihel *F²* | 10 Masadda *FH* | 11 trilatione *H* | 12 conuersi *H* | 12 Nepthoe *B*, Nefthoe *F*, nepthoæ *H* | 12 Nasili *H* | 12 uel *B*, siue *FH* | 13 Naabsan *B*, Nabsab *F*, Napsan *H* | 13 uel Nabas > *FH*, uel nasab *B* | 14 ascensio *BFH²*,

ascensione H^1 | 14 consummatio H | 16 Orchiatharoth BF, h *prius a fri-singensi in* b *mutatum uideatur* . Orciat·haroth H *puncto medio dein-ceps deleto* | 18 huius queper H | 20 populus FH | 21 præscrutans H | 22 uel $>$ F, siue H | 23 quam $>$ H | 24 et $>$ FH | 26 Raal BH | 26 famis H | 27 Reue F | 28 pes $\mu\beta$, res BFH

30

1 Rabbath B^1 | 2 Rachat B, Recath F^1, Raccath F^2H | 2 buccę B, buccae FH | 3 Saratan F | 4 teneris H | 5 amarismemoris F | 6 Sart B, Sarath H | 7 uel *prius* B, siue FH | 7 Secrona F | 7 hebrii F, ebri H | 8 longae H | 8 Sualem F | 9 Seceleget F, Seceles H | 9 defecatio BF, defectio H | 10 tollent H | 10 rubrum B | 10 uel B, siue FH | 10 Soloim F | 11 uel emissiones $>$ FH | 11 sarara F | 11 carbones BFH | 11 uel *alterum* B, siue FH | 12 socha F^2BH, socca F^1 | 12 saraim F^1, saaraim F^2, Sararim H^1 | 12 Sanan H | 14 curbulentum F | 14 aulsio F | 15 Semdae H | 15 scientie F | 16 selam FH | 16 a latitudine *in* FH altitudine *fuerat* | 18 Syon F, Sion H | 19 Semes F | 19 Salabin BFH, *quod me inuito non editum est* | 20 Tala B | 20 irrorata B, ut rorata F | 23 legimus H | 25 Tahaffe H | 25 malus F | 25 ad arborem H | 25 nom H^1 | 26 Thaanac BFH | 26 uel B, siue FH | 28 eyaokeıa F, crdokeia H | 28 Talme F^1

31

1 Thennath B | 2 Tharela F | 3 numerūsuper menti H | 4 erarium B, uirium F, aerium $H\mu\beta$ | 5 Zebdi $\mu\beta$, Zebbi BFH | 5 dotissimaeae H^1, dotis maeae H^2 | 5 dotes F | 5 Zambdi H | 5 habundans FH | 6 Ziph FH | 6 Zanue F | 7 de libro iudicum FH | 8 Adonibezech B | 9 Achiman B, A·iman F | 9 Axan F, Axax H | 10 Athanihel FH *quos sequi debebam* | 12 amus F | 12 uel *prius* B, aut FH | 12 Achrabbim B | 13 Aftharoth H | 13 auilia F, obilia H | 13 ποунсιс B, ιтоıнсιс F | 14 Arath H | 14 Abnaam F, Abinaam H | 15 cōmittens B, comittens F, committens H | 16 paturiens F^1, parturiens F^2 | 18 uinculum B, unculus F, uinculus H, uiculus $\mu\beta$ | 19 επαγαιс B, epʌuLıſ F | 19 Absan *ego*, Abgam $BH\mu\beta$, Adgam F | 19 cordis H | 19 Alleluia *uolebat* F, *sed in* u *substitit et* u *deleuit*. Alel H | 21 Bezech H | 21/22 Baalmesur B, Baal mesur H, *ante* m *alterum* m *deletum* | 22 Barach B | 23 electus H | 23 Baraemnim B, Baracinnim F, Baracenim H | 24 Balbherith F, Baal berh H | 24 Bera . . . . 25 pactum $>$ F | 25 palam F | 26 siue FH | 27 possesio F | 27 Cetrom BFH

32

1 Quatuor B, quatuor F^1, quattuor F^2H | 1 sequuntur H | 2 c littera BF, elia H | 3 Chetim . . . . signata $>$ F | 3 Cethtim insa-nientes H | 3 Chusā B, Chusam FH | 4 etiopiam F | 4 *post* eorum $+$ Chettim [h *a prima manu supra uersum additum*] insanientes uel for-midans siue signata F | 4 adtractans F | 6 apix H | 8 Enach B | 8 Eloy

B | 9 Efod *FH* | 9 greci uocant *F*, grece uocant *H* | 9/10 επγνδιμα *B*, ειτεναγλα *F*, επγνδγλα *H* | 10 επωλιδλ *B*, επωλιαα *F*, ειτωλγλ *H* | 10 Effratha *B*, Effrata *H* | 11 puluerolenta *H* | 11 quod *H* | 12 Effrathites *B*, Efrathithes *H* | 14 nomina quę secuntur *F*, nomina quæ sequuntur *H* | 17 Fvram *B¹*, Fvra *B²* | 17 furcifer *F* | 17 Fanuel *B* | 17 foa *F*, Foa *H* | 18 uel *secundum B*, aut *FH* | 19 *post* diuisio + Fennata c̄uersio *F*, + Fennana conuersio *H* . ,,*manuscripti ueteres addunt hic loci nomen Phenennae, quod minime legi debet in libro iudicum, sed in primo Samuelis [sic!] uolumine, in quo tamen illud omittunt manuscripti codices iam dicti . regius uero codex num* 3993 *nomen Phenennae proprio loco retinuit neque illud addidit in libro iudicum"* Martianay . vμβ = *B* | 20 Gaasar *BF*, Gasar *H* | 20 cōmotio *B*, commotio *F*, ammotio *H* | 20 circumiens *FH* | 20/21 in utero *B*, inutile *F*, inutiles *H* | 21 Gabata *F* | 22 Garizin *F²H* | 22 Gala *F¹*, Guala *H* | 23 uel *prius B*, siue *FH* | 23 gaddam *F* | 26 Iahel *H* | 26 ceruam *FH* | 26 cerualis *H* | 28 Ierobaar *H* | 28 iudicet habens *FH* | 29 Iecbaze *B*, Iecbeze *F* [e *tertium non certum*], Iecbze *H* . *typotheta impediuit quo minus B sequerer* | 29 Ieeba *F*

1 Iotahm *F* | 2 aut > *H* | 4 > *FH* | 4 debborę *B* | 5 Laffidoth *FH* | 7 Meroz *FH* | 7 Moaz fortis robustus *F*, Maoz fortis robustus *H* | 8 manifectus *H* | 8 aut *BH*, uel *F* | 8 apertus *BF*, petrus *H* | 10 Neellel *H* | 11 subiecimus *FH* | 13 ,,*contra fidem codicum uetustissimorum .... in editis . . . libris haec spuria nomina occurrunt inter genuina* Othoniel responsio dei uel reuelatio dei . *et post uocem* Obab: Othoniel tempus mei dei uel signum dei" *Martianay* | 13 Obed *FH* | 13 Obab *BF*, Obad *H* | 14 Rec̄ab *F*, Rechab *H* | 14 uel *B*, siue *FH* | 14 Resathaim *F*, Resatahim *H* | 16 Sarai *H* | 16 Secfeth *F* | 16 Salabim *F* | 19 nisio *ultimum uerbum folii* 16ᵇ *in F, iam sequitur* 49,6 *editionis meae . sed folio* 23ᵃ *seqq habentur quae nunc sequi debebant . uides bibliopegum errasse* | 19 Sectha *B*, Secta *FH* | 19 Sarata *F* | 20 uiciens *F* | 20 Surhoreb *F* | 20 Salmane *F*, Salmanae *H* | 21 Samyr *H* | 22 gᵉm̄ = germen *B*, grimen *H* | 23 Semanoth *FH* | 24 ,,*ueteres aliquot manuscripti* electio" *Martianay* | 26 sequntur *F²* prima manu, leguntur *F¹* . *in margine idem prima manu sequntur . sequuntur H* | 27 sunt > *H* | 28 Thamai *H* | 28 Thamathares *B*, Thamnatares *F*

1 Zib *F*, Zyp *H* | 1 Zebulonites *FH* | 2 *post* eius + ruth *in medio uersu litteris uulgaribus FH . est titulus uersuum* 3—9 . *de Ruth* μβ | 3—5 > *H* . ,,*in optimo exemplari manuscripto colbertinae bibliothecae tria solum modo uocabula scripta leguntur de libro Ruth, nempe* Maalon Orpha *et* Ruth . *nihil legitur amplius in uno codice monasterii sancti Cygiranni: at in aliis bene multis codicibus mss septem nomina reperimus*

ut in antea editis libris" Martianay | 4 Belimimelech *F* | 4 deus rex
meus *F, idem prima manu in margine* = *B* | 6 Maallon *F* | 6 uel *B*,
aut *FH* | 7 > *H* | 9 definiens *H* . *ita "ueteres aliquot manuscripti"*
apud μ| 10 regnorum liber primus *F, de regnorum libris H . B eis quae
edidi praemittit* Incipiunt | 11/12 Abinadab *suaserunt* μβ | 13 Abiel *B*,
Ahihel *H* | 14 Aihas *F* | 15 Abitob *F*, Ahitob *H* | 15 Ainaam *F* | 15/16
frater decorus *F* | 16 Abenner *H* | 16 luc⁸nę *B*, lucerna *FH* | 17 doma *B* |
17 Amatham *H* | 17 Azecha *B* | 18 uel *B, siue FH* | 18 abielis,*B¹* | 19 uis *H* | 20
Acimelech *F¹*, Ahimelech *H* | 20 Abilath *F* | 20 uel *B, siue FH* | 21
Arth *FH* | 22 erroris *Bv*, ruris *F . in H manus serior super* t *uocum*
paterroris *lineolam addidit, ita ut nunc* pater erroris *in H legatur* .
„editi libri pater erroris, *sed uerius legitur in manuscriptis"* μ | 23 uel
B, siue FH | 23 *post* sacrificium + Aendor oculus aut fons generatio-
nis *FH* | 24 Aendor ... 25 rationis > *FH* | 25 Athac *H* | 26 uel > *H* |
26 Bethe⸱ar *F*, Bethcar *H* | 27 uel *B, siue FH* | 27 Bochorath *BFH*,
quod emendaui | 28 Bezech *BH*

35

1 abscio *H* | 1 Barita *B* | 1 phitonissa *BF¹*, phytonissa *F²H* | 2
engastrimithon *B*, ενταστριмιεοн *H* | 3 Bersebeę *F* | 3 sacietatis *BH*,
societatis *F* | 4 Chariat⸱iarim *F* | 4 iis *B, omissa a miniatore littera*
C, Ciis *H* | 5 uiri > *H* | 6 sequntur *F*, sequuntur *H* | 6 legenda >
H | 7 Cherubim *FH²*, Cerubim *H¹* | 7 scientię multitudo *FH*, *quod*
contra B recipere debebam | 7 Cheti *B*, Chetthim *F*, Chetthi *H* | 8 me-
cum *FH* | 8 Cheretthi *F*, Ceretthi *H* | 9 εξοαο θρεινοντες *F*, εξολοερεσοτες
H . *B satis commode legitur* | 10 siue *B, aut FH* | 11 Dauit *F¹?* | 11
manus *H* | 11 siue *BF, uel H* | 12 Dohec *F* | 12 uel *B, siue FH* |
12 αγωγον *B*, ατεниuн *H* . *„ita [ἀγωνιῶν] legunt omnes mss codices, editi*
autem ἀγώνιος contra fidem ueterum exemplarium" μ| 13 ad > *BFH*,
sumpsi ex μ | 13 uel *B, siue FH* | 13 Escabod *FH* | 14 uidetur *H* |
15/16 Euilat *F¹H* | 16 Ebrei *BFH* | 16 mecum *FH* | 16/17 Esta⸱omę *F* |
18 sequntur *F*, sequuntur *H* | 20 Elchana *B* | 20 Eliu *BF*, Elius *H* |
20 iste *Bv*, eius *Fμ*, > *H* | 20 Elia *H* | 22 uel *B, aut FH* | 22/23 Fe-
nenna conuersio > *FH* . *uide ad* 32, 19 | 24 Galiath *H* | 26 Gessuri *F*,
Geson *H* . v = *B* | 27 Gazirim *F* | 27 abscisiones *F¹* | 27 Gelbue *F*,
u *nunc maculā* = a *factum* | 27 discursus *H* | 28 ceruus *H* | 28 pluens
> *H* | 28 siue *B, uel FH* | 29 Ieroboam *FH* | 29 Ieconia *F¹*

36

1 dei; = deius *F* | 1/2 Ieroboal *H¹* | 2 surgium *F¹*, gurgium *H* |
2 habentes *F* | 3 *init* Iessaui *F* | 3 id > *H* | 3 *post* I *uocis* Iessai *ra-*
sura unius litterae B | 3 uel *B, siue FH* | 6 Machmas *FH* | 7 Magedon
F¹ | 9 Meolati *BF* | 10 Maoc *B*, Maohi *F¹* | 11 tlaaian *B*, θααλιαν *F*,
θααλιλν *H* . *„editi legunt* θλασιαν, *mss uero codices cum ∆ Delta charactere,*
etiam latino θλαδιαν" μ | 15 disculciatus *FH* | 15 Adollam *H* | 17 Ramat⸱a-

him *F*, Ramatham *H* | 20 uel *B*, siue *FH* | 20 Samuel *BF* | 21 Sensi *F¹* | 21 fel *F¹*, *correctum et insuper in margine prima manu notatum* sol | 21 Sasor *F* | 22 *post* petitio + Sena tolle uel angustia siue dens. Soba mandatum in ea *F* | 22 Salissa *F* | 23 Sena . . . 24 ea > *F*, *uide ad* 22 | 23 Sanu *H*, *prima manu serius scriptum* | 24 Sabo mandatus *H* | 24 *post* ea + rectus *H* | 25 ibi *µ*, ubi *BFH* | 25 Socchot *BH* | 25/26 Secui *FH* | 26 Saruuia *F¹* | 27 Safatmoth *F*, Safamoth *H*

37

1 Ziphei *B*, Zephei *F*, Zhipei *H* | 1 uel *B*, siue *FH* | 2 *praemittit* Incipiunt *B*, de regnorum libro secundo *F*, de regnorum libris *H* | 4 κεριτωμε *FH* | 5 Asę *F* . *in H* e *uocis* Asae *prima manu in rasura duarum litterarum capaci* | 5 ποιημα *B addito* poiema *super uersum,* ποιημλ *H* | 5 Amman *BFHµβ*: *sine causa mutaui* | 6 Amon *B*, Ammon *FH* | 6 foetus *F* . *ita H, sed in H* oe *prima manu in rasura: fuisse olim credo* fletus | 6 Abessalon *B*, Abessabom *F* | 7 dn̄ator = dominator *BF*, dominator *Hµβ, quod recipiendum erat* | 8 Abithal *B*, Abit⸍ar *F* | 8 Aggla *F*, Agla *H* | 8 iuuenca *FH* | 8 uitula uitula *H¹* | 9 Adraezer *FH* | 9 docurum *F* | 9 Achchereth *FH* | 10 uel *B*, siue *FH* | 10 Ammihel *H* | 10 d̄s = deus *F¹* | 10 Ammon donans *F*, Amon donans *H* | 12 Achitofel *F*, Ahitofel *BH* . *per* t *scribere debebam: Graeci propter* χ φ *respuebant* θ | 13 Achi *F¹* | 13 Amessa *F* [*uocabulum non distincte scriptum prima manus in margine repetiuit*] *H* | 14 Adniram *F¹* | 16 αναθεμα *F*, αναθεμλ *H* | 18 ego *FH* | 18 medans *H* | 19 congregatiorum *F* | 20 Asahel . . . . ποιημα > *H* | 20 ποιημα *B*, ιτοιημα *F* | 21 admirans *FH* | 21 Aratus electus *H* | 22 Anathotites *BF¹*, Anathotithes *H* | 22/23 rubustus *H* | 23 sufficens *F* | 24 Asmath *F* | 24 forti *F* | 25 illuminati *B*, illuminatio *F* | 26 Berothi putei *post* respondens *FH* | 26 Bana *F*

38

2 Bethsabe *F*, Bethsabeth *H* | 5 ascensio *BF*, ascensi *H* | 5 Bethcar *B*, Betchar *F*, *supra* c | *addito* | 6 Berzellei *F*, Berzelli *H* | 7 Bethmatha *F* | 7 uel > *FH* | 8 botributi *F¹* | 8 Baara *FH* | 8 Bareum *H* | 9 Bethoro *BF*, Bethraro *H*, *µβ ut edidi* | 10 cabsel *FH* | 10 c̄gratio *F* | 11 sequuntur *H* | 12 Chalamach *BFH* | 12/13 Chorethithi *F*, Choreththi *H* | 13 uel *B*, siue *FH* | 14 absconditur *H* | 15 hoc > *H* | 15 ex e littera sequuntur *F*, ex e littera sequuntur *H* | 16 sunt > *H* | 17 Elisamę *F* | 17/18 Elidahę *F* | 18 Elifaleth *BFH* | 18 *post* saluans + Eliam dei mei populus *FH* | 20 uel *B*, siue *FH* | 21 Farao *H¹* | 23 foueam *F* | 23 Gilonites *FH* | 24 transmigratus *F*, transmigrates *H* | 24 Grab *F¹* | 28 diptongum *B*, dyptongom *F¹*, dyptongum *F²*, diptongon *H*

39

1 Ietraam *B* | 1 seminabit *H* | 3 sublimis *prius B,H*, similis *F* | 3 uel manus sublimis > *FH* | 5 domino *B*, domini *F*, > *H* | 5 Ionadali *H* | 6 Iosafat

F, Iusafat *H* | 6 iudica *H* | 6 Iodahæ *H* | 7 IoIadahe *F²*, Iodadahe *F¹* |
9 Iaazeher *F*, Iaagaer *H* | 9 Iecan *B* | 10 Lodabor *H¹?* | 10 separauit
F | 11 uel *B*, siue *FH* | 11 Maaca *F* | 12 Manaa . . . ignominia > *F*,
Memfihoseth [*sic*] de ore ignominia Maana requies *H* . *ita β, nisi quod*
v Miphiboseth *habere testatus*, Memfiboste *edidit . plane ut Martianay* |
12 Mana *B¹*, Maana *B²* | 13 domus *B*, dos *FH* | 13 *post* uisione +
Memfebosthe de ore ignominia *F* | 13 Maachati *BH*, Maacathi *F* | 14
post meus + Maana requies *F* | 15 Nefee *BF* | 15 ligorium *B¹*, ligvrium
B², lygirium *F*, ligirium *H* . „*editi* lyncurius, *mss* . . . *codices* . . .
ligyrium“ *Martianay . v* ligurium | 16 Nethofathi *B*, Netofat *H* | 18 Or-
chati *H*⊦ 18 Olfsi *B¹?* | 19 sequuntur *H* | 21 Obetadam *B*, Obedadam *FH* |
21 homo *F . ita fortasse H¹* | 21 med Obida *v* | 22 Resfa *FH* | 22
λιϑοστρου·ϑον *superscripto* litostroton *B*, αιϑοστρωσον *F*, νεοστρωτον *H* | 22
Recab *F, serius in* Racab *mutatum:* Racab *H* | 23 Regalim *H* | 25 Syon *F* |
25 speculatores *H* | 26 Sabab *H¹, inter scribendum correctum* | 26 sectara *H*

40

1 a *prius* > *H* | 2 Sobac *F* | 3 leuans *FH* | 3 Sabe saturitas > *FH* |
3 Sadoch *B* | 4 *post* iustus + Sabe saturitas *FH* | 4 Siu *H* | 4 Subachai *F*,
Subbachai *H* | 5 fructectum *F¹* | 5 quod *H* | 6 ibi *FH* | 7 sarrai *F*, Sarui
H¹? ¦ 8 Salech *B*, Salet *F?* | 9 in ea *B¹?* mea *B²FH* | 9 uel *B*, siue
FH | 9 Thecoe *FH, uerum in H* oe *prima manu in rasura* | 10 tuba
uel clangor *FH* | 12 τ > *H* | 12 adspirationem *H²* | 13 addicta *F¹* |
13 legenda sunt *F* [*non H*] | 14 Urehi *F* | 16 ⹀ *B, qui* tercii . de
regnorum libro quarto *F*, de regnorum libris *H* | 18 Accerethi *BF* |
18 siue > *FH* | 18 uel *B*, siue *FH* ! 19 uel leuans *B*, siue eleuans *F* |
siue leuans *H* | 20 Aisar *F¹*, Abisar *H* | 21 Abda . . . 24 excelsus >
BFHv . „*desunt in editis libris“ μ . sumsi ex μ* | 24 forææs *F¹* | 25
Adorram *FH*

41

1 Euan subuertet *H* | 2 Anachim *BH* | 3 Azaba *H* | 3 uel > *FH* |
5 Bethsabe *F*, Bethrabe *H* | 6 aereus *F* | 6 igneus *F* | 6/7 Betsemes
F¹, Bethsemes *F²H* | 7/8 „*manuscripti aliquot ueteres* Basemath dere-
linquens“ *μ* | 7/8 Bethsamath *F¹*, Besamath *F²* | 8 derelinquens *F* | 8
Buul *H* | 10 haurientes *F*, auriens *H* | 11 Cave *B* | 11 penitentia *B*,
patientia *FH, quod recipere debebam* | 11 seu *H* | 11 Carmelius *FH* |
13 c *BFH²*, con *H¹* | 15 Chalaad *F¹*, Chalacad *BF²H* | 15 congreganto
B¹, congregato *B²H* | 15 uel *B*, siue *FH* | 16 adtractanti *F*, ac orec-
tanti *H* ! 17 Chanaam *F* | 17 siue *B*, uel *FH* | 18 Dardahę *B* | 19 Diu
F¹, F² litteram i *subter uersum traxit ne quis* Dui *legeret.* Dui *μ:* „Diu
iuxta nonnulla exemplaria mss“ Martianay | 21 Eszrahel *B* | 21 Emor *F* |
21/22 amaricantes *F* | 22 loquentes *F* | 22 Esrai *BF* [*F prima manu*
in margine idem repetit], Errai *H* | 22 Ezazon *F*, Ezaion *H* | 24 per
breuem e *FH* | 24 tensam *F* | 26 siue scindens *B*, siue scudens *F*, >

H | 26 Elioreph *FH* | 27 aulon *BH*, aulonq *F* | 28 ,,*in quodam romano ms ambustus pro robustus*" *Vallarsi*

42

1 fortitudo *H* | 2 Esyongaber *F*, Esaongaber *H* | 3 iunenales *H* | 3 *ante* Ela + Elia deus dominus *F* | 4 Elia *FH* | 4 dominus deus *H* | 4 Elisae *B*, Elisæ *F*[1], Elise *F*[2], Aelisę *H* | 5 admirabiliter *FH* | 6 aut *prius* > *FH* | 7 ortus *BFH* | 8 Gezi *F*[1] | 8 uel *prius B*, siue *FH* | 8 uisionis *F* | 9 p̄scisio *F* | 9 Galie *H* | 10 Gadalia *FH* | 11 Izabel *FH* | 11 coibita trix *H* | 11 luxus *F*[1] | 11 Iacomam *F* | 12 Iahir *FH* | 12 illuminauit *BF*, inluminabit *H* | 12 Iacon *BF*[1] | 13 supernus *F et* ,,*duo mss codices*" *apud μ*, super nus *H*, super nos *μβ . v = B* | 14 holocauftum [holoscautum *F*] uel sacrificium *FH* | 15 fortitudine *F* | 16 quis *F* | 16 Iosafath *H* | 17 Iemda *FH* | 18 Ieben *H* | 20 uel plenitudo *FHμβ . v = B* | 21 *praemittunt* Merab de multitudine *FHμβ*, contra *Bv*, quod ,,*praetermissum in editis*" *Reg* III 3, 8 *legi Martianay docet* | 21 Malathira *F* | 21 despicien siue diuisione *F*, despiciens siue deuisiones *H* | 21 Methonoth *B*[2]? | 21 pulcra *F* | 22 gᵉci *B*, gręci *H*, grecę *F* | 22 baseis *B*, bacei *H* | 22 uocant > *F* | 22 υποϑιρουσα *B*, υποϑεμεια *F*, υποϑεμεοα *H* | 23 Machaia *FH* | 24 deo minabitur *H*[1], do minabitur *H*[2] | 24 mosę *F*, Mosae *H* | 25 Netna *F*, Necna *H* | 26 Nabaoth *FH* | 26 Nadab *BH*, nabat *F qui* d a *super versum prima manu habet* | 27 ,,*ueteres editi*" *apud β* Naaman decor domini mei . ,,*ms noster altero e duobus hisce nominibus praetermisso ita in unum coniungit* Naama decor doni mei" *Vallarsi* | 27 decor *alterum BH*, decora *Fμ* | 27 doni mei > *FH*

43

1 Nemsi *FH* | 1 attrectans *Bh*, aut tractans *F* | 1 pulpans *H*[1] | 3 uel *B*, siue *FH* | 3 deuerticulum *FH* | 4 sequuntur *H* | 4/5 proferanda *H* | 7 maris *B*[1] | 8 Reliaam *H* | 9 Sunamith *FH* | 9 mortificat *H* | 10 facinarius *B*[1], farinacius *F* | 10 aggrauans *B*, aggrabans *F* | 10 intellectus *F* | 11 Soca *BF* | 11 Sartan *BF*[1] . *H*[2] *ut edidi ex F*[2], *de H*[1] *non liquet* | 11 demtilitorum *F* | 12 coangustantius *F*, coaggustantium *H* | 12 Syon *F* | 12 uel *alterum B*, siue *FH* | 13 Suba *BF*, Saba *H* | 14 Sadada *FH* | 14/15 a latitudine *BFH*[2], altitudine *H*[1] | 15 Sarba *F* | 15 *post* cilicii + siue gaudium cilicii *βμ* contra *BFHv et editiones ueteres* | 15 Sichima humerus *B* | 16 Sorfar *F*, Sofar *H* | 17 deuidere *H*[1] | 17 Saraptha *F*, Sarabtha *H* | 19 Sedechia *B* | 19 domini *FH* | 20 Tafat *B* | 20 thabremon *F*[1], tabremon *F*[2] | 22 ι > *H* | 24 Thanac *BFH* | 24 respondebit *F*[1], respondit *F*[2] | 24 Therimad *H* | 25 remisio *F* | 25 Themor zmyrna > *FH* | 25 zmirna *B* | 25 *post* paxillus + Themor smyrna *F*, + Themor zmerna *H* | 26 Thaafnes *H* | 26/27 coopertę *B*, cooperatae *H* | 27 cyccεmωn *B*, cεcyccπmon *F*, εycεnnon *H* . ,,*editi legunt* σημισίον *pro* σύσσημον, *quod restituimus ad fidem omnium manuscriptorum codicum ubi scriptum est* cyccHмon *uel* cιccHмon *aut* cεcιccHмon" *Martianay*

44

1 Thessa *H* | 1 Thebin *F* | 1 Thesbi *in F s manu prima serius
additum habet* | 3 Zelet *B* | 3 Zabath *H* | 3 torrens *F*, turris *H* | 4
Zemri *FH* | 5 enim > *F* | 6 Zaua *F* | 7 Interpretationes libri IIII *B*,
de regnorum libro quarto *F*, de regnorum libris *H* | 8 Ahiel *FH* |
8/9 pater excelsus *F* | 9 Azeel *F*, *qui ze super aliis litteris nescio quibus
habet* | 10 deum *BH*, dominum *F* | 10 fortitudine *F* | 10 domini > *F* |
11 *ante* eius *prius littera radendo deleta in H* [d?], *d radendo deletum
praemissum habet in B* | 12 Aramaththia *F*, Aramaththai *β* | 13 deicies *v* |
13 eorum eorum *F* | 13 Amessia *FH* | 14/15 apprehendet *BF*, adpraehendet
H . adprehendet *edere uolueram* | 16 Azaria . . . dominus > *H* | 16 Afsit *B*,
Affith *H* | 17 Ariel *BF* | 17 dei > *FHμ contra Bvβ* | 18 apprehendens
B, comphendens *F*, conpraehendens *H* | 19 delicatum *F¹* | 19 sama *B
miniatoris neglegentia* | 19 stola . . . . 20 Anamelech > *H* | 19 Arame-
leth *F¹*, Aramelech *F²* | 20 respondente *B* | 21 Asaf *B*, Affec *F*, Asuf
H | 21 Arfat *H* | 22/23 Araret *F*, Aseret *H* | 23 Asaradan *F*, *qui ad
A siglam litterae e addit:* Asarath *H* | 24/25 Achicham *B*, Achicam *H¹* |
25 asa*ia *F* | 25 Achbor *FH* | 26 Ars *F¹*, Aas *H* | 26 Amutal *F¹*, Amu-
thal *F²* | 26 calefactuum sol *H* | 26 incipiens *H*

45

2 Badachar *B* | 2 orti *BF* | 2 Betcacon *F* . Bethacon *μ*, „*in plu-
ribus codicibus mss* Bethcacon domus scalpturae" *μ* | 3 sculptura *B*,
scaptura *H* | 3 Baran *H*? Basasan *v* | 4 Bedech *B* | 4 decorus *FH* |
4 Baladan *BFH*, *me inuito non editum* | 5 Basecat *B*, Besachath *F¹*,
Besacath *F²*, Besecaht *H* | 6 Beththim *H* | 7 praecipitabit *H* | 8
Careę *F* | 8 calbus *H* | 9 legerimus > *μ contra BFHvβ* | 9/10 aspi-
rationem additam *F* | 11 Chabrata *H* | 12 est > *F* | 12 Carith
BFH | 12 Caran *H* | 13 Chomarum, *uix* Chomariim *B* : h *in* Chomarim
spongia deletum H | 14/15 Ephsiba *FH* | 15 eo *BFH*, *emendauit Mar-
tianay ad* 44, 20 *editionis meae, ubi nostro loco* [*Vallarsius eum non
intellexit*] *tam editos quam manu scriptos libros eo habere refert* | 15
domino *H* | 15 *ante* est + dn *B¹* | 15 Ennam *H* | 16 Ennatan *F¹* |
17 Quatuor *B* | 17 sequuntur *F* [*sic*] *H* | 20 Eliachim *BF* | 21 *uerba*
Esaia salus domini *Iohanni Martianay delenda uidebantur* | 21 domini
salus *F¹* | 22 disipationes *H* | 23 Eacia *F¹*, Facia *F²H* | 23 deo *F* | 24
Falesar *FH* | 24 cadente principe *F*, cadentem principe *H* | 24/25 Fururim
conscisi *F* | 25 faseę *F* | 25 transcensus siue transgressus *FH* | 25 tns-
census *B*, *solito a karolingici temporis super r scripto* | 27 absorheet *H*
[*sic*] | 28 Iodae *F*, Iodæ *H* . v = *B* | 28 Iozacar *B*, Iazachar *F¹*, Iazacar *F²*

46

1 qui *prius BF²H*, quis *F¹* | 1 Iozabab *B* | 2 domini > *F¹* | 3
priori loco delecta, *altero* deliccata *H* | 3 Iectel *BF* | 4 cętus *B*, cęcus
F | 5 Iotham *FH* | 6 e *prius uocis* Iezechia *e correctura F*, Iezecia *H* |

7 *init* dominus H | 7 Iaoe F¹, Iaoeh F², Ioahe H | 8 Iathaba F, Iotaba H | 9 domini excelsus F¹ | 9 Iezaniaf F | 11 domino suscitante F . *v* = BH | 12 Mattham B, Mattha F | 13 Manaem consolans > F | 13 consulatio F | 14 equae H | 14 Moccotha F, Mocchotha H | 14 plaga F | 14 *fin* Mochot B, moccoth F, *lineold* l *super* t *additd* : Mocchot H | 15 Marodac B | 15 contricio B, contentio F | 16 Messana F | 16 ζοδγοιν B, ζωαιοσ FH, ζώδιον *v* | 17 Moloc B, Meloc F¹, Meloch F² | 17 Mesti B, Meschi H | 18 mattania F | 19 Mecchonoth H | 19/20 fultur aequas bacelo uel siroce matap possumus H | 19 basses F | 19 ipotemata B, υιτοοημᾱτᾱ F | 20 Massefat B, Masefath F | 21 amaritudine H | 21 Mazamaroth F | 22 ἀναλημπτῆρας commode legitur in B, αναλιρρας F, αναλημιηρας H | 23 Noboe H | 24 Naazab BFH . *ipse* Nabaaz *emendaui post Vallarsium* = נבחן, *quod me inuito conruptum est* | 25 fessionis H | 25 Noestthan H | 25 Niniue F¹, Niineue F² [*sic*], Nineue H | 27 nechota BF¹ | 27 stiracem B, ftracem H | 28 Nabucodonosor F

47

2 aggustiae H¹ | 2 Naosta B, Noostha FH | 2 Naburzardan B¹, Nabuezadradam F, *dr in unam litteram iunctis* : Nabue zaradam H | 3 quę uentilabra uulgo uocant F *et super* uocant *prima manu* nuncupantur : quaeuenti labra uulgo minc cupant H, o *prima manu super uersum additum* | 3 quas *mendum*, q *inposito* e *etiam* B | 4 dante FH | 5 Raacab F¹, Raachab F², Raechab H | 5 dominus H | 6 Raasson H | 6 cõplacitio B, c̄platitio F¹, c̄placitio F², conplicatio H | 7 ειαοκιαν F, efaok ian H | 7 rabsares F | 8 Rabsate H | 9 cursum FH | 10 Rabbai H | 10 *post* multa + hęc F, + haec H | 10 Rama H | 10 Roblat B, Rablath F, Reblath H | 11 ista F | 11 uel B, siue FH | 12 coccinum H | 13 Sabbath FH | 13 Syr B | 13 leues F | 14 ollo H | 14 περιβολων B, περβον F, περιβαη H | 14 menia BH, meenta F | 15 publice BF [*in* F u *in loco alterius litterae*], publica H | 16 Salmanasar H | 17 Sefaruaim F, Sfaruaim H | 18 Sochotbamoth B¹, Sochothanoth B² *per rasuras effectum* : Seccothbanoth F, *qui inter* cc *super uersum* h *uel* b *addit* : Sechchothanoth H | 18 filiorum F | 18/19 Sennaherib H | 20 Saerdema F | 21 ανεμοφθεριαν [*sic*] *et graece satis distincte et latine scribit* B, ανελαοφθοριανι F, ane ωοφθ opian H | 21 Sarasa BFH | 21 Safan B, *quod emendaui* : Saphant F, Saphan H | 22 Sademuth F | 22 aura F | 23 Saftania F | 23 profectio F | 25 sunt > FH | 25 *fin* + sunt B¹ | 26 Thapsę F, Thaffę H | 26 Theglat B, Theglam H | 27 signisacione H | 28 απoικιζον *bene scriptum* B, αυoκιζον F, πιοι ki zon H | 28 alius F | 28 Tharcach B, Ther tach F, Therthach H | 28 αναθροπιν *bene scriptum* B, αναιρονην F | 28 Thartan BF¹

48

1 turrim F | 1 uel *alterum* B, siue FH | 1 elogans F | 1/2 Thalasar adpensus princeps > *v* | 2 Tecum F¹ | 2/3 Therac FH | 5 μορφο-

μαϑα *B*, morfomatio *F*, moriomaga *H* | 7 desalterio *H* *in medio uersu* |
8 Abessalon *BFH*, *quod ferri non poterat* | 8 Alepf *B¹*, Aleph *FH* |
10 Baalfeor *F*, Baalfebor *H* | 10/11 pellicium *FH* | 11 Babilon *BH* |
12 Coph *F* | 13 excisio *F¹*, excissio *F²* | 13 εκκρογμ *F*, εκκρογμα *H* |
13 Cędar *F* | 14 Chus *F* | 14 Caf *B* | 14 palma *BFH*, *edita typographo
debentur* | 15 tabernacula siue ianua *F*, ta bulę siue sanua *H* | 16 *priori
loco* anethema *F¹* | 17 Effrata *B*, Efrata *F* | 17 siue et quidem uidens *F* |
18 He *BFH* | 18 uel sta *H* | 18 suspiciens *F¹* | 18 Heth *BFH* | 18 uita
BH, uiua *F* | 20 uel *prius B*, siue *FH* | 20 retribulatio *F* | 22 Iditun
F¹ | 22 transiliens *BF*, *H ut edidi* | 23 Iod scientia uel principium *FH* |
24 lamet *F* | 24 uel *B*, siue *FH* | 25 uel ex *BF*, lex *H* | 25 siue ex
aqua *B* | 26 fetus *BF*, festus *H* | 26 siue *BH*, uel *F* | 28 Salmoe *FH* |
29 Samec *BF* | 29 *ante* quidam + licet *F* [*non H*]

1 putent *FH* [*sic*] | 1 'ante Sade + Sin dentes *F* | 2 ueneratio
BFv [*non H*] | 2 Sin dentes > *F* | 3 Theth *F¹*, Tath *H* | 4 Quatuor
B | 4 nomina *B*, liqua *F*, reliqua *H* | 4 sequntur *F*, sequuntur *H* |
4 adspirationem *F* | 6 *iam uide F* 17ª | 6 T·abor *F* | 6 Tau *F¹* | 7 Tho-
bal *F* | 7 auffere *F¹*, aufferre *F²*, auferre *H* | 8 Uav *B* | 9 Zahith *F¹* |
11 ea > *F* | 11 epla *B*, epistola *F* | 12 super centesimo octauo decimo
psalmo *H* | 12 psalmo *etiam F* | 12 scribsi *F¹H* | 14 = *B*, *nisi quod*
ysaia: Esaię prophetę *F*, Esaiae proph *H qui co praemiserat* | 15 Aela-
mitę *B*, Aelamite *F* | 15 dispicientes *F* | 16 17 Arphart Anathoth >
FH | 16/17 Anathot *B* | 17 Anę *F*, Anae *H* | 17 Aua iniquitas > *F* |
17 Ava *B*, Eua *H* | 17/18 Adrarameleth *F¹* | 21 benedictus domini uel
benedictus dominus *FH* . *v* = *B* | 24/25 Cartaginis *BF*, Chartaginis
H | 26 sequntur *F*, sequuntur *H* | 26 sunt > *FH* | 27 Chanane *F* | 27
Chelchiau *F* | 27 mea > *FHµ* „*quod alias editi ac mss libri pari con-
sensu retinent*" *Vallarsi* | 27 domini *FH* | 28 Diamon *F¹* | 28 hunctio
H | 29 Damascus > *FH* | 29 patruelis *F* [*H ut ego*] | 30 Emanu·el *F* |
30 Emath > *FH*

1 concensus *H* | 1 uitulae *F* [*H ut ego*] | 1 Ezao *BFH*, *quod sine
causa fortasse mutaui* | 2 sequntur *F*, sequuntur *H* | 4 Elamitę *BF*,
Elamite *H* | 4 λιολοσιεν *F*, *o tertium in rasura prima manu:* αιϑογον
H . *commode legitur B* | 4/5 dispiciens *F* | 5 Elim . . . deficiens *post*
effundens *F*, *nisi quod* siue . *H*=*B*, *nisi quod* siue | 6 Face *FH* | 6 apariens *H¹?* |
6 Fud *FH* | 8 Ioas *H pro* Iaas | 8 Ioah *typographus*, Iaod *F*, Ioad *BHv*, Ioach
µβ *Lagarde LXX* | 11 *med* Luit *B*, luit *F* | 13 Madiam *H* | 13 equitas *F* |
13 Magmas *BFH* | 14 siue detactus *H* | 14 Madabena *F²* | 14/15 Mem-
fis *FH* | 15 Marodac *B*, Marodę *F*, Marodath *H* | 15 Mosoc *BF* | 17
Nemriel *B*, memri *F¹*, nemri *F²*, Nemrid *H* | 17 uel *alterum B*, siue
FH | 18 Nineue *F¹* [*ut uidetur serius mutatum*] *H* | 19 Nasaram *BH*,

Nasara *F*, *super ultima littera signum* ⌒ *atramento librarii ipsius* |
21 Oronim *F¹H*, Oranim *F²* | 21 faramen *H* | 22 Ramalia *F*, ramalia
H | 22 λιϑοσροϑον *B*, λιϑοστρoτον *F¹*, αιϑοστροτον *H* . *etiam in margine*
F prima manu ω | 24 optima *FHμβ*, ultima *Bv* | 24 Sichera *H* | 24
hebrietas *F* | 24 sarafim *F*, Sarafim *H* | 25 Syon specula *post* missus
F . *ita H, sed* Sion | 25/26 Saba‑oth *F¹* | 26 uel militiarum > *FHμ*,
non β | 26/27 Samariam .... *eorum prima manu in margine B* | 27
custodiam .... Sabama > *F* | 28 Sargan *F*, Sagan *H* | 28 orti *B* |
28 Sobnan *H* | 29 candens *F*

51

1 Sarasar *BFH* | 1 eleuatio *F*, uelatio *H* | 1 angustiae *FHv* [ę *F*],
> *Bμβ* | 3 Thabehel *B*, Thebehel *F* | 3 Thanis *BF* | 4 Zaccharia *F* |
4 domini meror *F¹*, meror domini *F²* | 5 oseae *scribit F, sed ad* e
prius plicam addidit ut nunc osęae *legatur* . duodecimprofetasu*nde
oseprofeta *H in medio uersu* | 6 Betri *F* | 6 in lumine *BH*, lamine *F* |
6 Baatlim *F* | 7 *ante uel prius* + uel superiores *v* „*cum uetustioribus*
editis“, + superiores *B quod delendum mihi uidebatur* | 7 Bethaben ...
8 idoli > *FHμβ* . „*idem legit codex regius* 1581 . *abest tamen nomen*
illud in antiquis ac melioris notae manuscriptis exemplaribus ut et se-
quens additamentum [*uersu* 10]“ *Martianay* | 10 > *FH* | 11 Ioram *B*,
Iotam *F*, Ietham *H* | 11 Iezrael *B* | 12 deiudicans *F* | 12 Ierebeel *BF*,
Ierebeeli *H* | 14 Mamat *B*, Maamad *FH* | 14 desiderabilis *FH* | 15 Osę
F | 15 *v* „*cum editis antiquioribus*“ uel saluator uel saluatus | 15 aut
saluator > *FH* | 16 aut labor > *FH. v = B* | 17 umbra ... uel > *FH*.
habet v | 18 Saboim *FH* | 19 *fin* + proph *H* | 20 *ante* robustus + uir
F | 20 populus auulsus siue > *FH, v = B nisi quod* uel *pro* siue *v* |
21 abellens *F* | 22 dicitur > *F* | 22 ευποιμνιοϑροφσοις *B*, ενιτοιμνιοτρο-
ϑις *F*, εν ποιμνιοτροφοις *H* | 22 Amessia *FH* | 22/23 populus domini
uel > *FH . v* Amasia populus domini uel populum leuans uel fortis
domini | 24 Gaia *FH* | 25 Malchon *FH* | 26 utroque *loco* uestra *BFH* |
26 *fin contra BFHv* + Sarphath incendium *μβ* | 27 Themani *H* | 27
Thecuę *F* | 28 χροισμον *B*, χρογσμοyn *F*, χροισαναν *v*, χορυσμον „*editi*
ueteres“ | 29 de michea *BF*, de michea proph *H ad latus dexterum*
uersus Achaz cett | 30 Achas *FH* | 30 Anachim *BF²* | 30 rennuens *FH* |
31 „*tanta est dissonantia codicum manuscriptorum et editorum librorum*
in minoribus prophetis ab hoc Michaeae loco ut diceres diuersum in illis
opus fuisse descriptum“ *Martianay, qui prout uidebatur* „*restituere cu-*
rauit“ . *quae ego non curaui. Martianay p* 361 362 *discrepantiam mss*
codicum in minoribus prophetis posuit hoc modo:

De Michaea.

codex colbertinus 4354.	*colbertinus alter* 4951.
⋁Morasthi haeres.	⋁Morasthi haeres.
⋁Nemrod apostata.	⋁Nemrod apostata.
⋁Nineue speciosa.	Fetuel latitudo uel aperientes.
⋁Naum consolator.	Iohel incipiens uel est dei.
⋁Senam abundantia.	⋁Nineue speciosa.
	⋁Naum consolator.
	⋁Senam abundantia.

De Sophonia.

⋁Sophonia abscondens eum.	⋁Sophonia abscondens.
⋁Salathiel petens deum uel petitio dei.	⋁Salatheum hel petens dominum uel petitio dei.
⋁Sabat sceptrum uel uirga.	⋁Sabath sceptrum uel uirga.
⋁Sedrach decor meus.	⋁Sed Arachi decus meum.

regius codex 3993 *legit sub Michaea nomina* Fetuel *et* Iohel *cum hac interpretatione* Otuhel latitudo dei uel aperiens deus . Iohel incipiens uel est deus uel dei . *uocabulum autem* Sabath sceptrum uel uirgam *posuit in Aggaeo . colbertini in serie nominum ex Iona ponunt* Saraphath incendium, *et sub Naum nihil habet* 4354 *praeter nomen* Elcesaei aduocati, *quod in* 4951 *omnino praetermissum est . san-Cygiranni monasterii codex legit ubique conformiter colbertino melioris notae, ei nempe qui numeratur* 4354. *caeteri modo cum illo, nunc cum altero consentiunt''* | 31 Michea *BFH* | 31 quos hic *F*

52

1 rathi *FH* | 1 meus > *FH* | 2 Namroth *H* | 3—12 > *H* | 3 de iohel *F* | 4 Fatuel *B*, Fethuel *F* | 4 aperientis *F* | 4 deus > *F* | 5 deus uel *Bv*, > *Fμβ* | 5 *post* dei + *F* Niniue speciosa Naum consolator Senam habundantia | 7 Abdias *F* | 10 Ionā *F* | 10 *fin* + sarafat incendium *F* | 11 de naum *F* | 13 14 > *F* | 13 Nineue *H* | 14 Sarafad incendium > *H : eius loco* ⸾ de Ioel profeta *et post hoc uersus* 3—7 9 10 *mei hac scripturae discrepantia:* 4 Fethuel, 5 Ioel, 5 uel dei > *in rasura,* 6 *fin* + proph, 7 dei, 8 >, 9 Amathia, 10 *post* dolens + de iona prph *ad latus dextrum protensum, post* pulchritudo + Sarafath incendium *et in latus dexterum protensum* de naum prph, *deinde in recto ordine* Elcesei aduocanti | 15 de Ambacu *F¹*, de Abacu *F²* : *fin* + proph *H* | 16 Abacuc *F* | 17 de sofonia *H* | 18 uel uerbum domini > *μβ, habet etiam v* | 19 Gadalia *FH* | 19 domino *F¹* | 19 uel magnificatus *F* | 20 Sofonia *B*, Sophinia *F* | 21—23 > *FH, cf ad* 25 | 21 de Aggeo *B* | 22 Aggeus *B* | 23 Iosedech *B* | 24 Salathiel *BF¹H* | 24 domini *Bμβ*, dei *FHv* | 24 Sabath *Bv*, Subat *F . hanc glossam* > *μβ* | 25 uirga *F* | 25 *fin* + Sedrach decus meum . de ageo [aggeo *corrector*] Aggeus festus siue sollemnis [solemnis *corrector*] Iosedec domini iustus

siue iustificatus *F* . + Sedrat decor meus de aggeo proph [*hic titulus in dextrum latus extensus*] Aggeus festus siue sollemnis *cett ut F H* | 26 Zorobahel *H* | 26 *post* magister + uel *H* | 27 hortus *H* | 27 babilone *BH* | 28 *fin* + propheta *H* | 29 Ado *H* | 29 Asael *F* | 30 Anane+el *F* | 32 Ragon *F* | 32 uel *B*, siue *FH*

53

1 Ela *H* | 2 3 *post* 4 *ponit B* | 2 dominus deus *FH* | 2 *post* deus + meus *B¹* | 3 *nil nisi* malachi agelus meus *FH*, *nisi quod* angelus *H* | 3 Malachia *v* | 4 > *FH* | 4 Sedrac *B* | 6 de propheta hieremia *F*, de proph hieremia *H* | 7 Anathot *B*, Anatoth *F* | 8 uel *alterum B*, siue *FH* | 8 onis *H* | 8 Achbor *H* | 10 domini *H* | 10 Asedemoc *B*, Asademoch *H* | 11 Ananehel *F*, Anamehel *H* | 11 *ante* Anan + Azeca [*ante* z *in F littera una deleta*: z? æ?] clausam pessulo uel robustam . Abania patris gratiam *FH*, *nisi quod* robuftam *et* gratia *H* . *sumta ex Ierem* 34, 7 35, 3 . *v haec non agnoscit* . ,,*desunt in editis antea libris nomina istaec duo Azeca et Abania . inter mss codices nonnulla quoque est discrepantia : nam colbertinus* 4951 *ita legit Azeca deauratam uel robustam, alii ut nos edidimus* [= *F, nisi quod Azecha*]'' *Martianay* | 12 Ania *B²FH*, Ana *B¹* | 12 gratia domini *FH* | 12 Abdiel *B* | 13 domino *H* | 13 Afreę *F* | 14 Azan *BFH* | 15 mirice *BFH* | 16 confirmata *H* | 16 Ai *F¹* | 16 questio *B*, quęstio *F* | 16 uiuet *F* | 17 Ascenez *B*, Ascepez *F*, *sed prima manu in margine* Ascenez . ,,*hoc loco mss inter se plane consentiunt*'' *Martianay* | 17 aspersus *BF²Hμ* | 17 Amithal *B*, Amutal *FH* | 17 calefactum *FH* | 19 dispectus *F* | 19 Baroch *H* | 20 Baasaa *F¹*, Basaa *F²* | 21 Bes *H* | 21 *fin* + ,,*ueteres editi*'' Bethulia dolens domus dei, ,,*quod mss penitus ignorant*'' *Vallarsi* | 22 Cariatim *F¹*, Cariathim *F²* | 22 saltum *H* | 22 Colai *F* | 23 Caedron *FH* | 24 igni *B*, ignis *F* | 25 ce *H* | 27 Chelicia *F*, Chelchia *H* | 27 *post* manus + spinarum *FH* | 28 preparationis *BH*, p̄parationis *F* | 29 significari *F* | 29 eis *FH*

54

1 Charmamos *BF*, Chamamos *H* | 1 siue . . . 2 *fin* > *F* | 1 armentum *H* | 3 huc *H* | 4 Dabon *H¹* | 5 palata *F* | 6 Ennon *F* | 6 Elnatham *BFH* | 6/7 siue ad dentem > *F* [*H = B*] | 7 dei *BH*, domini *F* | 7 *ante* Elasa + Esebon cogitatio maeroris *F* [*non H*] | 7 Elaesa *F*, *puncto sub a priori posito* | 8 Esebon . . . moeroris > *F* [*non H*] | 9 breuem e *FH* | 11 obpositi *H*, *quod recipere debebam* | 12 Elisamę *F*, Elisamae *H* | 12 meo > *FH* | 13 exercituus *H* | 14 nigritudinis *F*, nigridinis *H* | 14 Fatures *BF*, Fathores *H* | 14 decepti *F*, decepto *H* | 14 calcatu *H* | 14/15 buccella *BH* | 16 confirmans *B*, consumans *F*, consumens *H* | 16 *fin* deus *H* | 17 Gamuel *BFH* | 17 dei > *FH* | 18 Hierimia *F*, Hieremia *H* | 18 Iechoniã *F* | 19 domino > *FH* | 19/20 Iecdaliau *F* | 20 dominus *H* | 20 robuftus *H* | 21 Ionatham *BFH* | 22 edidit *F* | 22 Ioanan *FH* | 24 dei *F* | 24 Morithi *F* | 25 Maithania *F* |

25 donus *F* | 25 Malchia *F* | 25/26 Massefa *F* | 26 uel *B*, siue *FH* | 26 Magdalo *B*, Magdolo *FH* | 27 uel *B*, siue *FH* | 27 eorum > *FH* | 27 Mefaat *BF* | 28 Melcā *F*, Melcha *H* | 28 Marodac *B*, Mardach *FH* | 29 mentientes *F*

55

1 Neelamitis *B*, Neelarmitis *F* | 1 dei *F* | 2 domum dei *F*, domum domini *H* | 3 Nabusabara *H* | 3 tempus calcatum *B¹* | 3 Necbao *F* | 4 *praeponunt ,,ueteres editi contra mss fidem"* Holofernes uitulus saginatus | 4 Omne *H* | 5 quatuor *B* | 5 sequntur *FH* [*sic*] | 6 sunt > *F* [*non H*] | 7 genus > *F* | 7 kippon *H* | 8 Oiaddę *F* | 8 ipse cognouit *BF*, precognouit *H* | 8 eius > *F¹* | 8 scienti μβ, v = *BFH* | 9 saluauit *FH* | 9 Oranaim *H* | 10 Rachab *F*, Recabh *H* | 10 ascendens *BH*, ancendens *F¹*, accendens *F²* | 10 Rapsaris *FH* | 11 Rablata *BH*, Rabaatha *F* | 11 siue > *F*, uel *H* | 13 *praemittunt* Sedecia iustus domini *FH* | 13 turbidi *F* | 14 bussus *H* | 14 sacceus *B*, sacci *F*, saccius *H* | 14 uel *B*, siue *FH* | 15 translatum *F¹* | 16 retriens *H* | 16 Sefala *F¹*? Sefaela *F²*? | 18 Safathia *B* | 18 iudicans *B¹*, idicat *F¹*, ivdicat *F²* | 20 cirogrilli⁹ *B*, chyro·grillius *F*, cyrogrylius *H* | 20 lepius *H* | 21 siue labium eorum > *v* | 24 per ꞇ litteram > *F*, ꞇ > *H* | 24 sequntur *F*, sequuntur *H* | 28 = *B nisi quod* daniele, de daniele *F*, danihel *H in latere dextero nominum* | 29 Affanez *B*, Asfanetez *F¹*, Asfenez *H* | 29 domitorum *F*, dominator *H* | 29 Annania *F¹H* | 29 gratia domini *FH* | 29 Abdenage *F¹*

56

1 Asoerus *FH* | 1/2 Astiages *B*, Astiage *F*, Astyage *H* | 2 Abbacum *FH* | 3 Artaxerses *BH*, Artaxerxis *F* | 4 Balthasar *BH* | 7 secularia uel sempiterna *F*, secularia uel sempiterna *H* | 8 Forthomim *F* | 8 de > *H* | 9 qꝺ *F*, *quod uolgo* quod *legendum* | 9 uisum est *F* [*H = B*] | 11 Ioacim *FH* | 11 domini > *FH* | 12 Iezechiel *BF¹H*, Iezec*iel *F²* . *in margine F* qz | 12 Iezaniam *F*, Iezaria *H* | 12 aꝰes *FH* | 13 deomino *F¹* | 14 adducit *F* | 14 inminuta *FH*, *quod recipere debebam* | 15 inter *H* | 16 salus *Martianay* 117 *,,ad fidem codicum mss gemeticensis monasterii, fiscanensis, s Ebrulphi uticensis et s Martini sagiensis"*, paulus *B¹*, palus *B²FH ,,editi cum mss exemplaribus regio uno, duobus colbertinis et cum aliis pluribus"* teste *Martianay* | 16 Misac *BFH* | 16 de > *F* | 17 Michael *BFH* | 18 Persę *B*, Resae *F*, Perse *H* | 18 temptans *F*, temptantes *BH* | 19/20 uacuaefactio *F¹*, uacuafactio *F²* | 20 Sidrac *B*, Sedrac *F*, Sedrach *H* | 20 decor *H* | 21 uel *BF*, aut *H* | 23 De Ezechiele *B*, de hiezechihel *F*, de ezechiel *H* | 24 accerethi *BH*, acchrethi *F* | 25 Asurim *H* | 25 Aram *BFH* | 26 dolum *H* | 26 Ainagallim *in B* i *prius super aliam litteram scriptum habet* | 26 uel *BH*, siue *F* | 26 uitili *H* | 27 Ariel *B* | 28 Asæmel *H* | 29 Aelamitę *BF*, elamitæ *H*

57

1 dispectus *F* | 1 Banaza *F* | 2 Berota *BF* | 2 discensio *F* | 2/3
Bagazim *F* | 3 Baibastus *H* | 5 Cędar *F* | 6 mutata uel > *FH. v = B* | 7
Hucusque *FH* | 9 Cobar *H* | 9 iusta *H* | 9/10 Chodcod *H*[1]? Chodcchod
nunc | 10 cartaginienses *B*, cartaginenses *F*[1], kartaginienses *F*[2], char-
taginiensis *H* | 10/11 Chalamat *F*, Chalmad *H* | 11 Chaldei *BF*, Cha-
daei *H* [*sic*] | 11 abera *H* | 12 aut *B*, siue *F*, uel *H* | 12 Cherethum *B*,
Cherethiim *F* | 13 habet *FH* | 13 διαπϑεμινοι *B*, διατιϑ μενοι *F*, > *H* .
,,*manuscripti* διατεϑιμινοι" *Martianay* [διατιϑειμίνοι ??] | 14 chethera *H* |
14 Cherichoro *F*[2] | 15 *post* lactei + Chalamar omnis amaritudo *FH*. =
Ezech 27, 23 . *contra B recipere debebam* | 15 lacessitiones *H*, *BF ut
edidi* | 16 Deblata *BFH* | 16 palate *F*, palathas *H* | 16 annuens *H* | 18
esæmel *H* | 18 uel *B*, siue *FH* | 18 sabbator *H* | 19 robustus *BH*, ru-
bus *F* | 20 Emer *F*[1] | 21 habitantis *H* | 21 Eliseę *B*, Eliset *H* | 22 deus
est *F* | 23 uhc *F*[1] | 23 legimus *H* | 25 Enagalim *F* | 26 uel *prius B*,
siue *FH* | 26 *post* saeculum + uel αιϑολοσιον eorum *F*, + uel ai εονριοn
eorū *H* | 26 Efa *FH* | 27 aedi *H* | 28 Felethia *BH*, Felitia *F* | 28 li-
bie *B*, lybya *F*, libes *H* | 28 mitus *B*? notus *H* | 29 Fagud *H* | 30
Gaze *B*, Gazer *F*

58

1 uenūdatio *F*, nundatio *H* | 1 Gadali *F*, *uidetur emendatum se-
rius* | 2 uolutrabra *B*[1]*F*[1] | 2 Galilea *F* | 3 Iezechiel *BH*, Ieiechiel *F* |
3 domini *FH* | 3 Iezonia *F*, Iozonia *H* | 3 aure*s *F* | 5 Lidi *BF* | 6
post habitationem + siue de habitatione *F* [*ubi o super uersum pr m*]
H | 6 Mesech *FH*, Mesecin μβ . *v = B* | 7 qd' *B* [= quod], qď *F*,
quod *H* | 7 uel detectio *F*, uel detectum *H* | 7 Metia *H* | 8 Macha-
liaim *B*[1], Mathalaim *F* | 9 turres *F* | 9 transmigrationis *H* | 9 siue *B*,
uel *FH* | 10 reliquię *F*, reliquiae *H* | 11 cōmotio *B*, cōmutatio *F*,
commotio *H* . uel commotio *etiam v*, > μβ ? | 12 Oolla *B*, Oela *H*[1] ? |
12 ,,*expositionem nominis* Ooliba, *quod ignorant, proxime superiori* Oola
adponunt olim editi libri" Vallarsi . ita B, qui tabernaculum Ooliba
non habet | 13 Oera *F* | 13 ęstus *B*, est os *H* . *Fμβ ut ego* | 15 lega-
mus *H* | 16 uolentes *F* | 18 Rabbat *B* | 18 Ramaa *F* | 18 tronitus *F* |
18 Rodię *F*, Rhodie *H* | 18/19 iudicis *F* | 22 siue *BF*, uel *H* | 22/23
Semoth nomina *post* eius 23 *FH* | 24 Seim exeuntes *post* pecta 25 *FH* |
24 Soenae *F* | 25 perta *FH*μβ *contra Bv* | 25 Sododa *F* | 26 Saabarim
H | 26 circumire *F* | 26 Saffirus *F*[1]*H* | 27 saluatores *F* | 27 a *alterum
uocis* Sataim *mutatum, sed nescio quid effecerit librarius H* | 29 T⁻anis
F[1]? | 29 humilem *H* | 29 T*afnas *F* | 29 stupes *F* | 30 intellegendum
non ab osse *FH*

59

3 *neglegentia miniatoris* helabin *B*, Thelabū *F* | 3 despersi *F* | 3/4
in libris hebraicarum quęstionum *post* uideatur 4 *FH* [hebreicarum

questionum *H*] | 4 Tammuz *F*[1], Thaammuz *H* | 5 et > *H* | 5 libris
illis *B*, eisdem libris *F*, his libris *H* | 6 dicetur *F* [*H* = *B*] | 7 *init*
defertus *FH*[1], defertur *H*[2] | 7 Thogarma *F* | 7 auelles *F* | 8 Thicon
F[1]*BH* | 8 medicum *H* | 8 Tau *F*[1] | 9 Thasof s *in rasura habet F* | 10
Themura *F*[1], Themara *F*[2]? | 10 *operae pretium est notare F paene*
semper consumare *habere* | 12 beato > *FH* | 13 Avsitidi *B*, Ausidi *F*[1] |
13 uisum fuit *F* [*H* = *B*] | 16 Baladat *F*[1]? Baladad *F*[2]*H* | 16 uetuf-
tas *H* | 16 Barachiel *BFH* | 16 Buzitis *FH* | 17 Barechel *FH* | 17 be-
nedic *F* [*H* = *B*] | 20 Elizfaz *F* | 20 Elius *F*[1] | 20/21 dominus deus
H | 21 domini *B* | 22 πεϱϱβολοι *B*, *manus recentissima* t *deleuit et* i *su-*
per uersum addidit: πιτροβολοι *F*, ſιετροβολο *H* | 22 Getam *F* | 25 Le-
biatam *F*, a *priori altera littera subest* | 26 Mazurot *B*, Mazoroth *H* |
26 ϛοδγον *B*, ζωλιον *F*, ζαιλιον *H* | 26 oroscobi *H* | 27 *init* Naamitites
F[1]? Naamatites *BF*[2] | 27 *fin* Naamath *B*, Naamati *F*, Naathi *H* |
28 Ofar *F*

60

1 Sauchaeorum cantilenae > *F* | 1 Saucaeorum *B*, Sauceorum *H* |
2 *priori loco* speculatorrem *H* | 3 uel *B*, siue *FH* | 3 Secheu *H* | 3
Sathan *B* | 3 *post* Satan *super uersu* ιν *et in margine prima manu* qz
F | 4 Senech *FH* | 5 Topadium *H* | 7 de matheo *H* | 7 Mathei *B*,
matthei *F* | 8 Abraam *F*[1] | 8 meus > *F* | 9 spontaneus *B*, uoluntarius
FH | 10 robor *F*, robus *H* | 11 Aaaz *F*[2] | 11 apprehendens *B*, adphende
F, adprehende *H* | 11 fidelius *H* | 12 *ad* aleph *in margine* + א *F* |
12 *ad* ain *in margine* + *signum quod imitari typis nequeo* = ע *F* |
14 Azur *F*, Asur *H* | 14 adiutus *FH* | 15 Alpheus *B*, Alfeus *FH* | 16
fugitiuis *H* | 16 milesimus *FH*, *qui* + uel doctus | 17 illuminatio *B*,
inluminati *F*, inlumina *H* | 17 Abel uapora aut luctus aut uanitas
FH, *nisi quod* uapor *H* | 18 Acheldemat *F*, Acheldemac *H* | 19 rubor
F, robus *H* | 20 Bartholomeus *BFH* | 20 suspendentes *H* | 20 ante me
+ filius suspendentis *F*, + filius suspendentes *H* | 21 *post* est + no-
men *H in rasura manu prima* | 21 Bethisaida *F* | 22 uenatores *H* | 25
buccę *B*, buccae *FH* | 26 *init* dom⁹ *B*, dumum *F*[1] | 27 uel *alterum* >
FH | 28 Barraban *B*, Barabbam *F*, Barabban *H* | 28 filius *F* | 28 eo-
rum *B*, nostri *FH* | 30 Caifa *F*, Caipha *H*

61

1 Cadrantes *BF* | 2 Corbona *F*[1] | 2 Cananeus *BF*[2]*H*, Caneneus *F*[1] |
4 c litteram simplicem *F*, *nil nisi* simplicem *H* | 7 negiatur *H*[1], ne-
giatar *H*[2] | 7 mutabilis *FH* | 8 Chorazi *F*, az *prima manu super aliis*
litteris scriptum, in margine z *repetitum* . Chorazin *H* | 8 Chananei
BFH | 9 uero > *F* | 10 aut *B*, uel *FH* | 10 Daniel *B*, Dahihiel *F*[1]? |
12 Essaim *H*, i *super rasura alterius litterae* | 16 Eliachim *B*, Eliacim
alterum i *in rasura pr m F* . Eleachim *H* | 16 dei *B*, domini *F*, deus
H | 16 uel deus *B*, aut dominus *F*[1], aut deus *F*[2]*H* | 17 resuscitabit *F*,

B   3

resuscitauit *H* | 17 Eliu *et quae secuntur F* 31ᵃ | 17 Eliazer *F* | 18/19 zabathani *F codd plerique apud* μ, zabthani *H* | 19 dereliquisti me *H, BF ut edidi* | 20 *post* diuisio + siue dici *FH* | 20 Farisei *BFH* | 20 uel *B,* siue *FH* | 21 Genesar *F¹* | 21 ortus *B* | 21 principium *BF* | 22 Gesemani *FH* | 22 pinguidinum *H* | 22/23 Golgota *F* | 23 caluarię *B,* caluariae *F* | 24 Ihs *H* | 25 " > *F* | 27 uel *prius B,* siue *FH* | 27 uel *alterum B,* siue *FH* | 28 Iosafad *B,* Iosafath *F* | 29 ubi es *H* | 29 quis est *H¹* | 30 sublimatur *F* | 30 Iotham *FH* | 31 Iezecia *FH*

62

1 *ante* uel + uel in quo est incensum domini *FH* | 1 domini salus *FH* | 2 Ioachim . . . . 3 *init* paratio > *FH* | 3 Ieconias *F* | 3 domini > *F* | 3 *post* domini + Ioiachim ubi est preparatio uel domini preparatio *H* | 3 Ioa-> *F* | 3/4 Ioiacim *H* | 4 5 > *F* | 4 Iores *H* | 6 Ieremias excelsus domini > *F* | 6 Iohannan *F,* Ioannan *H* | 7 *post* gratia + Ieremias excelsus domini Ioachim domini resurrectio siue dominus suscitans Iosep͟ʰ apposuit siue apponens Ierusalem uisio pacis uel timebit perfectae *F, qui in margine* qz | 7 Ischarioth *H* | 8 legere scarioth *F,* leggere issacharioth *H* | 10 literam *F* | 10 nos > *F* | 10 et > *BFH* | 10 calendis *F,* kal *H in quo* l *lineola transfixum est* | 11 uini uersa *F, post quae* e *additum spongia deletum* | 11 exprimemus *F¹* | 11 quose quenter *F* | 13 Lebbeus *BFH* | 13 nominator de *F* | 14 corcolum *F,* torcolum *H* | 15 Manasse *FH* | 15 domum *F* | 17 zmirna *B,* z*myrna *F,* szyrna *H* | 18 autem est *FH* | 18 stillam *H* | 19 sciendum quoque quod *H* | 20 necupetur *F¹,* nucupetur *F²,* noncupetur *H* | 20 Mattheus *BFH* | 20 condam *F* | 20 Mageddo *F* | 21 nontia *H* | 21 Magdalenę *F* | 21 turres *F* | 22 situt *B¹,* siut *FH* | 22 a turri *B,* a*turrę *F,* aut turre *H* | 23 quietum *F* | 24 uirius *H* | 24 *post* serpens + eorum *FH* | 24 flos *BH,* fons *F* | 25 separatus *FH* | 26 *ad* sade *in margine* + ▯ [*sic*] *F* | 26 littera *H* | 27 nec *alterum* > *H* | 27 littera *BFH, quod recipere debebam* | 27 Nazareus *B,* Nazoreos *F,* o *prius ex alia littera correctum, super* o *altero* v *scriptum .* Nazoreus *H* | 27/28 Nepthalim *F,* Nepthali *H* | 28 *post* me + seruiens *F* | 29 Obetd *F¹* | 29 Ossanna *F* | 29 quae *F* [*H* = *B*] | 29 dicitur > *B¹* | 30 ωconaн *B,* cωconaн *F¹,* cωcunaн *F²,* caicon aн *H* . „*editi libri* . . . . *legere ausi sunt contra fidem manuscriptorum* ὡς ἀννά *uel* ὡς ἀννὰ" μ | 30 autem > *H* | 30 extensam o litteram *F,* ó litteram extensam *H* | 32 *praemittit* Rama excelsa siue exaltata Rachel ouis uel uidens deum *FH .* „*editi*" v = *B* | 32 Racab *F¹,* h *super uersum additum pr m*

63

1 Roboam *B,* Raaba *F,* Raabam *H* | 1 Ra- > *FH* | 2 > *FH* | 3 Raca *F* | 3 Ramatum *F* | 5 uel *B,* siue *FH* | 5 Salemon *B,* Salamon *F* | 6 Salathiel *BH,* Salatihel *F* | 7 *in margine* ⱳ *F* | 8 sade > *F¹, in margine* ▯ [*sic*] | 9 Sadoch *BH,* Sodoc *F* | 10 Tamar *H* | 11 et

unde et *F* | 11 et $>$ *H* | 11 didimus *BFH* | 11 Thare *FH* | 13 Zare
FH | 13/14 babilonis *F* | 15 Zebedeus *BFH* | 15 dotatus . . . . 16 Za-
charia $>$ *H* [*F habet*] | 16/17 Zacheus *B*, Zaccheus *FH* | 17 aut iustus
$>$ *F* [*H = B*] | 19 Marci *F*, $>$ *H* | 20 *praemittunt* Arimatheas alti-
tudo eius uel exaltatus est ipse *FH* | 20 Arimathia . . . 21 *fin* $>$ *FH* |
22 Idumea *BFH²*, Iudumea *H¹* | 22 Isrl *BF* | 22 uir *B*, homo *FH* |
24 unde malio loco *H* | 24 cananeus *BFH* | 27 angustiae *a me recte
praescriptum egregii operae corruperunt* | 28 angustiae *F* | 28/29 Tyberius
H | 29 uel *B*, siue *FH* | 29 Tabitacumi *B¹*, Talitacumi *B²*, Tabita cū
F [*in margine* qz], Thalithacum *H* | 30 Traconitidis *BF*

64

1 De Lvca *B*, Lucae *F*, $>$ *H* | 2 Aeffeta adaperire $>$ *F*, Fheta
aperi *H* . Aepheta *notatur ex v* . Fetha aperi *μ* post 63 *fin* *ponit* ad-
scribens ,,*hoc loco retinent manuscripti codices nomen* Fetha, *quod est
ipsum* Ephpheta *Marci* 7, 34 . *editi collocant idem nomen* Aepheta *sub
Luca, ab initio litterae* A" *Martianay* | 2 stantes *F²*, $>$ *F¹* | 3 addic-
tam *F* | 3 Abilines *F*, Abilenes *H* | 3 *post* lugentes $+$ Abia *F* [*in
margine* qz], $+$ Abia pater dominus *H* | 3 Aron *F¹* | 4 Amos s *in ra-
sura habet F* | 5 onorauit *H* | 6 Arfaxad . . . . 7 depopulationem $>$ *H*
initio paginae uersae | 6 arfaseth *F* | 7 aut terrenus homo *H¹* | 8 Amaus
F [Amaas *F²*?] | 9 Cesar *B*, Cẹsar *FH* | 9 pessesio *F* | 9 Cireniu *H* |
9 heres *BF*, heredis *H* | 9 aput *F* | 10 per t *F* | 10 ut $>$ *H* | 11 Cusam
H | 11 *med* Cinam *FH* | 15 breuem e *FH* | 16 elementum legamus *F¹*
[*F²H = B*] | 17 Herodes *FH* | 17 pellicius *F¹*, pellicus *F²*, pelletius
H | 17 Elsabae *F* | 18 dei $>$ *F* [*H = B*] | 18/19 Elmadadi *FH* | 19
mei $>$ *FH* | 20 Eliseus *B*, Elisae *FH* | 21 Fanuel *B* | 21 Fasaeẹ *F*,
Faseae *H* | 22 Falet *F* ? ? Falech *H* | 23 os *alterum* $>$ *H* [*F = B*] |
24 Gabriel *B*, Grabrihel *F* | 24 domini *F* | 24/25 uir meus *H* [*F = B*] |
25 dominus *F¹* | 25 Galilea *BF*, Gallilea *H* | 25 uolubilis *B²*, uolubili-
tas *F* | 25 *fin* $+$ uel rota *FH* | 26 iuidem *H* | 27 Itureẹ *B*, Iturae *F*,
Itureuæ *H* | 27 Ior danes *F*, Iordanes *H* | 27 descensus *FH* | 28 *in
margine* qz *F* | 29 prẹpatus *F* | 29 Ioarim *F* [*H = B*] | 30 exaltatus *B*,
exultans *F* ? | 30 Iaret *FH* | 30/31 dicitur $>$ *F*

65

1 *επιχραθων* *B*, etiikpasoain *H* | 1 Iohanna *B*, Ioanna *FH* | 2 uel
alterum B, aut *FH* | 2/3 inluminatur *H* | 4 Lisania *B*, Lisaniae *FH* |
5 Liui *F* | 5 putant $>$ *H* | 6 sonarẹ *F* [*H = B*] | 6 Lot . . . . 7 ua-
cans $>$ *FH* | 6 Loth *B* | 7 *post* adiutus $+$ Loth ligatus aut declinans
aut uacans *F: idem H nisi quod* Lot | 8 Moses adsumptio *FH* | 9 ur-
guens *FH* | 9 est $>$ *F* [*H = B*] | 9 Matthania *B¹*, Matthatia *F*, Ma-
thathia *H* | 10 Matusale *B*, Matusala *FH* | 11 Maallehel *B¹*, Malalel
F, Maallalel *H* | 11 deum *BF*, dominum *H* | 11 Marta *H* | 12 prouo-
cans $>$ *F* | 12/13 domina interpretatur uel $>$ *F* | 13 aut *H* | 15 uel

B, siue *FH* | 15 dantis *H* | 15 Nabor *H* | 17 Niniuite *B*, Niniuitẹ *F*, Nineuitae *H* | 17 preciosi *H* | 18 cognoscens *F¹* | 19 est > *FH* | 19 apud *BH*, aut *F* | 20 litteram *F* | 22 scriptae *F* | 23 Rós *H* | 23 sublimes *F* | 24 Sichera *H* | 24 hebrietas *F* | 24 inhebriare *F* | 25 Simeon *BF* | 25 adiens *H¹* | 26 Sedi *BH*, *F* posset etiam Sech *legi* | 26 Semi *BFHμβ, sine causa mutatum* | 26 Salathiel *BFH* | 27 Seruc *H* | 28 Salem *BFHμβ* | 30 Sarastha *B*, Saraptha *F*, Sarapha *H*

66

1 Symon *B*, Symoni *F* | 2 Sosanna *H* | 3 Samaritẹ *B* | 4 passio *F* | 4 aut *B*, uel *FH* | 4 Sathan *B* | 6 Saducei *BF¹*, Sadducei *F²H* | 7 > *H, nil nisi* Iohannes *F* | 8 Aenom *F*, Aemon *H* | 8 frons *F* | 8 'Anania *F* | 9 Banareem *F* | 9 *fin* boanergessus *F¹*, boanerges us *F²*, bonergeiesus *H* | 10 Basema *H* | 10 quod *B*, quem *FH* . ,,*manuscripti codices retinent pronomen masculinum* quem et ipsum" *μ* | 11 bartimeum *BH*, bartimeus *F* | 11 *fin* + deuorans muscas aut *H* [*F = B*] | 12 in finem *H* | 13 muscẹ *F* | 13 Barrabas *B*, Barabba *FH* | 14 Cefas *FH* | 14 est > *F* [*H = B*] | 15 Effraim *B* | 15 actus *F* | 17 Messia *FH* | 17 xpc *BFH* | 18 Nazaredh *B¹* | 18 flos > *FH* | 19 Saalim *FH* | 19 pugillis *H* | 19 ⊦ ortus *F* | 20 βϱιονϑα *B* | 20 Sychar *H* | 20 siue *B*, aut *FH* | 21 sicen *F*, sichen *H* | 21 humeros *BF* | 22 Syloe *H* | 22 misus *F¹* | 23 *in medio uersu scribit H* | 24 ⊦ uocis Andreas *super alia littera scriptum in F* | 25 uolentum *H* | 26 απο τον αναδϱος *F* . απστοϲανapoc *H* | 26/27 appelletur *B*, appellatur *F*, apelletur *H* | 27 Alfeus *BF²H*, Afeus *F¹* | 27 milesimus *FH* | 28 Acheldama *F*, Acheldemac *H* | 28 Aegyptum *FH* | 29 siue tribulationes *FH* | 29 campestris *H* | 29/30 Annans *F* | 30 Alaexander *F¹?* | 30 angustia *F* | 30 *post* sed + et *FH* | 31 Annanias *F¹H* | 31 *post* gratia + eius *B¹* | 31 dei *H* [*F = B*]

67

1 incipiat *FH* | 1 finiat *F* [*H = B*] | 1 sale *H* | 2 sin *Lagarde*, nun *BFHμβ* | 2/3 transfertur in populum diuellenter *FH, nisi quod* diuellentem *H* | 3 uocatur *B*, dicetur *F*, dicitur *H* | 4 Aesdod et *B*, esdod et *F*, esdoded *H* | 5 infanus *B*, insanus *μ*, ,,*aliquot manuscripti*" apud *μ* infamis [*ita FH*], ,,*hactenus editi libri* insanus *pro* infamis *contradicentibus mss*" *Vallarsi* | 6 repondens *F* | 6 *fin* + uel nuntius *FH* | 7 Atalia *B* | 7 *fin* + sed *H* [*non F*] | 9 Appollonia *F* | 10 Athemenses *F*, Athanienses *H* | 11 dissipanti *F*, dissipatis *H* | 12 Arios pagos *addito* v *super* o *altero F*, Ariospagos *H* | 12 primitia *F* | 12 est > *FH* | 13 athenienses *FH* | 14 uel parturiens *B*, siue pariens *F*, siue parturiens *H* | 14 sorori aborans *H* | 15 Appelles *F*, Apellens *H¹* | 15 Arthemis *B*, Artemes *F* | 16 est > *FH* | 16 Aristarcus *BF*, Aristharcus *H* | 17 laudationis *H* [*non F*] | 18 est > *FH* | 18 Agrippa ... subito > *H* | 18 Adrumetina .... 19 est > *FH* | 20 malorum *pr m in margine F¹* | 20 est > *FH* | 20 *ante* Appii + Adrimecina ui-

dens sublimiter *F*, *ubi* Adrymecina *F²* | 2c Appisorum *H* | 20 liuera *H* |
20 *fin* + uiolentus *F*, + uiolentum *H* | 21 Bartholomeus *BF²H*, Barthe-
lomeus *F¹* | 22 Barsabban *H* | 23 sermone nomen *B*, nomen *H*, sermonē *F*
post rasuram duarum litterularum | 23 *post* conpositum + est *F* [*H* = *B*] |
24 uenientes *H* | 25 Berieu *BFHμβ*, *quod mutaui* | 25 maleficium *H*
[*F* = *B*] | 26 Barihu „*aliquot manuscripti*" *apud μ* . *BFH* ut edidi |
26 Bithinia *BF*, Bythinia *H* | 27 uel *prius B*, siue *FH* | 27/28 uelecte
F¹, uelectę *F²* | 28 electae *H* | 28 uel *B*, siue *FH* | 29 domini *H* [*F*
= *B*] | 29 est > *FH* | 29/30 Cirene *B*, Cyrine *F*, Cynere *H* | 30 uo-
catę *B*, uocate *F*, uocante *H* | 31 uel *B*, aut *FH*

68

1 Cirenenses *B* | 1 Cylicia *F* | 2 Cesarea *BH* | 2 possesio *F¹* | 3
principis *FH* | 3 Candaces *F* | 5 reuellationem *F²* | 6 Chorinthum *B*,
Corontum *F*, *qui in margine* qz: Chorintum *H* | 7 πολιθιαν *B*, πολιπαν
F, πορτιυν *H*: „*iidem mss* [*qui* 67, 5 26 *laudabantur*] *latine* politian"
μ | 7 amministrationem *B*, amministrationis *F* | 8 Cripus *H* | 8 uel *B*,
siue *FH* | 8 Co . . . . *fin* > *FH* (prestolatio *B*) | 9 Cencreas *FH* | 9
sec tores *F*, *qui deinceps* + Co excussio siue prestolatio, *ubi* prestvlatio
F² . *eadem quae F¹* + *H* | 9 Cos *B*, Cnidos *F*, Ciuidos *H* | 10 recen-
sionem *F* | 10 glangorem *F*, *in margine idem* qz | 11 litterā *F* | 13 for-
tis manu *FH* | 13 Damaschus *F* | 14/15 Dionisius *B*, Dyonisius *FH* | 15
fugens *H* | 15 Damasis *B¹* | 15 Damarisilen *ita iuncte H* | 17 Derbeus
BFH | 17 loquar *F* | 17 Drusylla *H* | 18 Dioscorue *F*, Dioscure *H*, *v*
= *B*, Dioscuroe „*nonnulli manuscripti*" *apud μ* | 20 Eleonis *BFH* | 21
allaborantes *B*, adlaborentes *H* | 21 Elamitę *BF* | 21 obiectio positi *F*
(oppositi *BH*) | 21 dispecti *F* | 22 Ebrei *B*, Hebręi *F*, Hebrei *H* | 22
hemor *F*, Hemor *H* | 22 he *F* | 22/23 *in margine* חמן *tolerabiliter picta*
F | 23 Elimas *BFH* | 24 Hermes *FH* | 25 aborde *F¹*, absorde *F²* | 26
Elada *BFH*, *μβ* ut ego | 26 scientiam . . . . dei > *H* | 27 Hellenōn *F*,
Hellenon *H* | 27 grecorum *BH*, grecū *F* | 28 Effesum *BF* | 29 erum
H² | 29 Euthices *B*, Euticis *F*, Eutiches *H* | 30 Hebraicę *F*, Hebraice
H | 30 Euridion *F*, Eursclion *H*

69

1 sequntur *F* : *H* = *B* | 1 extensum *H* | 1 elitte litterale *H¹*,
elitte rale *H²* | 1/2 legenda sunt > *F* | 2 sunt > *H* | 3 4 > *H* | 3
Herodis *F* | 5 Filipphus *H* | 5 Frigia *BF* . y *uocis* Frygia *H in ra-
sura habet* | 5 scisio *F*, sessio *v* | 5/6 Farisei *BH*, Farisęi *F* | 6 denun-
tians *H* | 6/7 Fenicis *BH* | 8 fisidiam *F* [*H* = *B*] | 9 fe *F*, ff *H¹*, f
H² | 9 runam *H* | 10 est > *H* [*F* = *B*] | 10 Festus *F* [*H* = *B*] . *F*
u⁰ *scribit, quo interdum* um *significat* | 10/11 latinum nomen *FH* | 11
uiolenter *BFHμβ*, *quod uitio meo mutatum est* | 11 quia *B*, q; *F*, quæ
H, que *μβ* | 12 Galilei *BFH* | 12 uolubilis *H* | 12 uel *B*, siue *FH* | 12
rotabilis *H* | 12 Gamaliel *B* | 13 additam *H¹* | 14 am *H* | 14 *in mar-*

gine ꙑ *F* | 14 Galionis *B* ⁞ 14 transferentes *F* | 14 Galaticã *F*, Galaticam *H* | 16 Ierosolima *B*, Hierusolima *F*, Hyerosolima *H* | 16 Iohs *B*, Ioannes *F*¹ | 16 gratia est *F* | 17 Iosef *H* | 17 uel *B*, siue *FH* | 18 Ionatha > *F* | 20 Iesar *BFHμβ*, *quod emendaui* | 20 desiderantes *F*¹ | 21 Iconium .... 22 consolatio > *F in fine paginae* | 23 Libiam *BH*¹, Lybiam *F* | 23 Leuitus *H*¹? | 24 Liuertinorum *H*² | 24 facientum *H* | 24 Lidda *BF* | 25 Lutius *B* | 25 soscitans *H* | 25 Licaonia *BF* | 25 Listra *B*, Lustra *F*? | 26 decore *FH* | 26 Lidia *BF* | 26 dicere possumus *FHμβ* | 26/27 perdificatam *B*, praeaedificatam *editi ueteres . v et manuscripti codices apud μ* = *FH* | 27 *appellatus *H* | 27 ωϙεληϑισα *B*, ωϑεηϑισα *F* | 27 Lisias *BF* | 28 Licię *B*, Liciae *F* | 28 lacrimantes *F* | 28 Laissa *H* | 29 exilittera *H* | 29 sunt > *FH.*

70

1 Matheum *B*, Matteum *F*, Matthem *H* | 2 siue *FH* | 2 elebata *H* | 3 a > *H* | 3 possedit *F* | 4 ambitur *F*, ambiator *H* | 4 tygri *B* | 4 iudicium *H* [*F* = *B*] | 5 rex .... Melchom > *F* | 5 uester *BH* | 5 melchon *B* | 6 eastrum *F* | 6 Mesia *B*, Misiam *F* | 7 siue *FH* | 8/9 moccedem *F*, nec cedem *H* | 9 Mitilene *BH*, Mitilenem *F* | 10 Mnasone *F* | 10 siue *FH* | 10 Mirra *F* | 11 Melitene *H* | 12 Nazoreum *FH* | 12 siue seiunctum *F*, siue seiunc *H et in margine* r̄ | 13 Nicocloum *F*¹? Noculaum *H . in margine F* nicolaũ | 14 Neapolin *FH* | 15 Nasson *B*²*FH* | 16 Petius *F*¹? | 16 cognoscens *FH* | 17 Pamphilia *BF*, Pamfylia *H* | 18 cadens *BH*, tacens *F* | 19 Procorum *BFH* | 19 Parmęnam *H* | 20 Pasca *F*² | 20 transcensum siue transgressum *FH*, transcensus siue transgressio *v ,,cum uulgatis uetustioribus"* | 21/22 discoperientem *FH* | 22 uoragionem *H* | 22 Phitona *B*, Pythonam *F* | 23 Pirrus *B* | 23 Ptholemais *H* | 24 Portium *B*, Parcium *F* | 25 *post* eius + declinantes *H* | 27 hebraicarum *H* | 27 prespicuum *H* | 28 putato *F* | 29 donantes *H* [*F* = *B*] | 29 Rafam *FH* | 29 urē̄ *B*, uestrę *F*, uestrae *H*

71

1 laxitatio *H* [*F* = *B*] | 1 Rode *F* | 1 *fin* Rhodem *B* | 2 dessensionem *B*¹, dissensionem *B*²*Fv et ,,uulgati uetustiores"* | 3 uel tonitrum *F*, siue tronetum *H* | 4 custus *F* | 4 Symonis *BF*² | 4 obedientis *B*, hobediens *F*, oboedientes *H* | 4 potentis *F*, ponentes *H* | 5 audientes memorem *H* | 5 Salamon *F* | 5 Samuel *B* | 6 Saducei *B*, Sadducęi *FH* | 6 Safferam *F*, Saffiram *H* | 7 certo *H* | 7/8 formonsam *H*¹ | 8 Stefanum *FH* | 8 nostram *Lagarde*, uram *BF*, uestram *H* | 8 cronoɴ *B* | 8 nostrum *Lagarde*, urum *B*, ur̄m *F* [usrm̄ *idem in margine*], uestrum *H* | 9 iaccula *H* | 9 dicuntur *F* | 9 Sichem humeri *B* | 9 Synai siue sinii *F*, Sinai siue sinii *H . Sinai siue Sinii ,,manuscripti uetustiores" apud μ*, Sinai sentis *,,ueteres editi" . v* = *B* | 10 mundatum *H* | 11 aut certe *FH* | 11/12 securitas *FHμ* | 12/13 Seleutiam *B*, Seleucia *H* |

13 ipsum *H* [*F* = *B*] | 13 iteris *F* | 14 umbram *H* [*F* = *B*] | 16 ortuli *B* | 16 peticio siue expetitus *B*, expetitus siue petitio *FH* | 16 dicitur > *FH* | 17 *init* Siria *B* | 17 *fin* siria *BH* | 17/18 hebreicá *H* | 18 aran *B*, aram dicitur *F*, earum dicitur *H* | 18 Samothratia *B* | 18/19 responsiones *H* [*F* = *B*] | 19 Sostenes *BF*, Sostenis *H* | 20 uulpicula *FH* | 20 Sopater *FH et „manuscriptum elegantissimum colbertinae bibliothecae" apud μ* | 21 ebriorum *F*, ebrosum *H*[1], ebriosum *H*[2] | 21 Sebastę *FH* | 22 ut ad samæch *F*, uta semech *H* . *in margine F* ◻◻ *spongia deletae,* e *ligaturae* æ *serius uidetur* | 23 Samonem *FH* | 23 habuit iaculi *F* | 23 Syrthim *B* | 24 siue *FH* | 24 sallustius *H* [*F* = *B*] | 25 Syracusę *B*, Syrecusę *H* | 25 macheriletitiae *H* | 26 sitim > *FHμ contra Bvβ* | 26 pinguinem *H* | 26 Tabita *BF* | 27 damnam *H*[1], damna *H*[2] | 28 Sor nomine declinatum *BH*, sermone declinantem *F* | 29 continentes *F* [*non H*] | 29 siue *FH* | 29 confortantes *FH* | 29 Tertulus *F*[1], *supra* l *lineolam incuruam pinxit F*[2]

72

1 aggere *BH*, a grege *F* | 1 *priori loco* orum *H* | 1 Tabernę *B* | 1 uisionis *F*, uitiones *H* | 2 bisio *H* | 3 litteram τ at nunc *F* | 3 tav *B, qui super uersum* t: thau *H* | 3 teta *superscripto* ϑ *B* | 4 *post* sunt + nomina *F* | 5 . . . . 7 abyssus > *H* [*F habet*] | 5 Theofile *F* | 6 didimus *BF*[1], dydimus *F*[2] | 7 siue capiens *FH* | 8 Tharsenses *F* | 8 exploratores *F* [*H* = *B*] | 8 Thiatira *B*: Thsatira *H, a prius* e *correctura* | 9 Thesalonicensium *F* | 9 umbra *F* | 11/12 = *B, qui* eplis *et* epla: de epistholis catholicis Iacobi *F*, de epistolis chatholicis iacobi *H* . *„unus* ms *bodleianus, referente Hodyo, nomina ex canonicis epistolis non habet, qui cetera tamen ex ordine seruat" Vallarsi . qui canonicas uocat quas nos catholicas* | 13 Abraam *F* | 13 patris uidentis *F*, patris uidentes *H* | 14 Helia *FH* | 14 domini dei *F* [*H* = *B*] | 14 Esai *H* [*F* = *B*] | 14 domini salus *F*[1] | 15 magnus *FH* | 15 mandata *H* [*F* = *B*] | 18 *nil nisi* petrima *F*, petri prima *H* . epla *scribit B* | 20 Bithinia *BFH* | 20 uel *B*, uel aut *F*[1], aut *F*[2]*H* | 20 Babillon *H* | 22 Capadotia *B*, Capodocia *F* | 23 Galacia *F* | 23 siue *FH* | 25 *praemittunt* pontium declinantem *FHμβ contra Bv et „uulgatos antiquiores"* | 25 Sura *H* [*F* = *B*] | 25 *fin rasura quinque litterarum capax H* | 26 *nil nisi* Petri secunda *FH* . epla *B* | 28 carneos *H* | 28 pellicius *FH* | 29 Capadocia *B*, Cappodocia *F* | 30 Electe *BH*, Electę *F* | 30 ascendentes *BF*[1]*H*, ascendentis *F*[2]

73

1 c *BH*, c *F* | 1 in > *H* | 1/2 ex a inscriptum *F*, ex a indescribitur *H* | 3 Loth *BF* | 4 mandata *F* | 4 defretatus *H* | 6 Pontius *Bv et „ueteres editi"* | 7 Symon *B* | 7 Siluanus missus > *FH* | 8 *fin* + Siluanus missus *FH, ubi* misus *F*[1] | 9 *praemittunt* Iohannis I. Cain possessio *μβ, quae teste Vallarsio* v *et ueteres editi non agnoscunt neque*

BFH habent | 9 *e coniectura Lagarde :* De 1ª epla Iohis *B*, Iohannis prima *FH* | 10 Diotrefis *H* | 10/11 Demetris *F* | 11 deiecere *F* | 12 mobilis *B*[1] | 13 de epistula > *FH* . de scda epla *B tacito auctoris nomine* | 14 siue *FH* | 16 gaties *F*[1], glaties *F*[2]*H*| 17 Zabulon *H* [*F* = *B*] | 17 aut cluso *F, addito* v *super* s: uel elusio *H* | 17 ergastuloi *F*[1], ergastulo *F*[2]*H* | 18 Enoc *BFH* | 20 Michael *BFH* | 20 qui sicut *H* [*F* = *B*] | 20 Moses *F* | 20 leniens *F*, lenens *H* | 21 peccus *H*[1] | 22 epistolarum pauli apostoli ad Romanos *F*, epistolarum Pauli ad romˉs *H* . epla *scribit B* | 23 Abraam *F* | 23 uel *H* [*F* = *B*] | 24 Achia *B* | 25 uel *alterum B*, siue *FH* | 26 uel *B*, siue *FH*| 26 Assia *H*| 26 reuelata *F* [*H* = *B*] | 26/27 Androcinus *F* | 27 standum *FHv, quod recipere debebam . μβ* = *B* | 27/28 passionum *F*, passione *H* | 28 Appelles *F* | 28 eos *BH*, uos *F* | 29 Aristobolus *BFH* . *μβ ut ego* | 29 dolorem germinis *F* | 29 Asincritum *B*, Asyncritus *F*, Asincritus *H* | 30 turabulum *FH*

1 dextrae *H* | 1 siue *FH* | 2 Cencris *BH*, Ceneris *F* | 4 Epineton *BHμβ*, Efeneton *F* | 4 Ermem *B*[1], Hermen *FH* | 4 anathemazantes *F*, anatematizantes *H* | 4/5 maemorem *F*[1], maerorem *F*[2], merorem *H* | 5 Hermˉ aut ferentem *F*, Herman auferentem *H* | 5 nostrum *F*, > *B*, nostri *H* | 7 sequntur *F*, sequuntur *H*[2], seciuuntur *H*[1]? | 7 sunt > *FH* | 7 legendam *H* | 8 Esaias *H* | 8 salutari *F* | 8 dei *H* [*F* = *B*] | 8 deus domini *H* [*F* = *B*] | 9 domini *H* [*F* = *B*] | 9 Herodianem *B*[1], Heremodionem *F* | 10 discoperiens *FH* | 10 Feben *BF* | 10 aut *FH* | 11 filius *H* | 11 dissicens *B*, dissiccens *H*, i *alterum in rasura* | 12 p̄cipuū *BF*, precipium *H* | 12 ortum *BH* | 13 aut *B*, uel *FH* | 13 nobilis *B* | 14 ualensis *H* | 15 Ivda *B* | 15 Iesus *F*, Hiȩsu *H* | 15 Isrl *B*, Isrel *F, loco e librarius prius* h *intenderat scribere* | 16 liuamen *F* | 16/17 Illiricus *BF* | 17/18 Ierlm *B*, Hierusalem *FH* | 19 siue *FH* | 20 Moses *F*, Mose *H* | 20 attrectans *BH*, adtractans *F* | 20 leniens *F*, lenens *H* | 21 uel *BF*[1], aut *F*[2]*H* | 22 Marcisus *H* [*F* = *B*] | 24 Osȩȩ *F* | 24 Olimpam *BF*, Olimpham *H* | 24 thalamus *F* | 25/26 Persidiam *BF* | 26 desuentem *F*[1], dessuentem *F*[2], discutientem *H* | 28 plangens *BFHμ*, clangens *β* . *cf Martianay* 218 *fin* | 28 siue superflue *etiam* v | 28 siue > *H* [*F habet*] | 28 superflua *F* | 30 refugientem *H* [*F* = *B*]

1 Sabahot *H* | 1 excirtuum *H* | 2 sterelis *F* | 2 Syon *BF* | 3 accinctus *B*, accinctio *F*, accintio *H* | 4 Stacchin *B*, Stacten *F*, Stachun *H* | 4 Sathanas *B* | 4 parabata *BFH et ,,antiqui codices manuscripti" apud Martianay, qui ipse* παραβάτης *edidit* | 4 siue *FH* | 5 dispersor *H* | 6 Trifenam *B*, Trifinan *F*, Trufenan *H* | 6 siue *FH* | 6 Trifosam *BF*, Transfossam *H*[1]? Transfosam *H*[2] | 6/7 perspicuȩ *F*, perspicue *H* | 7

Thimotheus *B* | 10 ad corinteos *F*¹, ad chorintheos *F*², ad chorinthios
H, *omisso* prima | 11 Apollo .... eos > *H* | 11 Appollos *F* | 11 Acaia
*F*¹ | 15 Chorinthum *H* | 15 siue *FH* | 15 decorionis *H* | 15 Cefas *FH* |
17 *init* comes *H* | 17 uel *F* [*H* = *B*] | 18 Damaschus *F*² | 19 Epheso
F | 19 ea *alterum BF*, &i *H* | 20 Ebrei *B*, Hebrẹi *F*, Hebrei *H* | 21
Gaiam *F* | 21 commotum *BH*, cōmotus *F* | 21 manifica *F*, magnificus
H | 21 siue *FH* | 22 Iudeis *B* | 22 siue *FH* | 23 Ierlm *B*, Hierusalem
FH | 24 Moses *FH* | 24 leniens *B*¹*F*, lenens *H* | 24/25 Marenatha *F* |
25 noster *BF*, non *H* | 27 Sostenes *BF* | 27 Stefana *FH* | 27 urām *BF*,
uestram *H* | 28 urm *BF*, uestrum *H* | 28 uel *alterum B*, sine *FH* | 28
uos *BF*, > *H* | 29 Sathanas *B*

76

1 ad corinthios II*ª B*, ad chorintii *et super* i *ultimum* a *F*: ad
chorinth secunda *H* | 2 Abraam *F* | 3 siue *FH* | 3 discensio *F* | 4 Be-
liur *BH* | 5 blial *H* | 6 Damaschus *F* | 7 siue uita > *F* [*H habet*] |
7 Ebrei *B*, hebrẹi *F*, Hebrei *H* | 8 Isrlitẹ *B*, Irraelitẹ *F*¹, Israelitẹ
*F*² | 9 Sathanas *B* | 9 uel *FH* | 10 Troeadem *F* | 10 querentem *BH* |
11 lutatum *F*, latatum *H* . v et „*uulgati ueteres libri*" = *B* . lucta-
tum *μβ* | 12 Ad Galathas *B* | 13 occidentem *F* | 13 Anthiochiam *H* |
13/14 papertas *F* | 14 Abraam *F* | 14 m. *pro* multitudinem *B* | 17 Da-
mascvs ut supra *B* | 17 damaschus *F* | 18 Ierosolima *B*, Herusolyma
*F*¹, Hierusolyma *F*², Hierosolima *H* | 18 uisᵉ. p. *B* | 19 suppl' *B* | 19
Iohs *B*, Io⸗annes *F*, Iohannis *H* | 19/20 datus *F*? datum *H* | 20 Isrl
B, israel *F* | 20 uir. v. d'm *B* | 21 siue *FH* | 21 discultians *F*¹, discul-
cians *F*², disculciens *H* | 23 Ad efesios *B*, ad ephesios et ad Filipen-
ses *F*, ad epheseos siue ad philipenses *H* | 25 c̄tionator *F*, contiona-
tor *H* | 26 Ephafroditum *F*, *qui super* fr + h *prima manu* | 26 Ebreus
B, Hebrẹus *F*, Hebreus *H* | 26 Euchodiam *B*, Euodiam *FH* | 28 ad Phi-
lippenses *B minio* . Philippenses *in media serie H*, Filippenses *eodem
modo F* | 28 Phariseus *B*, Fariseus *FH* | 28 diuidisus *H*, s *prius in
rasura* | 28 Philippus *BH*, Fhilippus *F* | 29 manum *H* | 29 siue *FH*

77

1 Sinticen *B*, Sinthicem *F*, Sinthecem *H* | 1 aduleschiam *B*, adu-
lescentiam *F*, adolesciam *H* . „*pro ἀδολεσχίαν manuscripti legunt* adole-
scentiam . *unus prima manu posuerat* adolesciam, *sed graecam uocem
non intellectam latinam fecit amanuensis, apponendo* cen *ad primam
scripturam, ut suo sensu* adolescentiam *legeremus*" *Martianay* | 1 qua
H | 3 Tessalonicam *H* | 3 festinam *H* [*F* = *B*] | 3 *fin* + eam *F* [*H
= B*] | 5 Aristarcus *BFH* | 5 Arcippus *F* | 6 *priori loco* insidie *F* | 6
altero loco insidia *F*, insidie *H* | 7 Barnabam *F*, Barnaban *H* | 7 filium
F | 10 Ephafra *F* | 11 Ihs *B*, Hiesus *FH* | 11 eleuatus *F* | 11/12 Hierapoli *FH* | 13 Laodocia *F* [*H* = *B*] | 13/14 exspectata *H* | 14 ipse *al-
terum* > *F* | 17 Nimpham *B*, Nymfam *F* | 17 applicitam *B*, adplica-

tam *F*, adplicatum *H* | 18 siue *FH* | 19 Tichicus *B*, Thychicus *F*,
Tythicus *H* | 20 ad tessalonicenses *F*, ad tesolonicenses *H* | 21 Acaia
F | 22 Athenę *BF* | 23 Syluanus *H* | 23 Sathanas *B* | 23 siue *F*, aut
H | 24 ad hebreos *BH*, ad hebręos *F* | 25 Abraam *F* | 26 siue *FH*| 26
fin iustus *B* | 27 Barach *H* | 27 fulgorans *H* [*F = B*] | 30 Enoc *BFH*|
30 roboreius *H* . *v et „uulgati ueteres“* = *BF* . roboreus *μβ* | 31 Ebreus
B, Hebreum *F*, Hebreus *H*

78

1 eum uel *B*, uirum siue *F*, eum siue *H* | 1 Fassęę *F*, Fasec *H* |
1/2 transcensus *BFH* | 2 pasca *F* | 4 salus siue *FH* | 6 Hiericho *F* |
7 aperientes *BF¹H* | 8 additor *H* | 9 Moses *FH*|9 uel leniens *B*, siue
leniens *F*, siue linens *H* | 9 Melchisedech *BFH* | 10 Mana *F* | 12 an
F¹ . *in margine* y *F* . am in *H* | 12 scribitur *H* [*F = B*] | 12/13
significat famem *FH* | 13 he *BH*, L *F* | 13 beth *BH*, haec L *F* | 14
Samsom *B* | 15 Syon specula *F post* deus . *ibidem* Sion specula *H* | 15
Syon *B* | 15 Samuel *BF* | 15 dominus *H* [*F = B*] | 16 Iᵃ *BF*, prima
> *H* | 17 angustia *F* | 19 Diabulum *H* | 19 lautimis *F¹*, lautvmis *F²* .
in margine F prima manu in lautumiis . lautumiis *H²* | 20 Effesum
B | 20 aut *BF*, siue *H* | 21 *init* Iohaunes *F*, Iannes *H* | 22 pellicium
F, pellitium *H* . pellucidum *uolebat Vallarsi, addens etiam Graecum*
ϑάλασσαν δερματίνην *habere* | 23 Honesiferus *F¹*, Honesiforus *BF²H* | 24
„alibi declinans, *olim* concilium“ *Vallarsi* | 26 Sathanas *B* | 27 Imineus
B¹, Imeneus *B²*, Hymeneus *FH* | 28 > *H* . IIᵃ *scribit B*, secda *F* |
29 elatio *F*, elutio *H* | 29 Arcippus *F* | 29 peris *F* | 29 Aristercus *F¹*,
Aristarcus *BF²*

79

1 *post* faturae [*sic*] + siue *F* | 2 siue *FH* | 3 sgentem *F*, *in
margine* qz | 3/4 Corintus *F*, Chorintus *H* | 5 uel *BF*, siue *H* | 6 cer-
renus *F* | 6 Dalmaticam *F* | 6 *post* Dalmatiam + dominum *v* | 7 Eu-
nice *BFH²*, Eunuce *H¹* | 7 ortiantis *F¹* | 7 Ecuchodiam *B¹*, Euchodiam
B², Euodiam *FH* | 7 apphendentē *B*, adphendentem *F*, adprehen-
dens *H* | 8 Hermogenis *F*, Hermogenes *H* | 11 Figilus *F* | 11 uel ad-
uersarius *B*, siue contrarius *FH* | 11 Felonen *FH²*, Felomem *H¹* | 12
Filecus *F*, Filetus *H* | 12 siue *FH* | 13 siue *FH* | 14 Ichonium *B*, Ie-
conium *H* | 14 es *H* | 15 ωφιληθριστι *B*, ωφιληστι *F*, ωοσανϑις *H* .
„corrupte hic et super [69, 27] *in editis libris legitur uox graeca* ὠφιλη-
ϑεῖσα, *quam in nomine Lydia ita scribunt uetustiores manuscripti codices
et hoc loco pro a finali optime ponunt* η .... *in reliquis etiam perfecta sunt
exemplaria manuscripta, nam utrobique* . . . . *nomen scribunt cum* ω
ab initio, ut par est, editi uero cum o breui“ Martianay | 15 secuta *H* |
15 uilitatem *F* [*H = B*] | 16 Listris *B* | 16 angustia *F* | 17 aut ipse
B, siue *FH* | 17 tiuicin *F¹*, tibicin *F²* | 18 Moses *H* [*F = B*] | 18
siue contractans *F*, siue contrectans *H* | 18 apertus *F*? | 19 uel *B*,

siue *FH* | 19 Militon *F* | 19 siue qui *B*, uel qui *FH ita ut* qui *recipere debuissem* | 20 Priscum *FH* | 20 cognoscentem *FH* | 21 Ruma *F* | 21 excessa *H* | 21 conitrum *F*, tronitum *in rasura H* | 22 talamos *F*, 24 Artheman *B* | 24 Appollo *F* | 26 consummare *H* [*F = B*] | 28 eum > *F* | 29 requiencens *H*[1]

80

1 ad filomn *F* | 2 Adpia *H* | 2 libere *H* | 2 Arcyppo *H* | 4 > *in rasurula H* | 5 quę *F* | 5 augmentum *BF* | 7 Philomoni *F*, Philemoni *H* | 9 de apocalipsi Iohis *B*, de apocalipsin ioh *F*, de apocalipsin iohannis *H* | 10 siue *FH* | 11 siue *FH* | 11 Armagedon *H* | 11/12 consurrectio tecti > *v* | 12 mons > *H* | 12 a *FH*, e *B* | 13 siue *FH* | 13 gloriosus *FH* | 14 Balat *F* | 15 Babilon *BF* | 15 siue *FH* | 16 Diabolum *F*, Diabulus *H* | 16 fluentem *F*[1]? | 17 Efesum *F*, Effesum *H* | 17 siue *BF*[2]*H*, uel *F*[1]? | 18 herentem *BH*, ęrentem *F*[1], hęrentem *F*[2] | 19 λωμλ *H* | 20 Iazabel *F* | 20 *fin* sanguinem *F* | 21 Isachar *H* [*F = B*] | 21 mercis *H* | 21 Iesus saluator *post* 22 *fin F* | 21 Hiesus *H* | 22 > *H* | 23 Laoditia *B*, Laodocia *F* | 23 fuerunt *BF*, runt *H* | 24 Labdaddon *B*, Labaddom *F*, Labbadon *H* . *μβ ut edidi* | 26 Manasse *FH* | 26 oblibiosus *F* | 26 siue *FH* | 27 Michael *BF*[1]*H* | 27 qui sicut *H* | 27 ϑωμαϑε *B*, ιωμτε *F*, λωμλτε *H* | 27 hoec *F*[1] | 28 decectus siue quod est ϑυ̇μα *F*, detectio siue quod est αωμλ *H* | 28 siue quod est tectum *etiam v et „ueteres uulgati“* | 29 Nicholaitarum *B*, Nicolaita *F*[1], Niacolaita *F*[2] *et in margine* qz | 29 effluxio *FH . μβ = B, sed „in manuscriptis exemplaribus legitur* effluxio“ *μ* | 29 langens *F* | 30 Nepthali *F* | 30 conuersantes *F*

81

1 „Paulus *pro* Apollyon“ [*Apoc* 9, 11 18, 14] *Martianay* | 1 diuidentis *H* | 2 dissicantem *F*[1], dissecantem *F*[2], dissicenti *H* | 3 uel uidete *B*, siue uide *F*, siue uidete *H* | 3 mediochri *H* | 4 Smirnę *B*, Szmyrnę *F*, Zmyrnae *H* | 4 Sardis > *H* | 4 multitudinis *H* | 5 Sathanę *B* | 5 transgressori uel aduersario *B, quod edere uolebam!* transgregressori siue aduersario *F*[1], transgressori siue aduersario *F*[2]*H* | 5 audiens *B*[1], audientis *B*[2], audienti *FH* | 5/6 tristiciā *B*, tristitias *FH* | 6 pecora *H* | 7 „*glossae aquicinctinae, citante Rosweido in notis ad* 8 *Paulini epist* 1 Zabulon habitaculum fortitudinis uel fluxus noctis“ *Vallarsi* | 8 de epla Barnabę apli *B, nil nisi* Barnabę *in medio uersu F, ita* barnabe *H . „supra* [72, 11] *laudatus bodleianus ms subnexa nomina ex Barnabae epistola non agnoscit“ Vallarsi* | 9 Abraam *F* | 9 Amalech *BF* | 10 linguens *H* | 10 brucus *FH* | 12 Effraim *B* | 14 Manesse *F*[1] | 15 „*legendum uidetur* Naue, *tum quia* Naum *in Barnabae epist non memoratur, cum quia non germen sed consolatorem significet penes ipsum Hieronymum“ Vallarsi* | 17 Syon *BF* | 17 Syna *BF* | 17/18 mensura mandatum *B*[2], mensura siue mandatum *FH* | 18 Satanas *F* | 18 *fin* + expliciunt interpretationes hebraicorum nominum tam in ueteri quam

in nouo testamento B . $+$ F explicit nominum hebraicarum [*sic*] liber interpretatio alphabeti hebreorum incipit, *quam edidi* 160, 1—13 . $+$ explicit incipit de psalmo cxxvi [= *ad Marcellam*] xpo jhu dno gratias benedictus ds H . explicit interpretatio nominum hebraicorum sancti Hieronymi deo donante *colbertinus* 4951 *apud* μ 362

82

1 Incipit prefacio eusebii Sophronii Ieronimi in libro locorum ab eusebio pamphilo cesariensi ep̄o prius edito quidem in g⁸co . sed a prefato Ieronimo post modvm diligentius ad Latinum stilum translato B . ,,*in quam plurimis codicibus manu scriptis opusculum istud ita inscribitur* liber de distantiis locorum‘‘ *Martianay* . *iam codicis H discrepantiam adnotare uolui integram , codicis B selectam tantum . ac B orthographiam utpote recentis libri nolui excribere . caueant igitur lecturi ne quid e silentio meo concludant . nomina propria quae explicantur certus esse potes ita legi in B ut edidi nisi contrarium disertis uerbis doceo . cum in typographeo litterarum cursiuarum quae dicuntur magna penuria sit, H ad significandum codicem babenbergensem non amplius adscribam, ne deficiente pretioso isto H ex improuiso toti operi finis imponendus sit . ea igitur scripturae discrepantia quae litterae nota insignita non erit, ad codicem H referendam esse scito . si et ex babenbergensi et ex berolinensi aliquid notandum est aut si prior et altera manus in babenbergensi distinguenda, BH et H^1 H^2 scribam* | 1 $>$ B | 7/8 topografiam B . chorographiam β: ,,*al* topographiam . *uetus edit an* 1496 *cum non nullis mss* cosmographiam, *alii* ortographiam [*sic*]‘‘ *Vallarsi* | 14 ammirabilis B | 17/18 et ut in B | 23 uendico B | 23/24 ,,*al* inhaerentia me supergredi *etc*‘‘ *Vallarsi* | 26 Explic̄ prefatio . Incipit lib locorum . In Genesi B | 29 heremias B^1, hieremias B^2

83

15 ieronimus B | 16 phenicum B | 18 nonagesimo vi B | 25 Archat B . ,,*duo mss* Achar‘‘ β | 26/27 hodie β . ,,*unus ms* hodie quoque‘‘ *Vallarsi* | 28 iouiniano B | 31 *pro* Aelia B *semper* helia *scribit* | 32 B *numeros plerumque litteris indicat, quod non notabo*

84

7 batanea B | 12 hiesu B | 16/17 planam B | 21 therebinti B | 24 caleph B | 25 Ahilath B | 28 ahilath B | 29 ,,*in aliquot mss* Ala *hic et infra* [85, 4]‘‘ *Martianay* | 29 elamitarum B | 32 eelam B^1, aelam B^2

85

1 Asasomthamar B | 3 ,,*antiquiora manuscripta ac melioris notae* Mampsis, *non nulla* Mammephis, *cetera* Mansis, *editi uero libri* Memphis‘‘ *Martianay* . mapsis *codex Thuani a Bertio laudatus* | 4 Aelam μ : *cf ad* 84, 29 | 6 Albus B | 15 atat B | 16 hiericho B^1? | 17 ,,*reginae ms* Bethacla : *mox pro* locus *malim* domus‘‘ *Vallarsi* | 18 circuie-

runt *B*, *quod recipi uolueram* | 21 isrl *B ni fallor semper* | 24 *post* 25
fin B | 28 gazan *B* | 31 Abetharim *B*

86

1 Ahię *B* | 1 galgai *B*[1], chalgai *B*[2] | 7 dimersę *B* | 14 ermon *B*[1],
hermon *B*[2] | 17 ,,*codex uetus manu scriptus colbert*" *apud* μ Aer | 26
,,*ms colbertinus recentior* gente teterrima Ommiim . *non nulli legunt*
Vmmim . *uetustissimus corb* 281 a gente teterrima Omim" μ | 27 loth
B ni fallor semper | 34 batanę *B*

87

1 ab ostra *B* | 3 adduxit μβ, > *B*[1]. duxit *B*[2] | 4 sephor *B* | 17
H incipit | 17 Attaroth *B*[1] | 17 iordanen *BH* | 18 uocatur | 19 siue salmo
B, siue solamon *H* | 19 paralippomenon *B* | 22 Arat | 23 ab > | 23
,,*regius ms codex omnium recentior* 3629 Mallatis" μ | 23 in > | 27
asemeona | 28 ,,*al* Aorabi, *Bonfrerius et Clericus* Adorahi" *Vallarsi* |
29 nunc usque grandis | 31 hierichum | 31 appellatur *BH* | 31/32 acra-
bitenę *B*, acrabittene *H* | 32 acrabim *B* | 33 *ante* non + e *H*[1] | 33
exterminabit | 33 neptali

88

1 iudeae | 2 Arat | 2 iudeae | 3 positum | 4 iudeae | 6 aspiciens
BH | 6 est > | 7 iordanen *B* | 8 palestinae | 8/9 pergrandi *BH*, *quod
recipi uolueram* | 10 grecum | 10 hebręū *plica litterae e serius addita ui-
detur* | 11 appellatur | 12 *fin* cir *in rasura, non* cum | 14 coherentibus |
16 y *uocis* scythopolis *in rasura H . B semper ni fallor* scitopolis *cett
scribit* | 16 ti *uocis* tiberias *in rasura H . B semper ni fallor* tyberias
cett scribit | 17 r *alterum uocis* propter *in rasura* | 17 hiericho mari |
18 iordanes | 20 Amalechites *B*, Amalecites *H* | 20 iudeae | 21 et *B*,
est *H* | 22 amalech *B* | 22 austram | 23 thananeus *H*[1], chananeus *H*[2] |
24 scriptura | 24 Amalech *B* | 25 cananeus | 25 habitabant *B* | 25 ual-
lem | 27 scriptum | 29 Ascythopoli *initium noui uersus!* | 33 loth | 34 re-
gio regis basan og

89

3 appellatur | 4 interpraetatur | 6 appellatur | 7 fasgan *BH* | 8
moses | 9 hericho [*sic*] | 10 ascendentibus | 11 esbun *B* | 12 fogor | 13
appellatur | 14 interpraetatur | 14 *επαυλισιαyp B, επαυλισ* iaip *H* | 16
dimidiæ e *ligaturae* æ *serius sed prima manu additum habet* | 16 ante
tribus + et *H*[1] | 17 gelam *B*[1], golan *H* | 17 batanea *BH* | 18 hiesu |
18 Naue > | 19 que | 19 super | 19 dibanum *H*[1]? | 19 ,,*colbertinus ms
codex optimae notae* occidentalem .... *ita etiam aliquot alii codices mss*"
μ | 20 antibanus *H*[2] | 20 appellantur | 21 sorte | 22 chananeorum | 22
ad *B*, a *H* | 23 hiesus | 24 eleutheropolin | 24 aelium *H*[1] ? ? | 25 prae-
rumptum | 26 quondam hiesu | 28 haud | 28 a rabaa et rama | 29 affir-
mant | 29 nicopolis | 31 emesachor | 31 interpraetatur | 34 septentrio-
nem *H*[2]

90

1 hiericus | 1 acollis | 4 hiesus | 6 hiesus | 7 philistim H^2|8 ascha-
lonis | 9 occidit | 9/10 scripturam eminit| 10 appellans| 11 gerio heueo-
rum [*sic*] | 11 obtinuit hiesus | 12 affirmat | 13 ęrmon *B* | 13 heuei |
14 amorręi: *plica ę serius addita uidetur* | 16 Ahalat *B* | 16 interprae-
tatur | 17 leuem | 20 phenices *B*, phoenices *H* | 20 appellauit | 22 ethi-
nicis | 23 ifiliorum H^1 | 23 hortum | 24 amon usque | 24 ęrmon *B* | 25
hiesus | 26 diospolin | 26 lapide uel $>$ | 27 betoannaba *BH* | 27 „*unus
ms codex monasterii nostri s Theodorici prope Rhemos* occidentalem" *μ* |
28 ca* | 28/29 appellari | 29 bethannaban *B*, bethanmabam H^1? | 30
Asdoc | 31 appellabantur | 31 enachim *B* | 32 palestinę | 33 hiesus

91

1 ipsius | 2 hiesus | 3 Ascaph | 3 hiesus | 4 appellaturque | 4 chsa-
lus | 6 tribus dan* | 7 leuam chananeorum | 8 satrapis palestinae | 8
iuda | 12 turrem | 15 palestinae | 15/16 allofylorum|16 iudae $>$ H^1??? |
17 accolas | 18 palestinae | 18 antiquitas | 19 satrapis allofylorum | 22
Afec· aterminus | 23 affeca | 24 ippum *B*, oppidum „*editi libri : mss
autem codices* Hippum" *μ* | 24 palestinae| 25 ermon *B*| 27 iordanen *B* |
27 uicesimo | 28 pellaei | 29 nominem· matha| 30 emath *BH*| 32 emath
B | 33 appellari | 33 greco | 33 epifania

92

1 *init* Amon *B* | 1 hęc *H*, ę *in rasura*| 1 *fin* aman *B* | 4 iuxta *B*,
circa *H* | 5 sic $>$ | 6 in *alterum* $>$ | 9 Addommim *BH*| 10 maledomni
BH | 10 grece | 11 νυϱϱων | 11 latinae | 11 appellari | 11/12 ascensus |
14 in $>$ | 14 hiericum | 16/17 parabolam | 17 hierichum | 17 ierosolima
B | 19 Aaser *B* | 19 iudae appellatur | 20 pergrandis *BH*, *quod recipi
uolueram* | 20 aschalonem | 21 Asar . saul | 21 iudae | 22 iudae | 23 be-
thennū *B* | 23 in secundo | 23/24 therebinto *BH* | 24 a *prius* $>$ | 26
Astahol *B* | 26 iudae | 27 astho | 28 iudae | 29 iudae

93

1 iuxta *alterum B*, circa *H* | 1 diospolin | 2 orientem | 4 gofnen-
sem | 5 illum *B*, hesum *H* [*sic*] | 7 iuda|8/9 bechasan *B*?| 10 Asenna|
12/13 eleuteropoleos | 14 darma | 14 partem *BH*, plagam *μβ* | 15 sepa-
ratam | 16 17 *prima manu in margine* | 16 Astemoe *BH* | 17 darma |
17 anen | 18 Animin· in | 18 est $>$ H^1 | 24 Atharoth *B* | 24 yramam |
25 Attharoth *B* | 26 saebastae | 26 atarus | 27 Adar | 29 quinto decimo
H, xv⁰ *B* | 31 Atharoth *B* | 32 attharoth B^1, atharoth B^2, arathoth *H* |
32 haud

94

1 2 $>$ | 4 separatam | 5 Amec cassis | 7 effrem *Bβ . v* „*ac reginae
ms* Efraim" *Vallarsi* | 9 Ammoeniam | 11 est $>$ | 11 diospolin | 12 us-
que hodie *B*, nunc usque *H* | 12 appellatur | 12 „*ms codex patrum s
Dominici apud Tolosates* Bechariph" *μ* | 20 Ammathar | 21 *init* Anna B^1,

Anva B^2 | 22 x | 24 appellatur | 25 chsalus | 27 supru H^1 | 28 Affraim
B, Aefraim H | 29 *fin „in antea editis libris maxima hic est locorum et
nominum perturbatio, quam omnino sustulimus, manuscripti iam laudati
et praecipue colbertini unius antiquissimi subsidio adiuti"* μ . *operae igi-
tur fortasse pretium facturus est qui codices parisinos hoc loco inspexerit* |
30 Anereth

95

1 *post* 2 | 2 Alime aech | 4 Aniel | 4/5 betoaenea BH | 10 ptholo-
mais | 10 appellatur | 11 non quiuit | 13 etdippa BH | 13 ptolomais B,
ptholomaidis H | 16 quu H^1?? | 17 Ademme | 17 nepthali | 18 Aseddim |
18 19 20 21 23 nepthali | 21 asyriorum | 25 Ahilon | 26 uicus alius haut B |
26/27 quod pro ahialon B, quod pahilon H | 27 interpraetes | 28 de iu-
dicum libro | 29 Arad | 29 iabab H . *„reginae ms* Iobab" β | 30 moysi
B, mosi H | 32 Asiroth | 32 principis BH, *quod quomodo in* princeps
mutatum sit dicere non possum

96

1 iordanen | 1 pergrandis BH, *quod recipi uolueram* | 1 pellae | 2
geres B^1, gerasan H | 3 *init* Ares > B^1 | 3 ascensus | 5 iepthe | 6 ui-
censimo | 6 ad septem trione | 8 Atthalin B | 10 ieptha | 11 presen-
tem | 12 abella | 14 et B, in H | 15 phoenicae | 15 abilla | 16 de re-
gnorum libris | 17 sofim | 17 elchanę B, elcanae H | 17 samuelis | 18
diospolin | 21 phiim | 22 aschalonem | 23 Afesdomim B | 23/24 inter-
praetatus | 25 pro quo B, quod H | 31 iezrael | 31/32 proelium | 32 po-
suerunt . . . grandis >

97

3 *usque ad* 106, 11 > H | 9 ornę B | 12 heliseus B | 14 betahula B |
16 Auotihar B | 24 Alleabargozan B | 27 Aopsite B | 30 Amec B

98

7 > B | 18 αποθου αρως B

99

1 Afarth B | 8 ararath B | 14 Abaoth B | 15 Aemoth B | 23
iohēm B | 30 membrot B

100

5 d'o B | 5 emittente B | 9 αμιγααλον B^1, *initium super alias lit-
teras scriptum :* αμιγδαλον B^2 | 10 bethan B | 13 ulam maulas B .
„sic legunt mss antiquiores et optimae notae" μ | 15 προιερων B | 16
αμιγδαλων B | 19 nabath B | 31 absorta B

101

14 effratę B | 17 > B | 18 . . . . 103, 31 *„in antea editis libris ab-
sunt haec omnia a uoce Beelsefon usque ad uocem Bethfali . leguntur
uero in omnibus antiquis exemplaribus mss romanis et gallicanis atque in
graeco Eusebio . cur autem omissa sint in editionibus erasmiana et ma-
rianaea non aliam conicio causam praeter mutilum et corruptum exemplar*

quo usi sunt quodque festinanter ac negligenter, prout in manus uenit,
edendum tradiderunt imperitis typographis . porro ingens illa lacuna re-
peritur in paucis codicibus mss recentioribus et infimae notae, ad quos
adornatae sunt ut plurimum ueteres editiones Hieronymi" Martianay |
25/26 επαυλιαιϛ *B* | 32 Bean *B*

102

8 a besbus *B* | 8 helyseus *B* | 11/12 ętham *B* | 16 ierichus *B* | 26
iericho *B*

103

8 10 iericho *B* | 13 *„omnes codices mss* Neapolim, *Bonfrerius adhae-*
ret Eusebio graeco, qui legit Nicopolim" *μ . Vallarsi apud Hieronymum*
reponi uolt Nicopolim | 17 honore *B* | 21 gaza *B* | 29 Baala *B*

104

13 Baschath *B* | 15 caderfago *B*[1] | 17 18 μβ, > *B* | 25 magmas *B* |
44 . . . . 105, 12 *ordinem nominum eundem habent uetustissima exem-*
plaria apud μ

105

10 Bethlabaot *B* | 12 betheleem *B* | 14 Bathne *B* | 16 Bethdago *B* |
18 Bethemech *B* | 20/21 batanea *B* | 23 anę *B* | 25 Barach *B* | 28 Be-
zech *B* | 28 adonibezech *B* | 29 bezech *B*

106

3 Bethsamis *B* | 6 neptali *B* | 8 Bethasames *B* | 8 ipsi *B* | 10
Baalęrmon *B* | 12 *iterum incipit H* | 12 Bethara *„editi" μ* | 14 Bethasepta
BH „editi" . μβ ut edidi | 14 mandian *B*[1], madiam *H* | 15 sycimorum |
16/17 neaspoleos | 18 Berchonni *B*[1]? Borchonni *B*[2] 20 ioatham | 23 gaba |
23 tribu | 24 inire | 25 appellatur | 26 regum *B* | 27 Bethcur *B*, Beth-
chur *H* | 28 appellans | 30 ubi cum saul unguendus | 31 sumit *BH* | 31
excelsam

107

1 turris *BH et mox* quam *BH . ita „omnes mss codices et editio*
erasmiana" apud μ, qui emendauit | 2 Befasan *B* | 2 praedę | 4 sauli |
5 abessalon *B* | 6 Bethmaca *B*, Bethmachai *H* | 6/7 perđuellam sabeae |
7 post | 8 ascendentibus | 9 machamim | 11 Bethsarisa | 11/12 heliseum
BH | 15 Bethagon *B*[1] | 15 uiam | 15 ochodicam | 16 Bazecath | 16 iu-
deae | 17 Bethachat *B* | 17 Ieu | 18 campo situs *B*, conpositus *H* | 19
milibus a legionibus a legionis oppido | 19/20 interpraetatus | 20 *fin*
domus *B* | 20 Baenith | 25 Biblos *BH* | 25 fenicis *B*, phoenicis *H* | 25
iezechiel *BH* | 26 hebraico | 26 gober | 27 Bobastus *B*, Babastus *H* | 27
iezechiel *H*[1] | 28 hieremias | 31 Bethsaidan | 31 galileae *H*[1], galilea *H*[2] |
31 philippi *BH* | 32 genessareth

108

2 ihs | 5 exstructa *B* | 6 Bethbaara *B* | 6 Iohannis | 6 paenitentiam |
9 Betsaida *H* . Bethesda *μβ* . *„colbertinus codex optimae notae saepe*

laudatus Bethsaida'' μ . ,,*mss quibus utimur omnes* Bethsaida'' β |
9 hierusalem | 9/10 πϱωβαϑιση B, probatica πϱωβατικν H | 10 interprae-
tari | 12 adimpleri | 12 l *uocis* alter *in rasura* | 13 cruentus | 13 anti-
quis | 13 in se > | 14 testantur | 15 acceperat B | 16 Pentatevco B,
penta theucho H | 17 astharoth | 18 bataneae | 18 appellatur | 18 carnea
BH | 19 iu H, *in margine idem* r̄ | 19/20 meminimes | 20 carneę B,
carneae H | 20 in > | 20 helia B, ea H | 21 . . . 25 > H, *signo* +
in margine lacuna indicata est | 27 exstruxerunt | 29 appellatur | 29 co-
raita B, eoraiatat H¹, eoraiata H² | 31 appellatur | 31 baare | 32 ca-
riatharbae | 32 uillulae | 32 que | 32 chrebron B¹ | 33 diximus

109

1 *fin* cannatha BH | 2 coepisset | 2 appellauit | 2 nabothliā B,
nalioth H | 3 in > BH | 3 traconitidi B, trachonitidi H | 3 liostram |
4 Cathacrisea B, Catata chrysea H | 5 ferales H | 5 mansionibus BHμβ,
,,*editi*'' *apud* μ millibus | 5 coreb B | 6 moses | 6 dethesonomium H¹,
manu recenti in devtheronomium *mutatum* | 7 metalli ęris B | 7 foeno
> B | 9 moses | 10 rege | 10 amorreorum | 11 metropolim | 12 hiesus |
12 ipsius | 13 sorte > | 13 iude | 15 cedsen | 16 locorum de libro hiesu |
18 Cana | 21 sepùlchrum | 22 profaetae | 25 Camsaim BH | 26 Canei |
27 saltiim | 29 elia | 29 uno ,,*editi antea libri*'' μ | 29/30 profeta | 30
hierusalem | 30 hieremias | 31 filios | 31 sabal B | 31 appellatur B¹, ap-
pellabatur B²H | 33 euitas

110

2 > ,,*ueteres editiones*'' μ | 5 ūr B, n̄ H | 5 adque | 6 nathanael BH |
7 oppidolum | 8 neptali | 9 galilea | 9 nephali | 10 adsyriorum | 10 cy-
dissus | 10 appellatur | 12 neptali | 13 de iudicum libro | 14 Cethron B |
14 tribu* | 17 urbe B, ur H | 18 *utrobique* iar B | 19 appellatur | 19
hodiequo H¹ | 21 tpholomaidem [*sic*] | 26 proeliatus | 27 Clautomon B |
27 fletum | 29 ʀegvm B | 30 phylistim | 31 *fin* carmelus BH | 32 ther-
mela | 32 cebron

111

2 positum est | 3 appellatur BH | 3/4 hierusalem | 4 iohannis | 6
Cirene B | 6 aegyptii | 6 que | 9 Carcedon B | 9 cartago B | 9 esaias |
9 hiezechiel | 10 tharsis B, trans H | 12 dicimus | 13 iosafat | 13 hieru-
salem | 14 Ioel | 15 iezechiel B, hiezechiel H | 15/16 interpretatur | 17
hiezechiel | 17 *fin* cadar | 17 hieremias | 18 esaias | 18 arauiae | 18
uocabulis H¹ | 19 saracenorum | 19 ismaelis BH², hismaelis H¹? | 20
cognominatam | 21 hieremias | 22 genesareth B, *sed* esareth *manu re-
centiori in rasura:* gennétium H | 23 galilea | 23 situm . . . . *fin* >
B | 24 ut usque | 24 c > | 24 littera | 24 est id est | 28 De Penta-
teuco B | 29 Chalannae | 29 nemroth B, nemrod H | 29 babilone | 30
esaias | 30 dicens ut chalanne B, dicensum calannae H | 30 ędificanda

B   4

B^1, ẹdificata B^2 | 31 Chalac B, Calach H | 31 f *uocis* aedificauit *in rasura* | 32 senaar

112

1 Chasan | 1 aedassam | 2 charra B | 2 *ante* ubi *duae litterae radendo deletae in H* | 2 cesus | 5 arboe | 5 autem antem | 6 sanis | 7 et > | 7 enachim B | 9 Chobaa BH | 9 leuam | 10 cobaa | 10 *ante* in *duae litterae radendo deletae in H* | 10 idem | 10 accolas BH | 11 xpm | 12 hereseos BH | 12 ιβιωνιϑαι B, εβωνιται H | 13 modi > | 13 dogma BH | 13 de galatas | 14 Chabrata | 14 interpraetatur | 14 kaesedon | 15 efrata B, eufratha H | 16 rachel cum beniamin peperisset | 18 Chasbi B, Chasmi H | 18 geminus | 18 tharmar edidit B, thamare dedit H | 20 eleutheropoleas | 20/21 quaestionis | 21 nobis > | 22 De ihu nave B | 23 Coreb | 23 madiam | 23 monte | 24 in de*serto | 24/25 deserto sarachinorum | 27 Charadda B | 28 Chenneseth | 28 iude | 30 herodis ex iudae | 30 appellauit | 31 appellatum BH

113

1 De Iudicum libro B | 1 hiesu | 2 Cheffira BH | 2 uicos | 2 gabeon H? | 4 Chsalon | 4 iudae | 7 Chasthis B, Chastis H | 8 casmelus | 11 Cheseri | 12 Chaselathabor B | 13 Regvm B | 14 Chetteim· interachetthiimei prius dicitur | 14 *altero loco* chithiim B^1 | 15 luza | 18 sabee | 19 conbusit | 20 Chalannae | 20 esaiam | 20 et > | 21 super diximus | 22 themath | 23 esaiam | 25 chsalus | 29 helias BH | 30 Chota B | 31 hiezechiel

114

1 Charcamis B | 3 elon B, aealon H | 3 ut B, sicut et H | 3 hieremia | 6 > | 7 galileae | 7 xpc BH | 10 Chimarus BH | 10 caedron | 11 hierusalem | 13 De pentateuco . mᵃ B, c *prima manu supra uersum* | 14 nobilis > B | 14 exstruxit | 15 nineue | 15 chalath B, halath H | 16 Dris B, Drus H | 16 mamre B, membri H | 17 constantini regi | 21 fenicis B, phoenicis H | 22 masech B | 22 appellatus BH | 23 masech B | 24 interpraetis | 26 in quarto > B | 27 iudae | 29 *ante* nomen *duae litterae radendo deletae in H* | 29 ριϑρον B, ριϑ ραν H | 33 ariopoleos B, αρειτου εως H

115

1 arnomen | 1 alteram | 1 sogor | 2 Esbus > *in uersu uacuo* | 4 „ms unus colbertinus decimo" μ | 4 sebastae | 8 est autem et | 11 adque | 12 hieremias | 12 esaias | 14 Dismemoab B, Dismae moab H | 15 hierichum | 15 balaac rex moab | 16 madiam | 17 moses scribit deutero nomio | 18 De Iosve B | 18 hiesu | 19 Didara | 20 hiesus | 20 et *in rasura* | 20 montem | 21 diocesariam B | 22 maretima | 23 doram nono | 23 cesariẹ B | 23 palestinae | 26 permansere | 28 haec | 28 gothoniel BH | 28 caleph B | 29 enachim B | 30 gothoniel BH | 30 caleph B | 31 supra iordanen

116

3 Dahuia siue dauid *H* . „*uetus codex colbertinus* Dahuia siue Dahuid" *μ* | 5 Eleutheropoleos .... 125, 18 cultoribus > *H, foliis aliquot perditis* | 11 Dris *B* | 11 effrata *B* | 14 effrata *B* | 14 dicitur *B* | 15 > *B in spatio uacuo* | 21 23 iezechiel *B* | 27 fęno *B* | 30 gadaran *B* | 32 sac⁸ = sacer *B*

117

2 smaragdusque *B* | 8 ierię *B* | 8 ismael *B* | 14 intellegendum > *B* | 16 Effratha *B* | 20 effrathā *B* | 24 Emat *B* | 26 amalech *B* | 31 quoque *μβ*, que *B*

118

5 quarto > *B* | 14 Emechachor *B* | 27 *altero loco* enachim *B* | 29 enachim *B* | 30 et alia uilla *B* | 30 efrea *B* | 33 Ethna *B*

119

2 Enim *B* | 3 Elolath *B* | 19 Iudaeorum > *B* | 21 Emechrafaim *B* | 30 Elchath *B*

120

3 Elteco *B* | 10 Regum *B* | 14 τηνπεριμεθρων *B* | 15 τονδεθινα *B* | 20 diligens *μβ*, licet *B*

121

2 loco > *B* | 3 elceseus *B* | 4 Enachim *B* | 9 Effraim *B* | 14 etha *B* | 18 Eroim *B* | 22 iezechiel *B²* | 24 ebutham *B omisso* et | 25 De Josve *B* | 29 phitonissa *B* | 30 endor *B*

122

8 De libro Jvdicū *B* | 9 Etham *B* | 9 ethā *B* | 11 Regum *B* | 12 *init* Elam *B* | 19 iezechiel *B* | 32 ab aula *B* | 32 orientalem *B*

123

5 6 Fanuel *B* | 7 Iacob > *B* | 13 *fin* + de numeris et deuteronomio *B* | 14 Fithon *B* | 15 > *B* | 17 Fatura *B* | 19 fatura *B* | 21 baalam *B* | 29 30 Fanuel *B* | 31 fanuel *B*

124

1 De lib' Regvm *B* | 8 Fature *B* | 8 iezechiel *B* | 15 nunc > *B* | 16 doroma *B* | 24 fęnicis *B*

125

1—5 „*duo haec nomina* Γεθεὰ *et* Γεσὶμ *tam in graeco quam in latino recensentur a Martianaeo sub sequenti serie de Numeris et Deuteronomio post* Gasiongaber . *propriïs sedibus restituit in graeco uatican, in latino duo mss, quorum alter meus est, alter olim reginae Suecorum, nunc uatican 39*" *Vallarsi* | 3 gabalene *B¹* | 18 ueteris *H* | 19 chananeorum *H* | 20 „*unus ms codex colbertinus pro* Iuda *legit* Ioseph" *μ* | 20 qui aenacim *H, sero correctum* : qz enachim *B* | 21 allofilorum fortissime *B*, allophylorum fortissime *H* | 22 palestinae | 23 dicat | 23 tu-

4*

multum | 25 prebere | 26 corruit | 27 Gargasi *B*, Gargase *H* | 27 iorda-
nem *H* | 30 estimant | 30 gergessenorum *BH*

126

1 basanitidi *BH* | 2 batanea *BH* | 5 mosi | 5 hiericho | 6 ex | 7
garizin | 10 audire | 11 commemorat | 12 Garizin | 12 hii | 15 garizin |
16 hiericho | 17 garizin | 18 testatur *BH* | 20 moses | 21 Josve *B*, hiesu
H | 23 hierichus | 23 hiesus | 24/25 deficientem *H*[1] | 26 lapidis quoque
H[1], lapides quoque *H*[2] | 27 ubi | 28 iuda | 29 hierichus | 31 galgalim
aliam *B*[1], aliam galgalam *H* | 32 bethel et bethan *B*[1]|32 bethan *BH* |
32 hiesus | 33 abitauit | 34 locus >

127

1 hiesum | 2 eueorum | 4 orientalem *B . ita ,,editi libri'' apud* μ |
7 fontis | 8 sortem *B* | 9 et ipsam > *B* | 9 hiesus | 10 postea | 14 hie-
sus | 15 in hac *B*, et hanc *H* | 15 enachim *B*, aenacim *H* | 15/16 phi-
listinorum | 16 adcolę *H*[1], accolę *BH*[2] | 17 eleuteropoli | 18 gergasi|19
busanitide | 19 filius rahel | 20 Gaderet · huius | 20 hiesus | 21 turrem |
21 fixerunt | 24 Geligel *H*[2] | 24 coepit | 24 ihiesus *H*[1], hiesus *H*[2] | 24
et alterum > *BH* | 25 galgalis | 27 Golath maim | 30 Gadera | 30 ap-
pellatur | 30 regionis *B* | 31 ciuitatis > *B* | 31 gedora *H*[1]? | 32 Ga-
hedur *H*

128

3 allophylorum | 7 Gethemmon *B*[1] | 9 Gehennon *B* | 9 interpraeta-
tur | 9 ennon *B* | 10 quodam *H*[1]? | 10 appellatam | 11 hierusalem | 13
Geththefer *B*, Geth·thefer *H* | 14 *init* Geesthael *B*, Getef thael *H* | 14
estahel *B*, efthael *H* | 18 et'Gabaa et > | 19 orientem | 19/20 gabata |.
20 beniam | 22 bethlem | 25 ab ea Eleutheropolim *Vallarsi ex Eusebio
contra BH* | 26 *ante* ubi + ubi beniamin | 28 septentrionali | 29 hiesus|
30 sepulchrum | 31 Gabaath | 31 fili | 31 ibi | 32 gabata *B*

129

1 miliario *B*, lapide *H* | 1 eleuteropoleos | 1 sepulchrum | 2 pro-
pheta | 3 tribu | 5 De libris Regvm *B* | 6 Geththa | 6 arcem *H*[1]| 7 ui-
cos | 7 gittham *B*, giththam *H*[1]? geththam *H*[2] | 8 appellatur *BH* | 8
giththim | 9 melchol | 10 esaias | 11 iuxta > *BH* | 12 gallaa | 13 allo-
filorum *B*, allophylorum *H* | 14 Gelbue | 14 montis | 14 vii° *B* | 14/15
abcythopoli | 15 appellatur *BH* | 16 Gedut *B* | 16/17 τονεʃζωνον | 21 Ge-
suri *B* | 23 commissum | 23 proelium | 24 *init* Galilea *B* | 24 *med* galilę
B, galileae *H* | 24 *fin* galilea *BH* | 26 xxv *ut solet B* | 26 quinque > |
26 chiram *H*[1], hiram *H*[2] | 27 nepthali | 27 galilea *B* | 28 gennesareth |
30 Geri *B* | 30 eiev *B*[1], iev *B*[2], ieu *H* | 30 ahoziam | 31 deblaam | 32
Gethacofer *B*, Geththaechofer *H*[1], Geththa chofer *H*[2]

130

1 azael | 3 quo | 4 interpraetantur | 5 esaias | 7 Gozani | 7 esaias |
8 in > | 9 hierusalem | 9 hieremias | 10 Gebarth *H*μ . ,,Gebarth *mss*

codices, editi uero libri legunt Gabath" *Martianay* | 10 sepibus | 11 colonis | 11 hieremiam | 12 esaia | 13 esaiam | 15 Gadera | 15 iordanem | 15 scythopoli | 16 culus H^1 | 17 calide | 17 balneis BH | 18 Gerges | 22 Gesamani | 25 caluarię | 26 aeliae | 29 *init* Ialoc | 30 apparuerat | 30 fuit B | 30/31 int͞ amnā B, interrammam H^1, inter·rammam H^2 | 31 gesasam B^1, gerasan H | 32 procedes | 32 commiscetur | 33 Idumea B

131

1 petra | 1 quae . . . 2 *fin* $>$ B | 3 Itheth | 4 gabalene B | 5 $>$ B | 6 filiis H^1 | 9 Iegbata B | 9 isrl | 10 εμπυρισμωσ B, ενπυρσμοσ H | 11 consumpsit | 15 Iasa | 15 saeon | 16 esaias | 16/17 hieremias | 17 „*corrupte in antea editis libris* Deblathaim *pro* Debus" *Martianay* | 20 extenditurquae H^1 | 21 rabba | 21 esaias | 22 hieremias | 23 eson | 23 quam | 24 iordanem | 25 Iordanes | 25 diuideam arabiam | 27 hiericho | 27 commixtus | 28 nomen accepit amittit | 29 Iethabatha | 29 terrentes H^1? | 31 hiesus | 33 adque | 33 suam

132

1 praesentiam | 1 hęc B, ecce H | 2 quod hierusalem oppugnabatur | 3 capita H^1 | 3 adque destruxta | 3 qua . . . 4 us [*in* usque] $>$ | 4 ciuitas $>$ B | 4 hodieque | 6 ihv B, Hiesu H | 7 Ierlm B, Hierusalem· H | 7 adonibezech B, adonibezee H | 8 iesbusei H^1, iebusei H^2 | 9 iudeae | 11 extructurę B, instructurae H | 12 genesis | 13 Salem $>$ B | 13 melchisedech BH | 14 hierusalem | 16 17 $>$ „*plures codd*" μ | 16 hiesus | 19 potentes | 20 interpraetatur | 21 desertum | 24 Iechonā B | 24 coepit hiesus | 27/28 palestinae | 28 Iunia H^1? Iauia H^2 | 29 Iabis | 31/32 ier muca | 32 ascendentibus

133

1 Iethahel B, Iethael H | 2 Iectᵛan B | 3 Iecther B | 5 eius $>$ | 6 si ita est | 6 in $>$ | 10 Iethan BH | 11 xviii° B, octauo decimo H | 11/12 eleuteropoli | 13 quę | 14 Iezael | 15 et delegionem | 16/17 effrate B, efratae H | 18 Iecthaan | 19 Ieflethi B | 20 caepit | 21 odieque | 21 acrauit tena | 22 Neapoleos . . . . *fin* $>$ B | 22 neaspoleos | 23 interpraetantur | 25 Iasaph B | 26 Inemech B | 27 ualle | 28 Leblaam | 30 Lerfel | 32 zabulon *prima manu in rasura* | 32 Iasthię B | 32/33 ascensus | 33 sicaminū B

134

1 tpholomaidem [*sic*] | 3 Iesthael | 3 *post* tribu $+$ lon H^1 | 5 Iermath | 6 culus H? | 7 nepthali | 7 trium tribum | 8 partem | 10 11 nepthali | 17 oppugnauerunt | 18 iordanem | 20 De libris Regvm B | 21 apium | 22 allophylorum | 24 ieththira | 26 Ithabiriū B | 28 occidentalem B . *ut edidi H*μ: „*editi antea libri* occidentalem" *Martianay* | 29 Iethohel B, Iecthoel H | 29 petre | 30 Ietaba BH

135

1 micheas | 1 prophetes B *compendiis scriptum* | 2 palestinae | 3

humile | 6 Iturea *B*, Ituraeae *H* | 6 et > *in rasura* | 6 traconitidis *B* |
6 tetrarca | 6 philyppus | 7 Traconitis *B* | 8 qð bostre | 10 cananaeo-
rum | 11 benianim | 13 nae apoli | 13 est altera | 14 sychem | 15 νεασ-
πολεως | 16 Lothan *B*, Latan *H* | 17 > | 19 moses | 21 De Iosve *B* | 21
Hiesu | 22 coepit hiesus | 23 ipsius | 23 esaias et hieremias | 24/25 da-
romā | 27 hiesus | 28 appellatur | 28 lomna | 28 esaias, | 29 coepit hiesus |
29 ipsius | 30 est autem > | 31 iuda

136

1 Lamaoth | 1 simeon | 2 Labanach *H*[1] | 3 nepthali | 3 *nisi aliunde
scirem quo* Lacum *cett pertinerent*, *B dubitandi materiam dedisset* | 5 in-
terpraetatur | 5 aemath | 7 Laza | 7 cethim *B*, chetim *H* | 8 bechel |
9/10 interpretatus maxilam | 11 hunc fili dacaptam | 11 possiderunt |
12 a sidone *prima manu in rasura* | 12 et > | 13 terra iudae | 14 ber-
sabeae | 14 esaias | 15 iordanes fluuius | 16 De Regū libris *B* | 17 La-
matthara *B*, Lamat · thara *H* | 27 ionatham iaculo | 18 interpraetatur |
20 memphybosthe | 22 phenicis *B* | 22 ultissimus | 23 et *prius* > | 23
esaias | 24 areopolin | 24 luita | 27 fili eheber *H*[1], fili heber *H*[2] | 28
hanc est cebron | 28 est *alterum* > | 31 Madiam | 31 cethura *B*, cet-
tura *H*

137

1 madianei et madianea *BH* | 1 iobab *H*, *in margine idem* rq |
2 mosi | 2 madiam *H, ante quam uocem littera una radendo deleta* | 2
hęc *B*, ec *H* | 2 est > | 2 omonimos *B*, homons mos *H* | 3 arnomen |
5 loth | 7 appellatur | 9 rabbat *B* | 10 Masrata | 11 presentem | 12 ge-
balene appellatur | 13 Magediel | 16 Magdolus ad quam filiis | 16 cum
> | 16 exsissent | 18 iezechiel *B* | 18 magdolo | 18 us *uocis* usque *prima
manu in rasura* | 18 soenen *H*, Syenem *codex Vallarsii* | 18 hieremias |
19 babyloniarum | 22 iacto | 22 moses | 24 Memorię *B* | 24 sepulchra |
25 ascendit | 26 diei *H*[1] | 28 > μ: „nec in graeco ea inuenies nec in
mss latinis exemplaribus perantiquis ac optimae notae" *Martianay* | 28
castra > | 29 deserto | 30 *init* Matthane | 33 plena adque

138

1 Macanarath | 1 ammam *BH* | 3 uocamus heremum | 7 De num[s]
et deuter[s] *B* | 7 Hiesu | 8 hiesus | 11 rex fuit | 12 hiesus | 13 iepthe |
14 chariathiarim | 14/15 samuel | 15 hieremias | 16 Memrom *B*[1] | 16
aquae aquas | 16 pręparato | 19 *fin* massefoth | 20 massefiort | 20 inter-
praetati | 22 aermon | 22/23 machatheum *BH* | 24 caepit hiesus | 24 ip-
sius | 24 po- > | 25 26 > | 29 qua | 29/30 interpraetati | 32 antiquam |
32/33 referens

139

1 Mafaath | 1 *ante* sed + in *H* | 1/2 iordanem | 3 uicina solitudi-
nis | 4 Masafa | 7 Maanaim | 7/8 galaaditidae | 9 > *B: cf ad* 20 . „*editi
hoc nomen scribunt post* Marala, *graecus autem Eusebius et latini mss*"

teste Iohanne Martianay ut edidi | 10 Medemena | 10 esaias | 11 gazan | 13 Masera *B* | 13 iuda *BH, me inuito non receptum* | 14 *post* lapide + ab | 18 Massa *B* | 19 Machthoth | 20 ascensus | 20 *fin* + *uersum nonum huius paginae B* [iudę] | 23 asfalthi *B* | 24 hiericho | 25 neptali | 26 Magdiel | 26 nepthali | 27 ptholomaidem *BH* | 28 *praemittit* de euangeliis *H*, *creta rubra deletum saeculo XVII uel XVIII* | 28 hierusalem | 29 erudiebat hiesus | 30 De Josve *B* | 31 fortium | 32 uicinarum

140

2 quaestioneim | 3 proeliatus | 8 De libris Regv̄ *B* . > *H, creta rubra saeculo XVIII additum* | 13 Masareth | 14 munitionis | 17 gemelam | 17/18 transferunt | 20 diospolin | 20 machabei *B*, macchabei *H* | 21 sepulchra | 22 antiociae *H*, iociae *manu prima in rasura* | 24 Mabsar | 28 εξεναννσασ *B*, ezenanae *H*

141

1 Maedam | 1 t *uocis* aedificauit *non satis clarum* | 2/3 hieremias profetae | 3 hieremia | 4 hierosolimis | 7 iezechiel *BH* | 7 dicens scribit | 8 iezechiel *BH* | 9 marimoth | 11 Morasti *B* | 11 micheas profeta | 13 Masagan *B* | 13 hieremias | 14 hieremiam | 15 hieremia | 16 est autem et | 16 mesa | 17 Moam | 17 hieremiam | 18 Melconi · dolum ammanitarum | 18 hieremias | 19 > | 20 matheus | 23 De pentetatevco *B*[1], De pentatevco *B*[2], de quinque libris mosi *H* | 24/25 in sala *B*, insultum *H*[1], insul*um *H*[2] | 26 Nineue | 27 asennaar | 28 *init* nineue | 28 *fin* ,,*reginae ms corrupte Neue uocant, noster compendiaria scriptura corpte Neneuem" Vallarsi* | 28 corrupte *BH*. ,,*editi legunt corrupte, sic et mss codices praeter colbertinum optimae notae num 4354 et alterum monasterii s Cygiranni, quos sequuti sumus" Martianay, qui correpte edidit* | 28 *fin* nineuen | 29 Naaliel | 29 arnomen | 29 isrl | 30 hebraicae | 30 nbo | 30 supra | 31 hierichum | 31 moses | 33 occidentalem *suadebat Vallarsi*

142

2 esaias | 2 hieremias | 3 caan *B*, chanaan *H* | 4 uicus *H*[1]? | 4 circa | 4 eam > *H*[1], eum *B* | 6 us *uocis* milibus *in rasura* | 8 interpretatur · est | 9 plagam | 9 appelletur | 10 et meridiem | 11 earum | 12 De Josue *B* | 12 hiesu | 13 Nephendor *B* | 14 oppidus | 14 ,,*editi antea libri* undecimo" *μ* | 15 ptholomaidem | 16 Nufetho | 18 Nasibi | 20 Napsam *B*[1] | 21 *init* Naratha | 21 naurath uillula | 22 gehierichus *H*[1], hierichus *H*[2] | 23 mannasse | 24 seperatu *H*[1], seperata *H*[2] | 25 Noteb | 25 neptali | 27 non quiuit | 28 bathanea *B*, bataneu *H* | 28 nomine ila | 29 Nabesi · uenobba | 29 ascendit | 29 urbs *in rasura* | 32 Memra | 32 et *me inuito editum,* est *BH* | 32/33 est usque ad presens uicus | 33 narama *B* | 33 bathanea *B*, batanea *H*

143

1 De regv̄ libris *B* | 2 dauid sedit *H* | 2 hoc | 4 interpraetatur | 6 principis *B* | 7 iudae | 9 euei | 9 iudęa | 10 Nesareth *B*?*H* | 11 esaias |

12 hieremias | 14 esaias | 16 *fin* nazareus *BH* | 18 nazarei *BH* | 18 criftianos | 20 orientalem | 24 aendos | 26 memrod | 28 hoc | 28 et esaias | 30 decastra *H*[1] | 31 socoth *B*, soccoth *H*

144

1 Jvdic͞v *B*, iudicum *H* | 2 coepit hiesus | 2 ipsius | 4 *init* Ofera *B* | 5 per *prius* > | 5 legerimus | 7 Pentatevco *B* | 8 grece dicitur | 10 LXX int⸗pretantes *B* | 10 arbitantur | 12 Iacob > | 13 petrefrē *B*, patefren *H* | 13 asenech *B*, asennec *H* | 16 moses | 17 > | 18 ihv *B*, hiesu *H* | 18 Reg͞v *B* | 20 Oramin · in | 20 nepthali | 23 confene | 24 indie | 24 hieria | 27 interpraetantur | 30 Oranaim | 30 hieremia | 31 de pentatheucho moysi *H*. *creta rubra* genesi *saeculo XVII correctum* | 32 abrahaam | 32 bersabeae | 33 hoc

145

1 habitabitis aac | 4 iudici | 5 abimelec | 7 geraritica regione | 10 iectahel *B*, iecthael *H* | 10 et assyris | 11 pentatevco *B*, pentatheucho *H* | 15 Rooboth | 17 uocabulum | 20 iacob una cum | 21 hiesu | 25 chorem | 26 temptatio | 27 hiesus | 29 isrl | 31 galaad *B*

146

2 trocam *H* . ,,*reginae ms* Roacam, *noster* Rocam'' β | 3 madiam | 4 De Josve *B* | 4 hiesu | 5 symeon | 5 *fin* + nomine | 10 ad > *H*[1] | 11 hieremias | 13 simeonis | 14 Rabooth | 18 ,,*antea editi libri* Assyriorum, *mss* Tyriorum'' μ | 20 nomine | 20/21 adsignatur | 23 Recchath *B*, Necchat *H* | 23 nepthali | 24 Rama | 24 *post* sedit + et | 25 scriptus | 25 appellatur | 25 remsthis *B* | 26 arimathea *BH* | 28 Regvm *B* | 29 praede | 30 > *B* | 32 iacob

147

2 hieremias | 3 pertransibit | 5 Rogellimi | 5 berzelli | 6 allofilorum | 6 septentrionalem | 7 hierusalem | 9 han | 10 quo | 12 esaias | 14 Raphet *B*, Rapeth *H* | 15 esaia | 16 Rebbla *B* | 16 farao | 18 Remina | 18 esaia | 19 mons > *B* | 19 emona *B* | 19 remus | 22 Rebblatha *B*, Reblada *H* | 23 anthiociam | 29 Rinocorura *B*, Rinocorora *H* | 29 esaias | 31 *ante* a *unius litterae rasura H* | 31 LXX > | 31 interpraetibus | 33 hebraicarum | 33 nominum nominum *H*[1]

148

1 nunc ins· littera euideatur *H*[1], *H*[2] uidetur *correxit* | 2 samed *B*, sameth *H* | 4 atque aliter > | 4 accedit | 5/6 ceterę | 6 habeant *BH* | 9 Sydon *B* | 9 phoenicis | 9/10 chananeorum | 10 regio nisi *H*[1], regio nis *H*[2] | 12 q͞uo | 13 extruxta | 14 nineuem | 16 appellatur | 16 narrata est iaeus | 16 ęstieus *B* | 18 eniali *B*, eris alii *H* . ,,*mss* enial eniali neyalii ENYALII. *unum e regiis exemplaribus neutram posuit dictionem, sed . . . de templo Ueneris alii Iouis sacra . in antea editis libris* Gemalii'' μ | 18 synnaar | 19 peruenire | 20 Sychem | 20 latinae et gręcae |

22 neaspoleos | 22 sepulchrum | 23 amalech | 23 sale | 25 istoria | 25 si*ta | 26 appellabatur | 27 sy*chem | 29 amarfal

149

2 confene | 3 locarum | 4 appellatur | 4 hieria | 4 salemonis *B* | 5 deportabant | 6 *init* Scora *B.* Soora *H* | 6 zaara | 8 ommei | 9 regione | 9 chodologomer** | 13 chorreus | 13 chodollogomer | 14 esaias | 14 idumeae | 15 sicinorum | 15 sychem | 16 presentẽ | 18 uitus *H*[1]? | 18 appellatur | 19 melchisedech | 20 hierosolyma | 22 sarrae | 23 et > | 27 uenire | 27 mare | 29 praeces loth | 30 esaias | 31 boam | 32 Scenę *BH* | 33 appellatur sochot *B*, appellatur soccoth *H*

150

2 Sochoth *B*, Soccoth *H* | 6/7 et a Rafidim > | 7 moses | 10 septuaginta interpraetibus | 11 deuterõ | 13 isrl | 14 in > | 14 filiorum | 15 hiesus | 16 nocendam | 16 hiericho | 17 et > | 17 cęcidit | 18 esaias | 19 boam | 20 . . . . 23 *post* 24 *H* [*cf* 22] . μ *ut B*, β *quantum ad ordinem ut H*, ad „*latinos mss suos*" *prouocans*, *qui* Selcha *ante* Senna *haberent* | 21 hierichus | 22 quod . . . 23 *fin* > | 24 Selca *B* | 24 basanitidi | 27 De Josve *B* | 27 Hiesu | 28 Semeron | 28 caepit hiesus | 29/30 palestinae | 30 sci | 31 quod . . . . 32 a > | 33 appellauerit

151

1 coepit hiesus *H*, e *alterum in rasura* | 2 basanitidi | 4 fior *H*? | 4 eleutheropoli | 7 Saosth *H*, *uix* Saorth | 8 9 > | 8 > „*reginae msc*" *apud* β, *habet* v²: Sochoth v²? | 10 Sacharona | 12 simeon | 13 Sicelech *B*, Secelec *H* | 13 anchus | 18 . . . . 20 > *B* | 21 Soccho | 22 eleuteropoli | 23 positus | 24 sochot *B*, soccoth *H* | 25 Sarain | 29 Secho | 30 profecti sunt | 32 Scatha *B et* „*antea editi*" *apud* μ, Scata *H*

152

2 samuelis | 3 x *in rasura* | 3 neas poleos | 3 acrabitena *B*, acrabittena *H* | 4 selon *B* | 4 appellatũ | 6 sepelieῑ | 8 fons cames | 14 Samus | 15 Semrom | 16 uiculus | 17 nomine . . . . 19 *fin* > | 23 Senanim | 23 nepthali | 24 Sorec | 24 dan *B*, iuda *H* | 24 sampson | 24 fugisse *B* | 25 estahol *B*, est***haol *H* | 25 et > | 25 dictum est | 27 bethsames | 28 Salabun *B* | 30 *post* 31 *BH* | 31 *neglegentia miniatoris* ephet *B*, Sapeth *H* | 31 chananeorum | 32 ahud

153

1 horeb *H utrobique* | 1 Aquila > | 1 interpraetatur | 2 concscendit *H*[1] | 2/3 aduersum sycima | 4 interpraetantur | 6 Sorech *BH* | 6 illa > | 7 sampsonis | 7 septentrionalem | 7/8 eleuteropoleos plagā *B* | 8 cafarsorech *BH* | 9 sampson | 10 Regum *B* | 13 . . . . 14 Saul > | 16 Stif *B* | 16 samuel | 17 Salim *B*[1] | 17 proeliatus | 19 acrabitena *B*, acrabittena *H* | 22 abenner | 24 iezraelae | 25 est > | 25 ueniebat nauius | 25 salemonis *B* | 26 autem > | 26 orientes | 29 Salia *H*[1], *serius correctum* | 29/30 cambuse | 32 Saffaruaim *BH*

154

2 esaias | 3 „*antea editi Erasmi pro Iosia supponunt Oziam*" μ | 3 conbussit | 4 Sareptha oppidum | 5 helias | 6 esaias | 7 ante diem + autem | 8 tyberiadis . . . 9 cesarea *prima manu in margine B* | 8 appellatur | 9 palestinae | 9 *ante* usque *rasura unius litterae* | 11 Seefela *B* | 11 esaias | 12 interpraetatur | 13 eleutheropolin | 15 sennã *B*, et *H* | 15/16 interpraetatur | 16 et > | 16 micheas profeta | 17 Sedrac | 17 legimus legimus | 18 Syon *B* | 18 hierusalem | 22 phoenicis | 22 nepthali | 23 Soenę *B* | 23 iezechiel *B* [*H ut ego*] | 24 iezechiel *B*, hiezechiel *H* | 26 iudeae | 26 iezechiel *B*, hiezechihel *H* | 27 > | 29 hieremias | 30 > | 31 Sichar *B* | 32 adque *H¹* | 33 samaritane

155

6 Therebintus *B* | 6 sycimis | 8 De Josve *B* | 8 Hiesu | 10 Telem | 12 nepthali | 14 aduersũ madiam | 15 iesthae | 16 Tofeh | 16 uallem | 16 ennon *B*, enom *H* | 17 ueneratur | 18 hierusalem | 19 esaias | 19 iezechiel *B*, hiezechiel *H* | 20 iezechielem *B*, et hiezechielē *H* | 20/21 hieremiam | 21 iudei | 22 hieremiam fugerant | 23 > | 24 Traconitis | 24 iturea | 28 per > | 28/29 qũo | 29 sequuntur | 29 thet *BH* | 30 greco | 30 adspirationem | 32 Themam | 33 elifar

156

2 militum praesidium | 4 appellabatur | 5 hebraicae | 7 aelia | 10 appellata | 11 amalech | 11 amalechitae *H²* | 12 de > | 13 iordanem | 14 scribit moses cotra hiericho | 15 Taath | 17 libro > *B* | 17 ihv *B*, Hiesu *H* | 18 ciuitas > | 18 hiesus | 19/20 palestinae | 20 appellabatur | 21 Thaanac *BH* | 21 hiesus | 23 *ante* uicus *littera una radendo deleta* | 25 neaspoleos | 28 usque usque | 28 ciuitas | 30 Thersa | 30 coepit hiesus | 32 iudæ *B²* | 32 simeonis

157

1 galileae | 1 campo > *reginae msc apud* β | 1 rutunditate *H¹*? | 3 tribu | 3 nepthali | 4 simeon | 5 quasi > | 6 orientalem *Bv*, „*in ueteribus editionibus et in aliquot mss codicibus* occidentalem" μ | 7 hiesu | 7 montes ita | 8 thamne | 9 sepulchrum | 11 Thanaac *B*, Thaanath *H* | 11 aduersus *BH* | 11 sisara | 13 electis *H¹*? | 14 distans *B*, trans *H* | 14 III | 15 oppugnaret | 15 fragmen | 16 *nomine | 17 neaspoleos | 19 *med* tamnam | 20 > *B in spatio uacuo* | 21 quod | 22 interpraetetur | 22 extimplo *B*, extempli *H¹*? | 23 simmachus | 24 Thaad | 25 Thamsa | 25 salemonis *B* | 26 salemon *B* | 27 hebraicum | 28 salemoni *B* | 29 tharsum *BH* | 29 urbem esse | 29 iezechiel *B*, hiezechiel *H* | 30 kartago *B*, chartago *H* | 31 cartaginē *B*, thartagionem *H¹*, chartagionem *H²* | 31 hebraeos | 32 tarsis

158

1 marcellum | 2 dictum est | 3 Thersa | 3 unde *uolebat · Vallarsi* | 3 asar | 4 Thersila | 4 manaen | 5 batenea | 6 *helias | 7 iezechiel *B*,

hiezechiel *H* | 7 idumeae | 7 esaias | 8 et $>$ | 8 hieremias | 10 appella-
batur | 11 Tharthath *B* | 11 iudeae euei | 13 Thogarma | 13 hezechiel
[*sic*] | 14 hieremiam | 14 Thafeth *alterum nouum uersum incohat* | 15
eliae | 16 acheldama | 18 Vr | 18 aram | 18 habrahae | 22 Vlammaus *BH* |
23 est autem | 24 alamma | 24 duocaesareae *H*[1] | 25 solis ortum | 26
praemittit de libro Hiesu | 26 ausitidi *B*, ausiditi *H* [*sic*] | 27 appellatur
B, appellabatur *H* | 27 libris ... 29 De $>$ | 29 De Jud' libro *B* | 30
in margine $\bar{r}$

159

1 Denesi | 2/3 appellabatur | 4 den meris&, deutero nomio *H* : den
meris& *in fine uersus atramento*, deutero nomio *minio* | 5 amorreorum |
6 bellum | 8 iudeae | 9 Zaret *et mox* zaret *B* | 9 uallis | 10 De Josue
B | 10 Hiesu | 11 Zit *BH* | 12 Zanmohua *H*[1]? | 15 presens | 17 De lib'
reg$\bar{v}$ *B*, De regnorum libris *H* | 20 charmelus appellatur | 21 caleph *B*,
chaleb *H* | 21 Ziph | 22 paralipomena | 23 Zochora *B* | 23 hieremia |
27 orientem *B* | 28 scribit hieremias | 29 Zeleth *B*, Zoelet *H* | 29 in-
molat | 30 *fin* explicit liber locorum incipiunt *cett B*, + locorum ex-
plicit liber sci Hieronimi *H*

160

1 *uide ad* 81, 18 . *Martianay* II 362 *Vallarsi* III 767 | 1 interpreta-
tio hebraicarum litterarum alphabeti μ, $>$ β | 2 Alef β | 2 Gemel μ |
3 Deleth μ, Daled β | 3 paper *F*, pauper $\mu\beta$, paupertas *ego tentau* | 3
tabulę *F* | 4 ista uel ipsa μ . β = *F* | 4 suscipiens $\mu\beta$ | 4 *post* ipse +
siue haec $\mu\beta$ | 4 zai μ | 5 siue haec $>$ μ, siue $>$ β . *ceterum F* haęc
scribere uidetur | 5 heth ... uiuacitas $>$ μ | 5 T&dh *F*, Theth β | 6
Jod β | 6 scientia uel principium $\mu\beta$ | 6 Chaf β | 7 palma β | 7 Lab μ,
Lamed β | 8 aquę *F*, aqua $\mu\beta$ | 8 fetus *F*β, feta μ | 8 pises *F*[1], piscis
$\mu\beta$ | 9 semipiternum *F*[1], serpentinum μ . β = *F*[2] | 9 Samæch *F*, Sa-
mec μ | 10 putant *F*$\mu\beta$ | 11 Fhe μ, Pe immo Fe β | 11 descipula μ | 12
Sade simius eoph . Coph · regio siue iustitia *F*. *hinc effeci quae edidi* |
12 Zadi β | 12 Cof $\mu\beta$ | 12 *pro* simius $\mu\beta$ uocatio | 12 Sen μ | 13 Tau μ, Thaf β |
13 subter *euanuit in codice* β, *qui uix legit* but | 13 *fin* + explicit de
alphabeto hebreorum *F*, *in quo iam folium dimidium cultro resectum* |
14 15 *ita apud* β Symeonis Iudaei qui ait de x nominibus, quibus uo-
catur | 14 epistola μ | 16/17 *post* Sabaoth + id est β | 17 militiarum β |
19 Eloy β | 20 Saddech β | 21 Adonai β | 23 Elyon β | 25 Aio μ | 27
Barucae μ.

Aalee 24, 22

Aaron 12,6 15,14 64, 3 77,26 85,26 102, 22 138,6 144,14

Aars 44,26

Aathach 34,25

Aaz 44,18 60,11

Aazia 44,10 60,10

Abaia 15,18

Abana 44,11 97,26

Abarim 16, 5 89,8

Abba 63,20 73,24 76, 14

Abbacuc 52,16 56,2 109,22 120,17 129, 1/2

Abda 40,21

Abdan 3,9

Abdemelech 53,13

Abdenago 55,29

Abdia 52,7 .

Abdias 158,9

Abdihel 53,12

Abdo 25,1

Abdon 31,19 95,3 123, 32

Abed 31,16

Abel 2,18 31,15 60, 17 77,26 96,10

Abela 96,12 13 15

Abelmaula 97,11

Abelmea 97,14

Abelmeola 31,15

Abelsattim 16,12 86, 20

Abenezer 96,20

Abenner 157,21

Aber 16, 3

Abessalom 37, 6 48,8 107,5

Abia 34,12 60,9

Abialbon 37,23

Abiasaf 12,12

Abiathar 34,21

Abidahe 3, 6/7

Abidan 15,15

Abiezri 37,21

Abigail 34,23

Abigal 34,22

Abihel 34,13

Abilam 84,8

Abiline 64,3

Abimahel 2,28

Abimelech 3,5 96,7 104,4 106,15/16 20 145,5 146,24 148,23 153,2 157,15

Abinoem 31,14

Abiram 15,23 44,8

Abisa 34,23 37,3 44, 20

Abisai 37,11 40,17

Abital 37,8

Abiu 12,11 60,13

Abiud 12,13

Abner 34,16 153,22

Abor 97,24

Abrahae 114,25 158,18

Abraham 3, 3 60,8 72, 13 73,23 76,2 14 77,25 81,9 84,11 18 22 92,24 104,3 114, 19 22 136,29 30 31 144,32

Abram 2,28

Absan 31,19

Abur 44,19

Acan 3,9 21,21

Accarca 92,6

Accaron 24, 1 51,21 91,6 11 12 129,11

Accen 24,14

Accherethi 40,18 56, 24

Accherubin 12,13

Accho 31,11 95,10

Achabor 44,25

Achaia 67,14 73,24 75,11 77,21

Achal 56,28

Achalgai 86,1

Achan 89,33 118,15 19

Achar 118,20

Acharan 24,24

Achaseluth 94,24

Achaz 51,30

Achazib 24,13

Achela 34,21

Acheldema 158,16

Aelus 85, 25
Aemath 91,26 30 32
Aemes 94,31
Aena 85,10
Aenam 85,8
Aenan 85,11 13
Aenda 97,20
Aendor 34, 24 96, 31
 97, 1 3 121, 30
Aeneas 67, 6
Aengannin 24, 11
Aenioth 99, 15
Aennon 66,8
Aenon 99,22
Aermon 23, 25 86, 14
 90, 11 13 19 24 91,
 25 103,6 106, 10
Aesdod 67, 4
Aesimon 86,18
Aetham 102, 11/12
Aethan 99,17
Aethiopia 32,4 38, 12
Aethiopiae 2,16 153,29
Aethiopiam 124, 12
Aethiops 4, 14 48, 14
Aethon 97, 7
Afani 24, 22
Afar 16, 1
Afara 24, 20
Afarea 94, 28/29
Afarim 24, 23
Afec 23, 30 34, 11 44,
 14 91, 1 95,16 97,3
Afeca 91, 22 23 93,21
Afelethi 37, 14
Afer 3, 6 40, 22
Afesdommim 96, 23
Affara 24, 20
Afferezei 12, 7
Afir 9, 16
Afni 94, 10
Afra 94, 7
Afraim 94, 28

Afree 53, 13
Afsith 44, 16
Aga 37, 18
Agabus 67,6
Agad 91, 25
Agag 15, 27 34, 16
Agai 83, 30 84, 1
Agallim 98,10 11
Agar 3, 3 76, 15 101,3
 149, 22
Ager fullonis 98,26
Aggaeus 52, 22
Aggai 2, 30
Agge 64, 5
Aggedgad 16, 10
Aggelaoni 15, 16
Aggi 3, 14 15, 28
Aggia 37, 7
Agla 16, 2 24, 16 103,
 22
Agrippa 67, 18
Agri specula 87, 3
Agzif 93, 11
Ahab 41, 3
Ahalac 90, 16
Ahares 98, 30
Aheberim 12, 7
Aheloth 97, 19
Aheri 3, 14
Ahesani 37, 17
Ahetharim 85, 31
Ahi 53, 16
Ahia 3, 9 40,20 97,29
Ahialim 96, 29
Ahiam 16, 11
Ahian 97, 28
Ahias 34, 14
Ahicam 44, 24/25
Ahie 86, 1
Ahiem 37, 24
Ahiezer 15, 16
Ahihel 44, 8
Ahihod 16, 16

Ahilath 97, 17 22
Ahilod 40, 22
Ahiloth 37, 15
Ahiman 15, 21 24, 7
 31, 9
Ahinaam 34, 15
Ahira 15, 18
Ahiroth 16, 7
Ahisar 40, 20
Ahitofel 37, 12
Ahizel 2, 28
Ahod 152, 32
Ahoi 37, 18
Ai 84, 3
Aia 37, 8 160, 25
Aialin 96, 8
Aialon 24, 27 89,25 27
 29 95, 25 27 96, 8/9
Aila 84, 29 122, 32
Ailam 88, 21 125, 10
Ailath 84, 25 28
Ailon 23, 21
Ain 16, 15 23, 18 24,
 11 48,9 92,22 94,17
 160, 10
Ainagallim 56, 26
Ait 49, 15
Ala 44, 18
Alab 31, 12 37, 21
Alac 23, 25
Alal 25, 1
Alala 24,15
Alamon 16, 11
Alaoth 99, 14
Alasa 53, 15
Alef 48, 8
Aleph 160, 2
Alexander 66,30 78, 17
Alfaeus 66, 27
alienigenae 95, 12
alienigenarum 127, 18
 129, 14 21 151, 13
alienigenas 87,33 106,

28 127, 12 129, 19 133, 28 142, 27
Alimedech 95, 2
Alle 97, 24
Allel 31, 19
Alleluia 80, 13
Allofylorum 122, 17 125, 21 128, 3 129, 13 134, 22 147, 6
allophylorum 91, 15/16 19 106, 10 120, 9
Allus 85, 6
Almoni 124, 2
Alphaeus 60, 15
Aluham 3, 8
Alula 119, 8
Alus 16, 7 95, 26
Amalasar 55, 30
Amalec 3, 2 12, 12 81, 9 88, 22 24 108, 25 117, 26 123, 33 145, 27 156, 11
Amalocitae 156, 11
Amalecitis 88, 20
Amam 92, 18
Amarchabob 94, 16
Amaria 52, 18
Amas 24, 1
Amasa 40, 18
Amasia 44, 13 51, 22 53, 9/10
Amath 15, 20 24, 24 95, 1 19
Amatha 91, 29
Amathi 2, 25 44, 15/16 52, 9
Amathim 24, 18
Amathus 91, 27
Amatthar 94, 20
Ameccasis 94, 5
Amen 60, 14 80, 10
Ames 24, 24
Amesa 37, 13

Ameth 97, 30
Amfipolis 67, 8
Amia 44, 15
Amihel 15, 20 37, 10
Aminadab 12, 10 15, 14 31, 20 34, 11/12 60, 8
Amisaddai 15, 17
Amital 44, 26 53, 17
Amiud 15, 15
Amma 24, 25 37, 5 95, 15 97, 6
Ammador 25, 1
Amman 88, 31 33 92, 1 130, 31 138, 1 159, 26
Ammata 93, 22
Ammaus 64, 8
Ammeta 24, 14
Ammiod 37, 11
Ammon 3, 4 15, 27 24, 25 86, 21 92, 1 96, 11 147, 1
Ammona 24, 21
Ammoni 34, 13
Ammonitarum 141, 18
Amnon 37, 6
Amoeniam 94, 9
Amol 16, 1
Amon 53, 8 60, 11 95, 9
Amora 21, 24 60, 16
Amorraei 85, 1 90, 14
Amorraeis 117, 30
Amorraeorum 86, 5 12 22 87, 17 22 32 89, 5 90, 19 91, 22 101, 22 32 109, 10 115, 10 31 117, 29 118, 6 123, 24 124, 27 31 131, 15 18 138, 21 159, 5
Amorraeos 86, 5
Amorraeum 2, 22 117, 27
Amorraeus 90, 20 126, 34

Amos 44, 22 51, 20 64, 4 66, 31 119, 11 120, 28 156, 29
Ampliatus 73, 28
Amrafel 2, 30 148, 29
Amram 12, 10
Amri 150, 31
Amsa 94, 13
Amul 3, 14
Ana 3, 8
Anab 93, 12
Anaba 23, 26
Anacam 24, 6
Anacim 15, 21 41, 2 51, 30
Anacin 12, 8
Anamelech 44, 20
Anamim 2, 22
Anan 15, 18 53, 11
Ananahel 53, 11
Ananehel 52, 30 53, 10 99, 10
Anani 41, 2 66, 8
Anania 53, 9 12 55, 29
Ananias 66, 31
Anatha 31, 14
Anathoth 24, 28 49, 16/17 53, 7 94, 1
Anathothites 37, 22
Andreae 107, 31
Andreas 60, 15 66, 24
Andronicus 73, 26/27
Ane 49, 17 99, 4
Anea 93, 13 18
Aneae 105, 23
Anei 44, 22
Anem 24, 18 93, 17
Aner 3, 3
Anerith 94, 30
Aneugaua 99, 3
Ani 24, 14
Anihel 95, 4
Anim 93, 18

Anna 34, 11 64, 4
Annaceb 24, 26
Annas 66, 29/30
Annathon 94, 23
Annegeb 96,25
Ano 40, 26
Anob 90, 25
Anon 37, 10
Antilibanus 89,19 20
Antiochia 79, 1
Antiochiae 140, 22
Antiochiam 76,13 147, 23
Antipatride 127, 25
Antipatridem 67, 17 129, 7/8
Anua 94, 21
Aod 3, 13 12, 9
Aopsithe 97, 27
Apelles 67, 15 73,28
Aphusoth 97, 27
Apollo 75, 11 79,24
Apollonia 67, 9
Appia 80, 2
Appii forum 67, 20
Aquila 67,14 73,25 75,
  12 79,2 85,31 87,8
  14 88,26 90,16 96,3
  23 25 29 97,27 98,9
  15 24 99,3 13 15 17
  106, 18 31 107, 19
  111,15 112,14 116,
  18 120,12 18 121, 4
  122,12 123,25 124,2
  127,22 129,16 130,3
  10 132,20 133,23 26
  134, 16 26 32 135,3
  136, 5 9 18 138,19
  29 139,31 140,14 17
  24 27 141,5 9 143,4
  144,27 147,3 10 147,
  18 24 152,9 153,1 4
  154,11 15 28 157,22

Ar 15, 26 86, 16
Arab 24, 14
Araba 21, 19 24, 15 87,
  14 88, 26 28 91, 31
  135, 3
Arabes 66, 29
Arabia 102,6 108,22
Arabiae 86, 5 87,1 13
  88, 31 89,2 92,2 102,
  17 108,29 109,1 111,
  18 116,19 117,33
  118,5 124,25 125,29
  135,8 137,6 138, 32
  141, 28 145,9 146,1
  155,26 158,8
Arabiam 76,13 112,24
  122, 28 31 131, 25
  136, 32
Araboth 16, 4 23,24
Araboth Moab 87, 7 11
Arachi 37, 13
Arad 3,16 16, 3
Arada 16, 8
Aradi 56, 28
Aradium 2, 24
Aradius 37, 20
Aram 2, 26 71, 18
Aramathai 44, 12
Aran 2, 29 3, 10 56,25
  158, 18
Ararat 2, 19 44, 22/23
  82, 27 99, 8
Ararites 37, 19
Aras 37, 21
Arasth 31, 14
Arath 87, 22 88, 2 95,
  29 96, 27
Arbe 84, 10 23 112, 4
Arbee 3, 5
Arbel 88, 7
Arbela 88, 6 102, 14
Arboc 112, 5
Arboch 84, 9

Arcem 98, 3
Archath 2, 21 83, 25
Archelai 101, 12
Archelaus 60, 14
Archippo 80, 2
Archippus 77, 5 78, 29
Area Atath 85, 15
Area Ornae 97, 9
Arebba 93, 23
Arebla 16, 15
Ared 95, 31
Areopoleos 86, 3 9 98,
  12 114, 33
Areopolim 98, 17 116,
  20 136,24 137,3
Areopolis 86, 6 137,6
Ares 31, 16 96, 3
Areta 76, 3
Arfath 44, 21 53, 16
  99, 1
Arfaxad 64, 6
Arfaxath 2, 26
Arga 89, 3
Argob 21,19 40,23 44,
  17 88, 34
Arihel 37,19 44,17 56,
  27 98, 15 17 20
Ariheli 3, 15 15, 29
Arim 94, 11
Arima 96, 7 146, 24
Arimathaea 146, 26
Arimathia 63, 20 96, 19
Arioch 3, 1 55, 30 117,
  15
Ariopagus 67, 12
Arisoth 95, 32
Aristarchus 67, 16 77,
  5 78, 29
Aristobulus 73, 29
Arith 34, 21 96, 27
Arma 97, 4
Armageddon 80, 11
Armathaim 34, 17

Balla 3, 23
Ballath 107, 10
Baloth 108, 30
Baltasar 56, 4
Bama 35, 1 106, 30
　31 ·
Bamoth 16, 17 25, 9
　101, 22
Banada 45, 4
Banaia 38, 1 57, 1
Bane 105, 24
Banebarac 26, 1/2
Baneiacan 101, 21
Banereem 66, 9
Baon 16, 25
Bara 3, 18 31, 23
Barabbas 66, 13
Barac 31, 22 77, 27 105,
　25
Baracennim 31, 23
Barachel 59, 17
Barachia 49, 21 60, 27
Barachihel 59, 16
Barad 3, 20 59, 17 101,
　3 149, 23
Barasa 41, 9
Bare 108, 31
Bareca 105, 25/26
Bareumi 38, 8
Bari 56, 4
Baria 16, 23
Bariesu 67, 26
Barieu 67, 25 ·
Bariona 60, 22
Baritha 35, 1
Barnabas 67, 23 75, 14
　77, 7
Barne 21, 28 103, 3 108,
　21
Barnee 16, 25
Barrabban 60, 28
Barsaban 67, 22
Barsemia 66, 10

Bartholomaeus 60, 20
　67, 21
Bartimaeum 66, 11
Baruc 160, 27
Barucabba 160, 26
Baruch 53, 19
Basamath 41, 7/8
Basan 16, 18 45, 3 86, 32
　88, 34 89, 15 101, 24
　118, 3 137, 32
Basanitide 126, 1 127,
　19 150, 24 151, 2
Basanitidis 104, 22
Basanitis 101, 27
Basar 21, 26
Bascath 104, 13
Basecath 45, 5
Basecoth 25, 18
Basemoth 3, 22
Batanaea 84, 7 89, 17
　101, 27 126, 2 142, 28
　33 158, 5
Batanaeae 86, 34 108, 18
Bathal 105, 6
Bathanaea 105, 20/21
Bathuhel 3, 21
Batne 105, 14
Baurim 38, 5 107, 3
Bazechath 107, 16
Bazeotha 25, 17
Bechor 4, 1 16, 22
Bedec 45, 4
Beelfegor 101, 28
Beelmaus 102, 7
Beelmeon 102, 5
Beelsefon 12, 16 16, 27
　101, 18
Beelzebub 66, 11
Beeri 3, 21 51, 6
Beeroth 103, 12
Beesthara 104, 21
Bega 38, 1
Begunim 25, 11

Behelfegor 16, 22 21, 26
Behelsefon 16, 24
Bel 49, 22 53, 21 56, 5
　107, 29
Bela 102, 13
Belathala 25, 29
Belial 76, 5
Beliar 76, 4
Benacan 17, 1
Benahel 25, 28
Benennam 25, 22
Beniamin 3, 24 16, 17
　74, 1 76, 24 80, 14 92,
　14 93, 31 94, 1 3 4 5
　6 7 9 10 11 13 100,
　10 104, 6 23 24 27
　34 105, 1 3 4 106, 3
　24 112, 16 113, 3 11
　117, 18 119, 21 22
　127, 3 7 128, 11 20 26
　31 129, 4 132, 13 133,
　30 135, 11 139, 1 18
　142, 16 146, 8 9 12
　147, 26 152, 8 10 11
　156, 31
Benith 107, 23
Bennamerium 143, 12
Benoni 3, 23
Benur 41, 6
Beor 3, 25 16, 21 114, 31
Bera 31, 24 106, 20 21
Beram 25, 26
Beramoth 105, 9
Berdan 145, 3
Beria 3, 27
Beris 83, 19
Berith 31, 25
Bernice 67, 27
Beroea 67, 27
Berosus 83, 11
Beroth 21, 28 25, 23 102,
　21 105, 4
Berotha 57, 2

5*

Berothi 37,26

Bersabee 3,20 35,3 103, 32 104,3 136,14 144, 32

Berzellai 38,6 147,5

Beselehel 12,16

Besor 107,1

Beten 25,27

Beth 48,11 57,4 105,7 160,2

Bethaben 51,7

Bethabara 108,6

Bethacath 107,17

Bethafelet 25,17

Bethaffu 156,20

Bethafu 104,17

Bethagan 45,2 107,15

Bethagla 25,22/23 85, 17 103,21 23

Bethaglan 25,13

Bethaisimoth 25,8

Bethalon 105,1

Bethaloth 104,16

Bethamari 106,24

Bethamnaram 102,1

Bethamnaris 102,2

Bethana 105,20

Bethanamra 16,26 25, 12

Bethanan 41,7

Bethanas 25,28

Bethania 60,26 108,3

Bethannabam 90,29

Bethanoth 25,21

Betharaba 25,14 21 103 24 104,19

Betharam 25,11/12 103, 16

Betharan 16,27 25,6 102,4

Bethariph 94,12

Bethasan 93,8/9

Bethasetta 106,14

Bethauen 25,6

Bethaun 100,10 17 20 104,24 126,32

Bethaula 97,14

Bethbera 106,12

Bethbeten 105,14

Bethcacon 45,2

Bethcar 106,27

Bethchar 34,26 38,5

Bethdagan 25,19

Bethdagon 104,14 105, 16

Bethel 3,18 83,31 35 100,8 16 18 104,24 26 121,26 126,30 32 131, 32/33 135,12 136,7 8 146,10 158,23

Bethelis 83,30 89,27 94,8 127,4

Bethemec 25,27 105,18

Bethenim 121,27

Bethennim 92,23

Bethfage 60,24 108,1

Bethfali 103,31

Bethfases 105,13

Bethfeor 25,10/11

Bethfese 25,26

Bethfogor 103,7 123,20

Bethim 45,6

Bethlabaoth 25,24 105, 10

Bethleem 101,5 11/12 14 105,11 12 112,15 114,2 117,16 123,22 128,22 147,26

Bethmacha 38,7 107,6

Bethmarchaboth 25,24

Bethnath 106,6

Bethnemra 103,19

Bethoaenea 95,4/5

Bethoannaba 90,27

Bethoron 38,9 102,29 103,1 1/2

Bethramtha 103,17

Bethroob 38,2

Bethsabee 38,2 41,5

Bethsaida 60,21 107,31 108,9

Bethsalisa 107,11

Bethsames 41,6/7 106, 3 8

Bethsamis 25,27 96,22 152,27

Bethsan 105,31

Bethsimuth 103,9 132, 19

Bethsoro 104,28

Bethsur 25,20 104,27 32

Beththafue 25,19

Bethula 25,23 105,3

Beurim 37,26

Bezec 31,21 34,28 105, 28 29

Bithynia 67,26 72,20

Blastum 67,25

Boanerges 66,9

Bochorach 34,27

Bochori 38,6/7

Boen 135,30

Bola 105,5

Boon 25,14 104,34

Booz 31,25 34,3 41,9 60,19

Borasan 107,2

Borconni 106,18

Boses 34,28 106,32

Bosor 21,27 53,20 72, 27 102,15 18 20

Bosori 35,2

Bosra 3,26 49,22

Bostra 87,1 102,17 118,5

Bostrae 135,8

Bostram 109,3 155,26

Bothnin 103,14

Boz 107,28

Bubastus 57,3 107,27

Bul 41,8
Bunos 102,25
Butham 102,11 121,24
Buz 3,21 53,19
Buzi 57,1 59,18
Buzites 59,16
Byblos 107,25
Caath 4,8 12,17 26,11
Cabalaam 45,7
Cabasam 26,12
Cabseei 38,10
Cademi 110,24
Cademoth 22,1 109,9 14
Cades 4,4 12,18 17,3
    26,4 48,12 57,6 85,2
    87,22 101,3 108,21
    118,10 124,19 22 149,
    22 24 26 150,9
Cadesbarne 17,6 26,3
    103,3
Cadesim 45,7
Caesar 64,9
Caesarea 68,2 95,5 105,
    21 133,33/134,1 154,9
Caesareae 115,23 128,
    17 142,14/15
Caesaream 91,13
Caesaris 112,30
Cafarnaum   64, 11/12
    114, 9
Cafarsorec 153,8
Caferdago 104,15
Caifas 60,30 67,31
Cain 4,2 73,16 77,28
    141,24
Caina 26,6
Cainam 64,11
Cainan 4,2
Calaath 17,5
Caleb 159,21
Caluariae 84,13 130,25
Cambyse 153,29/30
Camon 31,29 110,18

Campsaim 109,25
Camuhel 4,6 17,7
Cana 66,14 109,24 110,
    3 4
Cananaeus 61,2 63,24
Canath 17,5 109,1 142,3
Canatha 109,1
Candacis 68,3 104,31
Cane 26,9 109,26
Caph 160,6
Capharnaum 111,22
Cappadoces   4, 17/18
    125,17
Cappadocia 22,6 67,29
    72,22 29
Capseel 109,17
Carcar 31,29 110,15
Carcaria 110,16
Carchedon 111,9
Carduenorum 83,13
Caree 45,8
Cariath 103,25 109,11
Cariathaim 17,6/7 108,
    27
Cariatham 26,5 53,23
Cariatharbe 108,32
Cariathbaal 26,8 109,
    23 27
Cariathiarim 26,3 35,4
    53,22 103,27 109,27
    32 138,14
Cariathim 57,5
Carioth 53,24 111,21
Carmela 110,32
Carmeli 132,24
carmelius 159,21
Carmelum 134,2 139,21
Carmelus 26,7 41,11
    110,31 159,20
Carnaea 108,18
Carnaeae 108,20
Carnaim 4,3 84,5 87,2
    108,17

Carpum 79,3
Carra 112,2
Carris 124,23/24
Cartha 110,1
Carthaginis 49,24/25
Carthago 111,9
Cartham   26, 12   110,
    12
Caseon 26,11
Casim 26,10
Casir 38,10
Casis 94,5
Castores 68,19
Cata Chrysea 109,4
Catath 26,11
Catta 110,2
Cauden 68,9
Caue 41,11
Cedar 4,6 48,13 57,5
    107,28 111,17 20 116,
    24
Cedem 111,15
Cedemoth 26,13
Cedes 109,12 110,8
Cedma 4,7
Cedmonaei 4,5
Cedron 53,23 111,3 114,
    10
Cedson 109,15
Ceila 26,6 109,19
Cela 109,20
Cenchris 74,2
Cene 108,26
Cenez 4,4 31,27
Ceni 17,3 110,30
Cenna 63,24
Cephas 66,14 75,15
Cephene 117,7
Cetron 31,27 110,14
Chaber 5,2
Chabol 113,26
Chabon 26,21 118,6
Chabonim 53,27

Chabratha 4, 30 45, 11 112,14
Chabul 26, 22
Chaf 48,14
Chalab 113, 27
Chalach 111,31 114,15
Chalachad 41,15
Chalamac 38,12
Chalamad 57, 10/11
Chalanne 4,15 49, 27 111,29 30 113,20
Chaldaei 4,22 28 57,11
Chaldaeorum 158, 18
chaldaeus 83,11
Chaleb 17,12 35,9 84, 24 115, 28 30
Chalech 4,16
Cham 4,11
Chamoam 53,29 114,2
Chamos 17, 12/13 32,4 41,15 54,2 114,5
Chanaan 4,14 17,11 41, 17
Chananaei 61, 8
Chananaeo 117,27
Chananaeorum 89, 22 91,7 124,17 125, 19 135,10 148,9/10 152, 31
Chananaeum 85,32
Chananaeus 88,23 25
Chanani 12,18 61,7
Channa 57, 10
Chaptor 22,6
Chapturim 4,16/17 22,5
Charada 112,27
Charan 45, 12
Charchamis 114,1
Charchamoth 54, 1
Charith 41,16 45,12
Charmi 5, 2 12,19
Charran 4,21 112,1 113, 22

Charri 113,17
Chasalus 91, 4 94, 25 113,25
Chased 4,27
Chaselath 113, 12 24
Chaseleu 52,31
Chaslon 17,15 113,4
Chathlis 113, 7
Chazbi 5, 1 112,18
Chebron 4,23 84,14 23 85,4 87,24 88,2 92,25 101,8 103,33 104,28 108,32 109,21 110,32 112,4 114,16 118,28 29 119,8 132,23 136, 28 142,19 159,14
Chebronis 93,14
Chefira 113,2
Chefri 113,11
Chelbon 57,15
Chelcia 53, 27
Chelciau 49,27
Chelion 32,5
Chelon 114,3
Chennereth 112,28
Chenneroth 17, 14
Chennor 57,13
Cherchoro 57,14
Chereloth 26,21/22
Cherethi 35,8
Cherethim 57,12
Chermel 26,18/19 113,8
Chermelam 159,19
Cherubin 4, 11 12, 20 17,15/16 35,7
Cheslon 26, 20
Chesluim 4, 18
Chet 4, 28
Chethi 35,7
Chethbiim 113, 14
Chetim 4, 14 32, 3
Chettaeus 4,18
Chettim 136,7

Chettura 4, 28 136, 31
Chidon 26, 16
Chifara 26, 16
Chilon 113,10
Chimarrus 114, 10
Chiram 129, 26
Chisil 26, 21
Chloes 75,16
Choadad 4, 29
Choba 4, 27 112, 9
Chobaa 112,10
Chobar 57, 9 113, 31
Chodchod 57, 9/10
Chodollahomor 4, 25
Chodorlagomor 84, 6 30 85, 2 108,25 123,1/2 149,9 13
Chomarim 45,13 113,19
Chomor 57,15
Chorath 113, 28
Chorazin 114,7
Choreb 109,5 112,23 26 145,25
Chorethi 38,12/13
Chorozaim 61,8
Chorraei 4, 26
Chorraeus 4, 30 22, 4 149, 13
Chorri 4, 30
Chotha 113,30
Chozbi 17, 13
christianos 148, 18
Christum 112, 11
Christus 66, 17 114, 7 117,17
Chsil 113,5
Chsiloth 26, 22
Chus 4,14
Chusan 32,3
Chusi 38,12 48,14
Cidissus 110,10
Cilicia 68, 1 76, 16
Ciliciae 157,29

Deblathaim 17,21 54,5 116,25 125,13

Debon 115,7

Debongad 115,13

Debus 131,17

Decapolis 116,29

Decla 5,5

Dedan 5,5 54,3 116,26

Dedara 26,29/30

Defeca 17,21

Deleth 48,15

Demas 77,9 79,5 80,4

Demetrius 68,16 73, 10/11

Denna 116,1

Dennaba 5,13 59,19

Derbaeus 68,17

Derben 68,14

Deseth 49,28 116,18

Diabolo 73,17

Diabolum 78,19

Diabolus 61,9 80,16

Diana 67,15

Dibon 17,19 26,25 54,4 115,7 8 116,16

Dibongad 17,20

Dimaon 49,28

Dimon 98,13

Dimona 26,26 115,32

Dina 5,8

Diocaesarea 157,1/2

Diocaesareae 88,28 91, 5 94,26 95,24 128,17 158,24

Diocaesaream 115,21

Dionysius 68,14/15

Dioscoroe 68,18

Diospoleos 92,4 107,12 128,1 24/25 146,26 156,7

Diospolim 85,10 90,26 93,1 94,11 96,18 103, 27 104,15 109,29

127,17 132,28 140, 20

Diospolis 57,16 116,23

Diotrefes 73,10

Disan 5,12

Dison 5,9

Diu 41,19

Dodanim 5,4 49,29 116, 19

Doec 35,12

Dommim 96,24

Domna 26,30

Dor 115,22 142,14

Dor Nafeth 115,22

Dora 115,23

Dorae 139,27

Dothaim 5,13 115,3 138, 18

Drusilla 68,17

Drys 114,16 116,11

Duhel 17,18

Duma 5,8 26,28 116,4

Dura 56,6

Dysme Moab 115,14

E 48,18

Ebal 6,6 22,14

Eber 5,19 64,13 136,27

Ebeziuthia 119,1

Ebraei 35,16 68,22 75, 20 76,7

Ebraeorum 12,23

Ebraeus 76,26 77,31

Ebraice 68,30

Ebrioth 12,23

Ebron 12,27

Ebrona 17,29 117,28

Ebsiba 45,14/15

Eccela 120,15

Ecdippa 95,13

Echela 120,15

Eden 5,15 116,32

Edessam 112,1

Edom 5,24 12,29 97,17

102,20 114,31 121,16 123,10 124,6 130,33 131,3 135,16 137,10 14 143,27 145,9 15 149,10 153,28 155,32 156,9 159,2

Edomia 119,22

Edrai 18,9 118,3 119,31

Edraim 17,27 22,7

Edre 118,32

Edroi 27,19

Eduma 119,28

Efa 6,3 13,4 50,5

Efai 54,12

Efeso 75,19 79,9

Efesum 68,28 78,20

Efesus 80,17

Efi 57,26

Efoth 18,1 32,9

Efraea 118,30

Efraim 5,26 17,25 66, 15 81,12 93,6 25 27 102,30 107,5 109,24 25 121,9 127,8 12 128,28 131,33 133,20 142,21 148,26 28 152, 1 6 153,11;

Efratha 5,24 32,10 48, 17 112,15 116,11 14 117,16

Efrathae 101,14 133, 16/17

Efratham 117,20

Efrathites 32,12

Efrem 94,7

Efron 5,22 118,30 121, 10

Efthahel 128,14

Eglaim 50,1

Eglon 27,1 118,21

El 160,22

Ela 6,7 42,3 122,12

Elade 17,29

Elaeonis 68,20

Elam 6,2 45,19 54,11 56,7 57,25

Elamitae 50,4 68,21

Elammelech 27,12

Elasa 54,7

Elath 22,14 121,16

Elba 120,4

Elbon 57,19

Elcan 17,28

Elcana 13,3 35,20

Elcath 27,12 119,30

Elcese 121,2

Elcesei 52,12

Elciau 45,14

Eldaa 5,23

Eldad 17,25

Eleale 49,30 118,6

Eleazar 12,28 35,13 128,31

Eleazarus 128,32

Elec 27,10

Electae 72,30

Eleutheropoleos 92,30 93,12/13 109,20 112, 20 116,5 119,19/20 120,1 129,1 133,4/5 138,10 139,5 14 141, 12 142,19 146,15 151, 18 153,8 14/15 157, 5/6 159,12/13 16

Eleutheropoli 103,22 104,33 106,4 21 107, 8 118,23 120,7 16 122,4 124,16 127,17 128,25 132,17 22 32 133, 11/12 135, 24 151,22

Eleutheropolim 89,24 123,18 128,1/2 151,4 27 154,13

eleutheropolitana 135, 27/28

Eli 41,26 61,18 64,18

Elia 45,20 53,2 61,18 72,14

Eliab 13,5 18,6 35,20

Eliaba 38,14

Eliacim 45,20 61,16

Elianan 38,18

Elias 42,4 113,29 154, 5 158,6

Elidad 18,18

Elidahe 38,17/18

Eliezer 6,3 13,5 61,17

Elifalet 38,18

Elifaz 6,6 59,20 155, 33 156,3 10

Elihu 35,20

Elim 13,4 50,5

Elimelech 34,4

Elion 160,23

Eliopolis 121,20

Elioreb 41,26

Elisa 6,1 57,18

Elisabeth 13,2 64,17

Elisaeus 42,4 64,20

Elisafan 13,1

Elisafath 18,8

Elisama 18,7 54,11

Elisame 18,7 38,17 54, 12

Elisar 18,5

Elisee 57,21

Elissaeum 107,11/12

Elissaeus 97,12 102,8

Elisue 38,17

Eliu 59,20 61,17

Ellada 68,26

Ellasar 5,20

Ellenon 68,27

Ellesar 117,15

Elmadai 64,18/19

Elmodad 5,19

Elmoni 120,18 124,4

Elnathan 54,6

Elo 27,16

Eloi 32,8 160,19

Elom 6,5 54,13

Elon 18,6 10 41,27 114,3

Eloth 45,19 120,26

Elthaci 27,13

Elthece 119,9

Elthecem 27,9

Eltheco 120,3

Eltholath 119,3

Eltholeth 27,5

Elul 119,7

Elymas 68,23

Emam 6,6

Eman 42,1

Emath 49,30 98,2 117, 24 120,9 27 29 122, 17 130,7 136,5 147, 16 154,27

Emathdor 120,8

Emaus 121,6

Emec 27,9 118,14 133, 26

Emecachor 89,31

Emeccasis 27,10

Emec Rafaim 119,21

Emesam 120,31

Emim 6,2 22,14

Emmam 27,5

Emmanuel 49,30

Emmer 57,20

Emmim 22,9

Emmona 147,19

Emmor 148,26

Emor 5,24 68,22

Emori 12,24 41,21

Emorraeum 12,25

Enac 32,8

Enacim 90,31 112,7 115,29 118,27 29 121,4 125,20 127,15

Enadda 27,19 122,3

Enaddam 122, 4
Enagallim 57, 25
Enaim 6, 8 121, 27
Enam 45,15 64,19
Enan 18,9 122,19
Enarath 27, 11
Enasor 122, 6
Endor 27,18 121,29 143, 24
Eneam 27,4
Engaddi 27,17 57,26 119,12 122,14 15
Engadi 119,15 16
Enganna 122,1
Enganni 121,33
Engannim 27,18 121,26
Enihel 17,30
Enna 118,10
Ennathan 45, 16
Ennathon 27, 11
Ennom54,6 128,9 155,16
Enoch 5,17 12,25 64,13 73,18 77,30
Enom 57,27
Enon 18,13
Enos 5, 17 64,14
Enyalii 148,18
Epaeneton 74,4
Epafra 77,10
Epafran 80,5
Epafroditum 76,26
Epha 134,2
Epiphania 91,33
Epiphaniam 120,31
Er 6,7 18,9 64,19 86,17
Eram 27,19
Eran 18,11
Erastus 68,25 74,5 79,9
Ereb 119,4
Ereccon 122,7
Eremmon 120,6
Ergab 120,11
Eri 41, 27

Erma 17,26 22,8 27,10 117,26 119,25
Ermam 74,5
Ermen 74, 4
Ermes 68,24
Ermogenes 79, 8
Ermon 22,9 27,5 48,16 118,11 138,22
Erodes 64,17 69,3
Eroon 6, 9
Eroum 121,18
Esaan 27,9
Esaia 45,21 72,14
Esaias 69, 3
Esaion 42,3
Esan 119,6
Esau 6,3 22,12 77,30 102,18 121,16 125,9 130,33 149,10 11 155, 33 156,10 158,9 27
Esaun 18,12
Esban 5,26
Esbel 5,27 17,28
Esbum 89,11
Esbun 87,13
Esbus 102,8 115,2 117, 32 118,9 140,4 141, 32 142,6
Escaboth 35,13
Eschani 57,21
Eschol 5,21 18,1
Esda 41,21
Esdod 22,9 27,1
Esebon 17,26 54,8 117, 29 131,23 138,33
Eseli 64,13
Eseliau 45,15
Esemel 57,18
Eser 5,25 121,1
Esiongaber 42,2
Esna 27,6
Esrom 5,21 26 12,26 27,3 61,12 118,25

Essai 61,12
Essia 97,22
Essiam 125, 9
Esthahol 27,6
Esthama 120,25
Esthamma 27,8
Esthamoe 27, 12 35, 16/17
Esthaol 119,32 132,17 152,25
Esthemo 119,18
Estiaeus 148,16
Etam 32,16 122,9
Eth 48,18
Ethalon 57,19
Etham 13,3 18,12 121, 23
Ethan 41,28
Ethanim 42,1
Ether 119,27
Ethnan 118,33
Eththa 119,29
Etthaeus 5,23
Etthi 12,23 35,16
Eua 5,16 75,19 76,7 78,20 81,12
Euaei 85,27 90,13 143, 9 158,11
Euaeorum 90, 11 125, 17 127,2
Euaeum 5,18
Euaeus 27,2
Eubulus 79,9
Eud 32,16
Eufrate 70,4 80,17
Eufraten 114,1
Eufrates 5,16 117,11
Eufratis 117,12/13
Euhodiam 76,26 79,7
Eui 12,24 17,29 27,3
Euila 5,15 117,1 5 8 122,26
Euilath 35, 15/16

78

146,22 148,1/2 150,9
155,29
Hebraeus 90,11/12
Helcanae 96,17
Helias 74,8
Heliopolim 98,31/32
Heliopolis 144,8
Herode 103,17
Herodes 112,30
Herodionem 74,9
Heromith 119,5
Hesaias 74,8
Heth 160,5
Hieria 117,8
Hiericho 102,26 103,8
10
Hierichus 102,16
Hieronymus 83,15
Hierosolyma 92,17
Hierosolymae 149,20
Hierosolymis 141,4
Hippum 91,24 116,30
Hiram 38,25
Hiras 38,25
Hisboseth 38,26
Hispania 75,3
Histob 38,25
Hor 123,31
Iaan 39,9
Iaar 134,21
Iaare 39,7
Iaas 50,8
Iaasel 19,1
Iabes 33,2 36,1
Iabin 28,6 32,25 90,6
Iabir 132,29
Iabis 95,32 134,17
Iabnehel 28,8
Iabnel 134,10
Iaboc 7,21 18,28 123,6
130,29 146,32
Iachalia 46,5
Iachin 7,25 13,24

Iachon 42,12
Iacim 102,21 138,5
Iacob 7,19 61,27 78,5
83,34 84,11 85,16 19
121,19 123,5 7 124,
24 32 125,4 127,21
130,29 135,11 136,29
144,12 145,20 148,21
149,32 154,31 155,6
Iacobo 75,22 76,18/19
Iadela 134,4
Iael 32,26
Iafeth 7,11
Iafie 28,5 13 39,2
Iafthehel 28,14
Iafthie 133,32
Iagaal 39,8
Iagur 28,8 132,30
Iahazaher 39,9
Iahiel 28,14/15
Iair 19,2 33,1 42,12
110,18 132,26
Iairus 65,2
Ialel 18,29
Iambres 78,21
Iamin 7,25 13,24 133,
23
Iamna 18,29
Iamnel 132,27
Iamnes 78,21
Iamnia 132,28
Iamniam 91,11 104,15
129,8
Iamuhel 7,24 13,24
Ianna 131,13
Iannai 64,29
Ianon 133,20 21
Ianua 28,11 133,8
Ianum 28,10 133,8
Iapho 133,33
Iarden 18,26
Iared 64,30
Iaree 7,14

Iareth 7,11
Iarib 51,12 103,26
Iariho 18,28
Iarim 28,7 103,25 109,
23 132,15
Iarimuth 132,16
Iasan 39,8
Iaseb 133,25
Iasihel 8,1
Iason 72,15
Iasonis 69,20
Iassa 18,27 131,15
Iasub 18,28 50,8
Iauan 7,12
Iazer 18,26 28,7 54,23
86,21 24 131,18 21
Icoc 134,7
Iconium 69,21 79,14
Ididia 39,4 46,8
Idithun 48,22
Idumaea 63,22 116,26
125,2 130,33
Idumaeae 102,19 149,
14 158,7
Idumaeorum 85,6 108,
26 130,3
Iebgar 39,2
Ieblaam 28,12 45,27
129,31 133,28
Iebus 132,14
Iebusaei 132,8
Iebusaeum 7,13
Iebusi 13,23
Iecba 32,29
Iecbace 32,29
Iecdaan 133,18
Iecdom 28,11
Iechonia 35,29 54,18
Iechonias 62,3
Iecmaan 134,25
Iecnaam 28,12
Iecnal 133,31
Iecnam 28,7

Ieconam 132,24
Ieconiam 42,11
Iectan 7,13 136,26
149,2
Iecthahel 28,9 133,1
145,10
Iecthan 133,2
Iecthel 46,3
Iecthohel 134,29
Iedala 28,14
Iedlaf 7,16
Iedna 132,22
Iefanne 18,25
Iefleti 133,19
Iefonne 28,16
Iegabatha 131,9
Iegal 18,25
Iegali 19,4
Iegdaliau 54,19/20
Ieglam 7,22
Iehu 107,17 129,30
Ielon 134,13
Iemini 48,22
Iemla 42,17
Iemna 7,26
Iepte 28,9 78,6 96,5 10
138,13 140,3 155,15
Iepthahel 134,3
Ieracon 28,15 134,15
Ieraia 54,20
Ierameheli 36,4
Ierameli 134,22
Ieraon 28,15
Ierapoli 77,11/12
Ierebehel 51,12
Ieremia 54,18 99,2 12
14 15 17 114,3 141,
3 15 144,30 155,22
158,14 159,23
Ieremiam 122,17 124,8
130,11 141,14 17 155,
20/21
Ieremias 62,6 82,29 94,

2 107,28 109,30 111,
17 21 115,12 116,24
25 26 117,31 118,8
124,29 130,9 131,
16/17 22 135,23 137,
18 138,15 141,2/3 13
18 142,2 143,12 146,
11 147,2 154,29 158,
8 159,28
Ieremiau 46,9
Ierfal 28,12
Ierfel 133,30
Ieria 144,24 149,4
Iericho 62,9 78,6 85,
16 87,13 88,17 89,9
90,1 117,33 118,17
126,5 16 131,27 31
139,24 150,16 156,14
Ierichum 87,31 92,14
17 115,15 141,31
Ierichus 119,13 126,23
29 142,22 150,21
Ierimoth 28,5
Ierimuth 134,6
Iermoth 134,5
Iermucha 132,31/32
Iermus 132,31
Ieroam 35,29
Ierobaal 32,28 36,1/2
Ieroboam 42,13 100,19
123,29 148,24
Ieroboseth 39,3/4
Ieron 134,11
Ierosolyma 69,16 76,18
Ierusalem 50,9 62,5 74,
17/18 75,23 82,9 97,
9 98,20/21 27 99,10
108,9 109,30 111,3/4
13 114,11 117,19 128,
11 130,9 132,2 7 14
139,28 147,7 154,18
155,18
Iesar 8,2

Iesaüi 36,3
Iesbi 39,7
Iesboc 7,17
Iescha 7,14
Ieser 19,2
Iesrahel 133,13
Iessaar 13,25
Iessai 36,3 42,13 69,20
Iesse 34,5 74,16 101,8
Iessul 8,1
Iesu 18,26 74,15 84,12
89,26 117,24 145,21
157,7
Iesua 7,27
Iesui 19,1
Iesum 127,1
Iesus 13,28 61,24 77,11
78,4 80,21 89,23 90,
4 6 11 25 83 91,2 3
100,11 102,26 30 103,
6 108,2 109,12 115,
20 118,22 27 119,25
121,9 126,23 32 127,
9 14 20 24 128,29
131,31 132,16 24 135,
22 27 29 138,8 12 24
26 139,29 144,2 145,
27 150,15 28 151,1
156,18 21 30
Ietabatha 131,29
Ietan 133,10
Ietebatha 19,3
Iethaba 134,30
Iethan 28,9
Iether 133,3 134,23
Ietheth 7,22 131,3
Iethira 119,28 133,4
134,24
Iethlam 134,12
Iethraam 39,1
Iethran 7,22
Iethro 13,23
Ietta 28,10 16

Isaiam 98,8 113,20 23 130,13
Isaias 98,10 14 15 28 99,3 102,19 111,9 18 30 115,12 116,16 19 117,31 118,7 129,10 130,5 7 131,16 21 135, 23 28 136,14 23 139, 10 142,2 143,11 28 147,12 29 149,14 30 150,18 154,2 6 11 155, 19 158,7
Isar 56,14
Iscarioth 62, 7
Isimoth 19,4 56,14 132, 18
Isimuth 103,9 10 132,20
Ismahel 7,15 117,8 156,4
Ismahelem 122,33
Ismahelis 111,19
Ismahelitae 123,1
Israhel 13,21 63,22 74, 15 76,20 85,21 25 30 33 86,13 87,4 27 88, 24 89,33 90,23 96,9 31 97,25 101,18 21 102,11 26 106,23 27 107,17/18 110,19 112, 27 115,8 10 13 117, 23 121,23 122,29/30 123,9 14 16 32 125, 7 11 13/14 16 126,25 127,19 129,30 130,30 131,6 9 12 134,17 135, 18 137,16 25 27 28 29 138,22 141,29 143,30 144,9 17 145,18 24 28 29 30 146,2 150,2 6 12 13 31 154,19 155, 16 156,15 16 158,3
Israhelem 115,16
Israhelis 95,30 117,26 123,5

B

Israhelita 110,6
Israhelitae 76,8
Issachar 7,19 80,21 94, 24 28 30 31 105,13 16 109,33 116,9 121,33 122,3 133,16 134,5 146,14 16 152,16 19 21 157,3
Issacharioth 62,8
Itabyrium 134,26
Italica 69,19
Ithamar 13,27
Ituraea 135,6 155,24
Ituraeae 64,27
Iubal 7,10
Iuchal 54,22
Iud 134,14
Iuda 7,19 74,15 78,4 84,15 87,24 92,3 18 19 21 22 26 28 29 93,16 18 103,21 24 26 29 30 31 32 104,6 12 13 14 16 17 27 32 109,17 18 19 23 113, 4 5 6 7 10 115,27 32 33 116,1 3 4 117,17 118,25 30 32 33 119, 1 2 3 4 6 7 9 12 26 121,26 27 122,15 127, 28 30 32 128,4 5 6 22 132,16 27 29 30 31 133,1 2 3 8 10 13 18 134,9 135,22 26 32 33 138,9 13 139, 15 16 17 142,18 20 151,5 10 11 12 16 17 20 21 25 26 28 32 155,9 10 11 156,18 32 157,19 158,30 159, 11 12
Iudae 87,25 26 28 29 88,1 2 4 5 6 20 89, 22 90,9 30 91,7 8 16

20 92,6 8 10 14 32 93,3 4 7 8 10 11 12 21 22 23 94,17 97,10 101,5 102,13 104,5 10 105,12 109,13 28 112, 18 118,21 125,20 126, 28 129,31 135,31 139, 6 9 10 12 13 142,17 146,5 150,20 25 26 151,14 152,4 154,26 156,8 159,8 16
Iudaeae 98,1 101,12 104,1 107,16 112,28 30 114,27 121,30 132, 9 134,30 136,13 143, 7 9 148,10 158,11
Iudaeam 131,25
Iudaei 124,9 141,3
Iudaeis 75,22
Iudaeorum 1,2 23 83, 23 91,10 93,13 16 115, 20 119,15 19 120,6 133,11 141,27 142,22 157,4 159,20
Iudaeos 137,19
Iudaeus 2,2
Iudaismum 76,18
Iudas 61,27 156,6
Iudith 7,18
Iulium 69,21
Iunia 72,15
Iustus 69,17 77,11
Karthaginem 157,31
Karthaginienses 57,10
Karthago 157,30
Laabim 8,4
Laamas 28,19
Laban 8,6
Labanath 136,2
Labaoth 136,1
Labbaddon 80,24
Labec 28,22
Labo 28,19

6

Laboemath 136,'5
Labon 135,19
Labaoth 135,32
Lachis 28,18 135,22
Lacum 28,22 136,3
Ladabar 136,20
Lahel 19,5
Lais 33,6
Laisa 50,11 69,28 136,
11
Lama 61,18
Lamas 135,33
Lamattara 136,17
Lamech 8,3 65,5
Lameth 48,24 160,7
Laodicia 77,13 80,23
Laommin 8,6
Lapidoth 33,5
Lapis 135,30
Lasa 135,10
Lasabi 39,10
Lasaron 135,29
Latini 101,30
Latinis 1,18 29,24 111,
26
Latinos 22,29 148,3
Latusim 8,6
Lazarum 108,4
Lazarus 65,7
Lebbaeus 62,13
Leben 42,18
Lebna 135,26
Lebona 135,18
Lechi 134,16 136,9
Legione 110,20 157,14
Legionem 133,15 143,
19
Legionis 88,9 94,29 107,
19 128,18 133,8/9
134,28 156,23
Lesa 8,5
Lesem 28,23 136,6
Lesemdan 28,23

Leui 8,7 13,30 65,5 78,
8 80,24
Leuiathan 59,25
Leuites 69,23
Leuitis 95,3 25 103,2
104,21 109,15 33 110,
1 2 12 116,7 9 118,
2 119,30 120,3 8 121,
33 127,6 7 8 128,7
15 23 131,22 133,31
138,30/31 139,4 7 22
142,24 145,23 146,17
156,22 157,12
Lia 8,7
Libani 90,22 103,5 124,
25 29
Libano 88,14
Libanum 86,14 89,19
106,10
Libanus 136,22
Libertinorum 69,24
Libiade 87,12 89,11
102,2
Libiadem 103,8 19
Libiadis 123,21
Libias 103,17/18
Libyae 6,11 57,28
Libyam 69,23
Linus 79,17
Lobna 28,18 135,28
Loboni 13,30
Lodabar 39,10 136,21
Loidi 79,15
Lomna 19,5
Lot 8,5 65,6 73,3 86,27
88,38 100,24 137,5
149,29
Lotan 8,8 135,16
Lucae 155,25
Lucas 77,14 79,16 121,6
Lucius 69,25 74,19
Lucullo 83,27
Ludim 8, 3/4

Luith 50,11 99,14 136,
23
Luitha 136,24
Lupuli 1,10
Luth 8,5 50,11
Luza 28,20 100,9 17
135,11 13 136,7 158,
22
Luzam 113,15
Lycaonia 69,25
Lyciae 69,28
Lydda 69,24
Lydi 58,5
Lydia 69,26
Lysania 65,4
Lysias 69,27
Lystra 69,25
Lystris 79,16
Maabehel 29,4
Maacha 8,17 39,11 42,
19 140,19
Maachathi 23,2 29,1
39,13
Maala 19,10
Maalaf 29,9
Maalelehel 65,11
Maalmeon 58,6
Maalon 34,6
Maaria 39,13
Maaroth 29,7
Maasa 46,12
Maaz 33,7
Mabsam 8,19
Mabsar 8,25 137,11
Mabsara 137,12
Maccabaei 140,20
Maceda 28,25 70,7 138,
8 9
Macedonia 74,20 75,24
Maceloth 19,11 137,27
Maces 42,20 140,29
Machaas 141,5
Machalaim 58,8

Masan 139,21
Masarfoth 28,28
Masbach 140,16
Maschana 137,30
Masec 8,17 114,22 23 25
Masefa 28,27 54,25/26
Maseia 54,24
Masena 46,16
Masereth 140,13
Maseroth 19,12
Masfa 28,26 139,4 5 18
Masma 8,20
Masraca 137,10
Masreca 8,22
Masrefoth 138,19 20
Masrefothmaim 138,19
Massa 8,20
Massadda 29,10
Massefa 138,13 140,11
Massefath 46,20
Masuruth 137,29
Mataris 36,6
Mathana 19,8
Mathane 137,30
Mathca 19,11
Matheca 137,28
Mathusale 8,10 65,10
Matred 8,23
Matthaeum 70,1
Matthaeus 62,20 141,20
Matthan 46,12 62,15
Matthania 46,18 54,25
Matthathia 65,9
Mauiahel 8,9
Mazaroth 46,16
Mazuroth 19,13 59,26
Mechamim 107,9
Mechonoth 42,21 46,19
Medab 29,3
Medaba 19,8 138,32
Medabam 108,28
Medaban 131,17
Medabena 29,5

Medabus 137,31
Medad 19,7
Medam 141,1
Meddin 29,7
Medemana 139,10
Medi 70,2
Medon 46,14 54,29
Medorum 97,24
Meeber 140,27
Meeleb 139,25
Meetabel 8,23
Mefa 141,16
Mefaath 29,3 54,27 139,
    1
Megia 58,7
Mela 140,17
Melathra 42,21
Melcha 8,16 19,10 29,8
Melcham 54,28
Melchi 65,10
Melchia 54,25
Melchihel 8,28
Melchisedec 9,1 78,9
    132,13 149,19
Melchisue 36,7
Melcho 15,11
Melchom 70,5
Melchon 51,25 141,18
Mello 33,8 140,30
Melloth 42,22
Mem 48,25 160,7
Membranas 79,18
Memfon 9,1
Memoriae 137,24
Memphis 50,14/15 141,
    2 4
Mennith 140,3
Menois 139,11
Meolathi 36,9
Merari 8,27 14,3
Mere 33,8
Merob 36,8
Meroen 153,30

Meroth 33,7
Merra 14,8 137,21
Merrom 138,16
Merrus 138,17
Mesa 8,15
Mesopotamia 70,2 149,
    33
Mesopotamiae 83, 26
    112,1 117,11
Mesopotamiam 83,34/
    35 123,17
Mesraim 8,14 15 14,1
Messa 29,8
Messab 140,9
Messalem 46,15
Messe 136,26
Messias 66,17
Mesthi 46,17
Meza 8,21
Mezaab 8,24
Micha 33,9
Michaea 51,31
Michaeas 135,1 141,11
    154,16
Michahel 19,7 56,17 73,
    20 80,27
Michol 36,8 107,3 129,9
Mifiboseth 39,12 136,20
Mileto 79,19
Miletum 70,9
Miletus 141,7
Militene 70,11
Minyadem 83,19
Misach 56,16
Misahel 14,5 56,16
Misaida 138,5
Misor 23,1 29,11 137,32
    139,29 141,14
Mnaseas 83,17
Mnasonem 70,10
Moab 8,17 14,6 86,2 5
    87,8 11 89,9 98,9 11
    101,29 114,3 5 115,9

On 14,19 51,15 58,17
121,21 144,8 26
Onan 9,18 19,28
Onesiforus 78,23
Onesimo 77,18
Onesimum 80,8
Oni 20,1
Ono 29,22
Oofar 59,28
Oola 58,12
Ooli 144,3
Ooliba 58,12
Or 14,19 19,29 144,14
Oraim 23,5
Oram 29,20 58,16 144,
20
Oranim 98,9
Orchathi 39,18
Orchiataroth 29,16
Oreb 14,18 33,13 153,1
Orech 9,11 143,26
Oren 39,21
Orfa 34,8
Ori 14,18 19,26
Origenem 1,25
Origenis 1,2
Oronaim 50,21 55,9 98,
9 144,30
Osa 29,21 144,19
Osai 55,9
Osanna 62,29
Osee 19,27 51,15 74,24
90,2 134,6 26 141,2
5 155,20
Osia 58,16
Ostracinen 98,32
Othon 143,30
Othotham 19,21
Ox 9,17
Oza 43,2
Ozam 131,32
Ozan 58,16
Ozanoth 29,17

Ozia 50,21
Ozihel 14,13
Oziph 29,16
Ozni 19,21
Pafum 70,21
Palaestinae 84,25 31/32
88,8 90,32 91,8 15 18
24 98,4 104,18 105,33
115,23 121,7/8 123,4
124,18 125,12 22 132,
27/28 135,2 150,29/30
154,9 156,19/20
Palmetis 122,20
Pamphilo 82,3
Pamphylia 70,17
Paneade 114,26
Paneadem 96,15 104,2
110,11 136,15
Paneadi 90,13
Paneadis 88,19 90,22
Parion 70,21
Parmenam 70,19
Parthi 70,16
pascha 64,22 70,20
Patara 70,23
Patrobam 74,26
Paulam 49,12
Paulo 81,1
Paulus 73,6 74,25 112,13
Pella 96,1
Pellae 88,7 91,28 134,19
Pellam 116,30
Pergamo 81,1
Perge 70,22
Persae 56,18
Persidam 74,25/26
Persis 83,29
Petefrem 144,13
Petefres 121,21
Petra 110,17 121,17
145,9 146,1 156,1
Petrae 85,7 102,23 108,
22

Petram 88,21 98,3 103,
4 123,12 125,12 131,
1 137,12 144,15 149,
25
Petri 107,31
Petrus 65,18 66,14 70,
16 75,15 76,21
Pharao 147,16
Phe 160,11
Philippo 104,31
Philippus 135,6 155,
24/25
Philistiim 90,7 96,21
Philistinorum 84,14
110,30
Philo 1,2 2,2
Phison 117,4
Phoenicis 136,22
Phoenicum 83,16
Pilatus 65,18 70,18 78,
24
piscinam fullonis 158,
16
Pisidiam 69,8
Pontius 65,18 70,18 78,
24
Pontus 70,17 73,6
Porcium 70,24
Priapum 101,30
Prisca 75,26
Priscam 79,20
Priscilla 70,22
Priscus 74,25
Prochorum 70,19
Proculus 48,3
Ptolomaidem 110,21
134,1 139,27 142,15
Ptolomaidis 95,13 105,
15
Ptolomais 70,23 95,10
Publius 70,25
Pudens 79,20
Puteoli 70,25

Puteus iudicii 145,2
Puteus iuramenti 144,
  32 145,5
Puteus uisionis 145,1
Pyrrus 70,23
Pythona 70,22
Quartus 74,28
Quirinus 64,10/11
Raab 29,26 62,32 72,16
  78,12
Raam 59,29
Raama 58,18
Raason 47,6
Rabaam 43,8
Rabba 50,22 86,31 120,
  29
Rabbam 131,21
Rabbath 23,6 58,18 137,
  9 147,1
Rabbi 63,3
Rabboth 30,1 146,14
Rablai 47,10
Rablatha 55,11
Rabmag 55,11
Rabsace 47,8
Rabsaris 47,7 55,10
Raccath 30,2
Racha 63,3
Rachab 33,14 39,22 47,
  5 62,32
Rachal 36,17
Rachel 9,25 36,17 63,
  1/2 112,16 117,19
  146,30
Rafa 39,24
Rafaca 145,24
Rafaim 9,23 29,28 59,
  29 70,29 88,32 119,
  21 147,6
Rafao 20,3
Rafes 47,9
Rafidim 14,22 145,25
  150,6 7

Ragal 29,28 39,23
Ragalim 39,23
Ragau 9,22
Ragom 52,32
Raguhel 9,29 14,21
Ram 59,30 65,23
Rama 9,21 30,1 52,32
  63,2 89,28 93,24 127,
  5 140,7 143,2 146,9
  18 19 147,26
Ramale 147,24
Ramalia 47,5
Ramath 30,1
Ramathaim 36,17
Ramatham 63,3
Ramesse 9,30 145,18
Ramesses 14,20
Ramoth 23,7 29,27 43,
  7 58,19 145,31
Raphaim 23,6 104,17
Rapheth 147,14
Rasathaim 33,14
Raseph 147,13
Rathamim 59,30
Rathem 147,10
Rathma 20,5 145,28
Razon 43,7
Rebbo 146,15
Rebe 20,4 29,27
Rebecca 9,23 74,29 81,
  16
Rebeccae 101,1
Rebla 147,16
Reblatha 147,22
Reccath 146,23
Recem 20,4 29,26 145,
  10 146,1 12
Rechab 55,10
Reesa 20,7
Refan 51,26
Regium 71,2
Regina 58,19
Rei 43,7

Remfthis 146,25
Remma 9,24 147,18
Remmam 147,20
Remman 147,8
Remmath 146,29
Remmon 30,1 127,5
  146,5 6 13 147,12
Remmonfares 20,6 145,
  29
Remmoth 146,31
Remmus 147,19
Res 48,27 160,12
Resef 50,22
Respha 39,22
Ressa 145,30
Reth 147,9
Rethom 146,16
Reu 65,23
Rhinocorura 147,29
Rhode 71,1
Rhodum 71,1
Ribai 39,24
Rifath 9,19
Roblath 47,10
Roboam 39,23 63,1
Robooth 145,12 15
Rocam 146,2
Rodii 9,19 58,18
Rogel 146,8 159,30
Rogelim 147,5
Roma 79,21
Romam 71,2
Romani 70,29
Romanis 132,2
romanorum 139,2 156,2
Romelia 50,22
Roob 20,3 30,2 145,21
  146,17
Rooba 145,22
Rooboth 9,22
Roos 147,3
Ros 65,23
Ruben 9,28 14,20 81,3

89,6 91,23 26 101,23
32 102,5 10 16 103,7
108,27 109,14 15 118,
1 7 124,28 32 128,27
135,30 138,30 142,1
32 150,18 151,7
Rubeni 23,7
rubri maris 124,21
rubro mari 149,27
Rufum 74,30
Ruma 9,24 47,10 146,24
Rus 9,29
Ruth 34,9 63,1
Saal 151,12
Saalabim 43,10
Saalim 153,14
Saalum 47,16
Saara 151,18
Saarim 30,12
Saasim 30,18
Saba 10,14 43,13 51,2
60,2 66,5 153,29
Sabac 10,29
sabactani 61,18/19
Sabaim 51,2
Sabama 20,28 30,5/6 50,
27 55,21 150,17
Sabaoth 36,20 50,25/26
72,17 75,1 160,16/17
Sabarim 58,26 154,27
Sabat 47,13 52,24
Sabatha 10,15
Sabathaca 10,15
Sabbata 15,2 78,14 81,
17
Sabbatum 75,29
Sabe 30,17 40,3
Sabee 107,7 152,12
Sabia 47,15
Sabim 153,17
Sachorona 151,10
Sachoth 151,8
Sadada 150,26

Sadala 43,14 154,26
saddai 64,6
Saddesor 20,8
Sadducaei 66,5 71,6
Sade 49,1 160,12
Sadech 160,20
Sademoth 47,22 154,3
Saderoth 47,14
Sadoc 40,3 63,9
Saesdema 47,20
Safamoth 153,20
Safan 20,29 21,3 55,20
58,22
Safane 55,16
Safania 47,23
Safar 150,13
Safaruahim 47,17
Safaruaim 153,32
Safat 20,12 43,18
Safatan 21,5
Safathmoth 36,27
Safatia 39,25 55,18
Safau 47,21
Safforine 88,28
Safir 151,27
Safiram 71,6
Safon 11,3 151,9
Sairath 33,17
Sais 58,27 154,24
saites 154,25
Sala 30,18
Salaba 152,29
Salabbim 33,16
Salabim 30,19 152,28
Salacha 23,10 30,4
Salama 11,4
Salamihel 20,8/9
Salaminam 71,14
Salathihel 52,24 63,6
65,26
Sale 65,28
Salec 40,8
Salef 10,21

Salem 10,31 78,14 132,
13 148,20 149,15 19
Salfaath 20,23
Sali 43,16
Salim 20,28 36,22 66,
19 99,22 25
Salisa 36,22 153,12 154,
28
Salma 33,24 87,19
Salman 63,5 65,27
Salmana 33,20 51,17
110,15
Salmanassar 47,16
Salmon 40,7 87,19
Saimona 21,1
Salmonem 71,23
Saloim 30,10
Salom 55,16
Salome 63,26
Salomi 21,6
Salomon 63,5 71,5 97,
10 103,1 107,10 119,
16/17 121,1 127,5 129,
25 29 140,26 30 141,
1 157,26
Salomone 127,10
Salomoni 132,11 144,22
157,28
Salomonis 97,11 16 134,
25 140,29 143,6 149,4
153,25/26 157,25
Salu 14,27 20,18
Salumias 149,18
Salumith 15,12
Salustius 71,24 117,12
Sama 36,25
Samagar 55,19;
Samai 40,6
Samaia 55,15
Samaraeum 10,17
Samari 30,16
Samaria 71,4 154,1 19
Samariae 107,17 144,26

Samariam 47,12 50,26
Samaritae 66,3 98,5
samaritanae 154,33
Samaritani 107,23 126,
7 16 143,7/8 151,30
Samaritanorum 154,1
158,5
Samas 152,14
Samech 23,12 48,29
160, 9
Samen 151,11
Samer 30,13
Sames 30,19 152,8 26
Samir 33,21
Samma 11,3
Samoe 39,26
Samothracia 71,18
Samson 33,23 78,14 119,
32 122,9 152,24 153,9
Samsonis 153,7
Samue 20,11
Samuhel 21,5 36,20 71,
5 78,15 106,30 138,
14/15 153,16
Samuhelis 96,17 152,2
Samus 71,21
San 106,1
Sanam 30,12
Sanamitis 43,9
Sanim 153,19
Sanior 90,20 118,12
Sanir 23,10 58,23 90,20
Sansana 151,16
Saphirus 58,26
Sara 72,25 73,7 75,1
78,14
Saraa 10,28 30,11 153,9
Saraceni 123,1
Saracenis 122,28
Saracenorum 136,33
Sarae 149,22
Sarafad 52,14
Sarahe 20,27

Sarai 10,22 40,7
Saraia 40,2 47,22 55,17
Saram 151,25
Sarara 153,28
Sarasar 47,21 55,18
Saraser 51,1
Saratha 33,19
Sarathan 30,3
Sardis 81,4
Sare 11,12
Sared 11,10
Sareon 23,9
Sarepta 43,17 65,30
154,4
Sargon 50,28
Sarid 152,13
Sarith 30,17
Saron 30,4 50,29 154,6 7
Sarona 71,12
Saronas 154,8 10
Saror 36,21
Saroth 151,7
Sarracenorum 111,19
112,25 124,22
Sarsachim 55,19
Sarth 30,6
Sarthan 43,11 153,24
Sarua 43,15
Saruia 36,26
Sasai 33,16
Sasima 152,21
Sataim 58,27
Satan 20,17 43,13 60,3
66,4 81,18
Satanae 81,5
Satanas 75,4 29 76,9
77,23 78,26
Sattim 150,14
Sau 10,27
Saua 11,5
Sauchaeorum 60,1
Saue 149,8
Saufa 36,19

Sauhe 10,27
Saul 11,5 14,27 36,22
71,16 96,23 97,3 106,
30 120,11 128,20 140,
10 153,12 14 17
Saule 121,29
Saulem 153,16
Saulis 89,28 107,4 140,
11 142,30 146,9
Saulus 71,11
Scacha 151,32
Scenae 149,32
Sceua 71,19
Scythopoleos 99,24 145,
23
Scythopoli 88,29 97,13
129,14/15 149,18
Scythopolim 93,29 97,
15 105,30 121,32 130,
15 133,15 157,17
Scythopolis 88,16 105,
32
Sear 20,11
Sebacha 30,14
Sebastae 93,26 138,18
153,19
Sebaste 71,21 115,4 154,
19
Sebasten 150,29
sebastenis 152,29
Sebeon 11,1/2
Seboim 10,19 23,11 51,
18 148,33
Sechem 152,5
Secheui 60,3
Sechrona 30,7
Sechui 36,25/26
Secundus 71.20
Sedada 21,3
Sedecia 43,19
Sedi 65,26
Sedrach 53,4 154,17
Sefama 150,25

Sefar 10, 21

Sefela 55, 16 154, 11 14

Sefeth 33, 16

Seffora 14, 25

Sefina 153, 4

Sefion 11, 10 20, 20

Sefor 20, 16 87, 4

Sefra 14, 24

Segon 55, 21

Segor 10, 25 100, 23 28 30 149, 6 28 159, 24

Seim 58, 24

Seir 10, 27 20, 17 149, 10 12 14

Seira 151, 1 152, 32 153, 21

Sela 10, 12 11, 6 20, 21 30, 16 47, 15 58, 23 152, 11 153, 31

Selcha 150, 24 151, 2

Selei 151, 17

Selemia 55, 17

Seleuciam 71, 12/13

Selmon 48, 28 153, 2

Selmona 150, 12

Selo 152, 1

Selom 30, 14 55, 15 152, 4

Sem 10, 13 65, 28

Semanath 33, 23

Semath 47, 16

Semdahe 30, 15

Seme 30, 8

Semeber 10, 24

Semegar 33, 17

Semei 14, 28 65, 26

Semeia 43, 16

Semel 58, 20

Semer 150, 32

Semeron 150, 32 33

Semidahe 20, 22/23

Semoth 58, 22

Semri 152, 10

Semron 11, 9/10 20, 22 30, 3 152, 15

Semron maron 30, 5

Semsi 36, 21

Sena 36, 23

Senam 52, 14 151, 26

Senec 60, 4

Senesanna 30, 10

Senna 21, 2 150, 20 23 153, 13

Sennaab 10, 23

Sennaar 10, 16 56, 19 111, 32 141, 27 145, 13 148, 13 16 18 29 154, 15

Sennacherib 47, 18/19

Sennam 154, 15

Seon 20, 14 30, 18 33, 22 86, 12 109, 10 115, 10 117, 29 124, 27 131, 15 152, 19

Seor 10, 23 25

Seora 149, 6

Sepheth 152, 31

Seraphim 50, 24

Sergio 71, 15

Seruch 65, 27

Serug 10, 21

Sesac 43, 15 55, 14

Seth 10, 12 20, 17 65, 28

Sethri 14, 28

Sethur 20, 13

Settha 33, 19

Settim 15, 2 20, 16 23, 11

Sia 40, 4

Siba 40, 1

Sibam 113, 18

Sibylla 100, 2

Sibyllam 99, 31

Sicariorum 71, 21

Sicelec 151, 13

Sicera 50, 24 65, 24

Sichar 66, 20 22

Sichem 10, 22 20, 22 66, 21 135, 14 148, 20 26 27 149, 15

Sicher 20, 27

Sichimorum 10, 31

Sicileg 30, 9

Sicima 43, 15 148, 20

Sicimam 153, 3

Sicimis 155, 6

Sicimorum 106, 15 149, 15

Sidon 23, 9 63, 9 148, 9

Sidona 10, 17

Sidone 136, 12

Sidonem 110, 3 135, 10

Sidonia 43, 18

Sidonii 71, 12

Sidoniorum 154, 4

Sidrach 56, 20

Sienanim 152, 23

Sigab 43, 17

Silam 71, 16

Siloa 50, 25

Siloe 66, 22

Siluanus 72, 25 73, 7 75, 28 76, 9 77, 23

Simon 66, 1 73, 7

Simonis 71, 4

Sin 14, 30 21, 2 30, 7 49, 2 150, 5 6 8 160, 12

Sina 23, 13 76, 22 81, 17 112, 23 122, 30 150, 5 7

Sinai 15, 1 71, 9 112, 26

Sion 39, 25 43, 12 50, 25 75, 2 78, 15 81, 17 99, 21 130, 27 154, 18

Sior 30, 13 55, 13 151, 3 4 152, 22

Sir 47, 13

Sirotha 152, 32

Sisa 43, 9

Sisai 20, 14 30, 8

Sisaim 50, 29

Tabernae 72,1
Tabitha 71,26
Tabremmon 43,20
Tachos 11,14
Tafath 43,20
Tafnas 55,23 58,29 155,
20
Talam 11,14 30,20
Talem 155,10
Talithacumi 63,29
Tanis 20,14 51,3 58,29
112,6 155,19
Tarsum 157,29
Terebinthus 155,6
Tertius 75,7
Tertullus 71,29
Tesan 155,11
Teth 49,3 160,5
Thaamath 55,26
Thaanach 30,26 156,21
157,11
Thaasar 48,2
Thaath 131,12 156,15
157,24
Thabor 31,2 49,6 91,5
94,25 97,1 110,22 113,
12 24 115,20 134,27
143,21 23 152,17 20
154,8 156,33
Thafeth 158,14
Thaffu 156,18
Thaffue 30,25 156,26
Thaffuth 156,27
Thafisa 43,25
Thafnathsare 31,3
Thafnes 43,26 59,8
Thafol 156,13
Thalasar 48,1 49,7
Thalassar 158,12
Thalcha 157,4
Thalla 31,2
Thalmai 33,28
Thalme 30,28 40,9

Thamar 11,21/22 63,10
112,18 122,21
Thamara 85,3
Thammuz 59,4
Thamna 11,23 30,28 92,
5 156,6 9 10 157,19
Thamnae 85,9 157,8
Thamnam 85,8 128,30
Thamnath 11,23
Thamnatha 157,19
Thamnathares 33,28
Thamnathsara 157,7
thamnitica 96,18
thamniticam 92,4
Thampsa 157,25
Thanach 33,29 43,24
Thanameth 48,6
Thapse 47,26
Thara 11,20 156,16
Thare 21,9
Tharei 63,11
Thares 11,19
Thargal 11,21
Tharsa 158,3
Tharsensis 72,8
Tharsila 158,4
Tharsis 43,26 111,10
157,28 32
Tharthac 47,28 158,11
Tharthan 47,29
Thasof 59,9
Thau 49,6 59,8 160,13
Thebaidis 154,23
Thebes 33,29 40,9 157,
15 17
Thebni 44,1
Theco 156,28
Thecoites 40,10
Thecua 119,9
Thecue 40,9 51,27
Thecum 48,2
Thedor 43,26
Theeth 15,4 21,9

Theethim 40,11
Theglath 47,26
Thelabim 59,3
Thelamage 157,21
Thelame 15,3
Thella 157,5
Theman 11,22 15,3 51,
27 113,22 122,20 147,
14 155,32 33 156,1 4
158,7 10
Themanorum 156,3
Themor 43,25
Themora 59,10
Thena 21,8 156,24
Thenath 31,1 156,24
Theodotion 87, 15/16
96,29 98,25 120,19
122,12 124,3 136,9
140,14/15 31 144,28
152,14
Theophile 72,5
Therach 48,2/3
Therafim 48,4 59,6
Therama 156,31
Therela 31,2
Thermad 43,24
Thermoth 157,26
Thersa 21,7 30,27 44,1
Thersam 156,30
Thersila 158,5
Thesba 158,6
Thesbi 44,1
Thesbites 53,5 158,6
Thesbon 11,25
Thessalonicam 77,3
Thessalonicensium 72,9
Theudas 72,7
Thichon 59,8
Thiras 11,18
Thobel 11,17 49,7 59,
9
Thof 48,4 55,26
Thofel 23,14

Thogorma 11,18/19 59, 7 158,13
Thola 11,24 15,4 21,7
Tholad 156,32
Thomas 63,10 72,6
Thou 36,28
Thubal 11,17 59,6
Thyatira 72,8
Tiberiadem 112,30/31 129,27 130,15/16
Tiberiadis 130,20 154,8
Tiberias 88,16
Tiberii 112,29
Tiberius 63,28/29
Tigri 70,4
Tigris 117,12 155,2
Timonem 71,26
Timotheus 75,7
Tina 155,9
Titanorum 110,25
Titum 76,10
Tob 155,15
Tofeth 155,16
Topazium 60,5
Trachonitide 109,3
Trachonitidis 63,30
Trachonitis 135,6 7 155, 24
Troadem 71,28 76,10
Troadi 79,22
Trofimum 79,22
Troglodytas 4,27
Tryfaenam 75,6
Tryfosam 75,6
Turrensis 62,22
Tychicus 77,19
Tyranni 71,28/29
Tyri 110,10 111,10 129, 26 140,24
Tyrii 71,27
Tyriorum 129,25 146,18
Tyro 63,27
Tyrum 90,14 95,14

114,27 115,24 140, 25
Tyrus 30,20 55,14 63, 27 154,22 155,12
Ualeriani 1,10
Uapsi 21,12
Uau 49,8 160,4
Ul 11,26
Ulai 56,21
Ulammaus 100,13 158, 22
Ullama 158,24
Ur 15,5 31,4 158,18
Urbanus 75,9
Urchi 40,14
Uria 40,14
Urias 109,29
Us 11,26 158,26 27
Usam 11,26
Usathi 40,15
Usi 40,14
Xil 158,30
Ymenaeus 78,27
Zaba 44,6
Zabad 44,3
Zabadia 44,6
Zabdi 31,5
Zabulon 11,29 15,6 63, 14 81,7 94,20 21 23 96,8 105,11 16 110,1 2 14 111,23 113,12 24 116,7 8 128,13 14 129, 28 133,31 32 134,3 4 8 139,20 142,24 27 146,13 152,13 15 156, 33
Zabulonites 34,1
Zachaeus 63,16/17
Zacharia 51,4 63,16 147, 25 154,17
Zachariae 99,10
Zacharias 99,9 120,28
Zachur 21,13

Zain 160,4
Zaith 49,9
Zamram 11,28
Zamri 21,15 44,4
Zannohua 159,12
Zanoe 31,6
Zanua 159,13
Zara 12,2 63,13
Zarath 21,13
Zarda 59,11
Zare 21,14
Zared 159,9
Zauan 12,2
Zeb 34,1 134,31 159,26
Zebdi 31,5
Zebedaeus 63,15
Zebee 49,9 110,15
Zebul 34,1
Zechri 15,6
Zeferuna 21,15
Zefrona 159,8
Zelfan 11,28
zelotes 63,24/25
Zemeri 21,14
Zenam 79,28
Zia 159,26
Zif 31,6 159,11 14 18 19 21
Ziphaei 37,1
Zoara 100,23 29 30 149, 6 28 159,24
Zoarae 143,13
Zoaram 123,12 136,24 139,24
Zoeleth 44,3 159,29
Zofoim 159,2
Zogora 159,23
Zoob 21,13 159,5 6
Zorobabel 52,26 63,13
Zozomim 23,15
Zozomin 12,3.

Genesis 6,14 scribe קנים קנים, si linguae hebraicae callentem te praestare uelis . confer באָרת בָּאָרָת 14,10 uel עָדֶר עָדֶר 32, 17 uel חמרים חמרים Exod 8,10 atque etiam Dindorfium in Epiphanio IIIᵃ xv . simul monendum כפר alterius dialecti esse uocabulum ac cuius חמר est : nam כפר apud Syros non pix, sed ἄσφαλτος : uide Geoponica syriaca 39,9 = gr ε 36,2 ἄσφαλτος . graeca non inueni ibidem 90,27 : sed neque 19,5 = gr γ 12,2 כופרא est ἡ πίσσα.

Genesis 10, 2 גמר explicaui gesammelte abhandlungen 254, 6 . addo nunc Ezech 27,11 Chaldaeum si גמרים Cappadoces uertit, גמרים legisse uideri, quod ipsum est armenicum Gamir, in plurali tantum usurpari solitum.

Genesis 16,13 הלם הגם διττογραφίαν uocabuli in archetypo male scripti esse credo et הלם = علم delendum . uide prouerbia mea v.

Genesis 18,19 cum למען nemo intellegat qui hebraice doctus sit, למען nil esse aliud dixerim ac שמעתי, quod commate 20 ante זעקת necessario requiritur . uox in margine a correctore addita cum legi a librario archetypi nostri non posset, mutilata et loco non suo inserta est.

Genesis 24,62 מבֹּאָ uel ut rectius scribendum est מְבֹא ex ditto-graphia ortum . nam cum exarandum esset בָּא מִבְּאָר, librarius ne-glegens duas litteras repetiuit, ut בא מבא בָּאֵר nunc uolgatum oriretur.

Genesis 31, 46 ויקחו muta in וילקטו conlatis quae Theophilus Plüschke in lectionibus alexandrinis 9 exposuit.

Genesis 49,3 ראובן ego pluralem fractum arabicum paulo deprau-uatum esse credo . debebat רֶאֹבֶן dici ad modum עֲרֹעֵר conlatis قناطر ضفادع اصابع . tribus degebat in Peraea, quam Arabiae adnu-merabant . radix ראבל et רְאֹבֶן = رابل, leones . Graeci persaepe 'Ρουβίλ scribunt. Gaditae qui cum Rubenitis Peraeam habitabant dicti a גד gesammelte abhandlungen 16 ut tribus arabica فَزٌ Freytag einlei-tung 25 a dea Zuhra . benedictionis autem Rubeno dictae nihil genui-num esse credo ac uerba יֶתֶר שְׂאֵת וְיֶתֶר עֹז פַּחַז כַּמַּיִם אַל־תּוֹתַר,

ita enim interpretor *redundat maiestas, redundat uirtus, ebullit aquae instar : ne quid relinquitote* . inridetur tribus magnorum uerborum, ut Iud 5 uidere est, cum maxima ignauia amantissima: monetur ut cum tot bonis rebus polleat, hostes ad internecionem usque deleat . reliqua a diasceuasta incepta nec tamen perfecta crediderim, quem Chaldaei bene suppleuerunt . עָלָה ultimum haut scio an fuerit בְּלָהָה et יְצֹעִי explicandum ut אַחֲרִי commate 11.

Genesis 49,10 עַד כִּי יָבֹא שִׁילֹה scio uerti posse *donec Siluntem ueniat* . sed primum dicere Iudam ceteras tribus recturum esse donec Siluntem ueniant non est benedicentis: sequeretur enim imperium eius cessaturum esse postquam Siluntem uenissent: cessaturum imperium non ante esse quam aliud nescio quid euenerit dici a benedicente non potest nisi aliud istud bonum sit tantum ut minus beneficium libenter abiciat qui maius istud nanciscatur . deinde eliciendum ex uerbis ita explicitis esset Iudam in deserto primas partes egisse, quas non egit . quid? quod לֹו sequens hominem aliquem requirit ad quem referatur . hinc ausim שִׁילֹה explicare pro שְׁאִילֹה : Iudas regnabit donec uenerit is quem Iuda ipse expetit uotis, cui omnes gentes parebunt . שָׁאִיל idem quem Malachias 3,1 uocat הָאָדוֹן אֲשֶׁר אַתֶּם מְבַקְשִׁים . de א omisso uide me ad Prouerb 1,32[b] : שֻׁלְחַךְ Reg I 1,17 et Olshausenium § 154[a] . quod Ezechielis 21, 32 comparant, nihil est : ibi enim additur הַמִּשְׁפָּט, nostro loco non additur quicquam : ut taceam certum non esse utrum Ezechiel de Messia an de Nabuchodonosore loquatur.

Genesis 49, 24 uerba בֵּ יָפֹזוּ יְדֵי יָדָיו מִידֵי, si quid hebraice didici, significant manus eius agiliores esse quam manus dei, quod βλάσφημον est . pro מִידֵי igitur scripserim מְשַׁדַּי, quod in loco tot repetitionibus ex intimo poetae animo et affectu tenerrimo profectis nimium uideri uix poterit.

Genesis 49, 24 legitur מִשָּׁם רֹעֶה אֶבֶן יִשְׂרָאֵל ,

scribatur מִשֹּׁמֵר עֲדַת בְּנֵי יִשְׂרָאֵל .

haec angustiis typographei subuenturus dudum inuenta properante calamo ad fugam uacui loco alieno inserui : uide praefationem.

ααλιμ 226,23

ααρων 173,61 174,91
176,40 182,90 185,88
201,25 211,1 233,62
278,88 303,88

αβαηλ 181,86/87

αβαρειμ 216,4

αββα 174,3 176,35 177,
66 181,88 186,1

αββακουμ 246,69

αβδεμελεχ 186,1

αβδιας 201,46

αβδιου 173,65 185,89/90
201,45

αβδωμ 223,69

αβειρων 185,95

αβελ 172,47 177,67 185,
87 225,6

αβελα 225,7 9

αβελ αμπελων 225,5

αβελμαελαι 227,35

αβελμαουλα 201,40/41

αβελμεα 227,38

αβελσαττειν 212,24

αβενα 227,49

αβενεζερ 181,86 185,90
201,30/31 226,15

αβεννηρ 186,4 201,32
262,51 295,90

αβεσαλομ 185,91

αβεσσαλωμ 238,90

αβηλα 232,54

αβια 176,40 186,5

αβιαζερ 186,6

B

αβιαθαρ 186,6

αβιγαια 181,87

αβιγαην 185,92

αβιγλαη 200,16

αβιεζα 201,43

αβιηλ 182,91

αβιλης 209,64

αβιμελεχ 186,7 201,26
225,2 235,5 237,69
238,73 262,44 288,10
290,58 295,73 299,78

αβιουδ 180,41 186,7
201,41

αβρααμ 171,25 172,49
177,76 185,88 94 200,
13 210,70 71 234,4
249,28 31 273,94 276,
50 51 52 285,51 299,73

αβραμ 172,49 177,75/76

αβωθεναηρ 227,39

αβωρ 227,47

αγαβος 186,8

αγαγ 186,8

αγαλ 201,33

αγαλλειμ 228,61

αγαρ 179,26 186,9 231,
21

αγγαι 181,76 209,55 59

αγγαιος 173,67 186,96
200,19

αγγε 176,42 182,9

αγγει 178,98

αγγελος 186,10

αγγιθ 201,33

αγλα 201,27 234,92

αγλαων 201,25

αγριππας 186,96

αγρος του γναφεως
228,71

αγρου σχοπια 213,40

αγχους 186,97 293,25

αδα 181,87 201,25

αδαδ 299,84

αδαθα 220,5

αδαι 176,42

αδαμ 172,46 177,65
185,85 200,13

αδαμα 185,86* 210,82
228,70

αδαμαθα 182,89

αδαμι 224,85

αδαρ 222,28 37

αδαρων 209,64

αδασα· 220,6

αδασαι 226,32

αδδα 180,55 241,47

αδδαρα 219,83

αδεμμει 224,82

αδερ 186,10 218,50

αδεφα 201,38

αδιαθαιν 220,4

αδολαμ 220,2

αδοναι 181,85 186,11

αδονιας 258,53

αδονιβεζεκ 174,92 237,52

αδονιβεζηχ 182,90

αδρα 253,31

αδρααa 213,37 38

7

αδρααζαρ 201,33/34
αδραζαρ 281,56
αδραμελεχ 228,57
αδριας 186,10
αδωμμειμ 219,89
αδων 181,85 206,70
αδωναι 185,79 200,21 204,53 205,55 59 63 66
αδωνιβεζεκ 265,18
αενδωρ 226,25 26 28 259,71
αενιωθ 229,82
αερμων 182,1 186,97 190,22 200,16 212,20 217,87 39 42 219,74 233,77 278,5
αερμοναμ 200,17
αζα 186,11
αζαηλ 181,88 186,98 201,29 247,98
αζανωθ 224,88
αζαριας 174,86 186,12 200,17 227,42 256,8
αζειχ 221,13
αζηκα 186,99 201,32 38 216,16
αζηρ 212,27
αζηρη 201,39
αζωρ 212,25
αζωτον 237,49
αζωτος 186,12 200,22 218,47 63
αζωτου 218,61 220,94 100 246,73/74 266,36
αηθαμ 229,84
αηθαριμ 211,5
αηνδωρ 285,43
αθαμ 179,36
αθαρουδαμ 181,71
αθηναι 186,99
αθηναιοι 192,78
αια 227,52

αιαβα 201,42
αιαλιν 225,3
αιαλων 225,3
αιαν 227,51
αιβηλ 201,43
αιγαλειμ 228,62
αιγυπτιοις 240,24
αιγυπτιος 183,38 208,44
αιγυπτον 214,59 235,18 258,59
αιγυπτος 174,2 181,62 186,100 195,71 200,24
αιγυπτου 210,77 231,28 239,3 241,50 251,83 252,2 14 273,86 277, 68 71 281,67 285,61 289,40 291,91/92 293, 19 297,20 298,48 49 51 301,19 30
αιγυπτω 240,33 242,64 258,61 260,12 286,80 299,89 303,84
αιδεμ 186,13
αιδωμ 182,15
αιη 211,8
αιθαμ 232,52
αιθαι 181,71
αιθιοπες 184,55 192,76 197,38 204,37
αιθιοπια 186,100 201, 37/38
αιθιοπιαν 240,25
αιθιοπιας 184,61
αιθιοπων 296,96
αιθιοψ 181,62
αιει εσεριε 206,71
αιλα 210,79 215,86 227, 45 241,56 298,67
αιλαθ 227,40
αιλαμ 181,68 186,13 210,75 81
αιλαμιται 186,1
αιλαμιτων 210,79

αιλαν 211,87
αιλας 227,41
αιλειμ 228,64
αιλερθμων 217,34
αιλια 229,87 248,22
αιλιαν 209,56 222,33 35 223,55 259,77 260,5 266,39 274,4 279,20 293,33
αιλιας 209,57/58 69 211, 93 216,18 220,90 221, 10 225,1 226,16 21 230,9 231,22 233,71 84 234,95 236,26 245, 38 254,55 261,20/21 263,73 269,1 271,41 42 280,47 287,99 293, 20 300,95 302,47
αιλεμ 211,97
αιλωμ 216,19
αιλων 216,20 222,38 224,90 225,91 227,42
αιμ 223,65
αιμαθ 219,80 227,53 289,31 297,23
αιν 201,39 220,96 223,51
αιναν 211,91 92 94
αινδα 227,43
αινος 200,18/19
αινων 177,57 229,88
αινως 182,91
αιοια 227,45
αιταμ 200,22
αιτας 200,24
αιφραιμ 223,61
αχαριμ 186,14
αχαρχα 219,86
αχελδαμα 186,14 229,86
αχχαρω 201,27
αχχαρων 187,26 218,57 61 247,79
αχραβαττηνη 294,44 295, 87

αχραβαττινή 255,74
αχραβαττινης 214,64
αχραβιττηνη 267,60
αχραββειν 214,61 65
αχραβιν 186,15
αχσαφ 218,54
αχυλας 187,26 211,5 213,45 49 215,91 217, 35 226,18 20 23 227, 50 228,60 66 70 229, 75 81 82 84 238,71 82 239,98 244,30 247,83 248,100 7 251,79 253, 49 256,97 100 6 257,15 18 19 259,86 262,52 266,28 267,62 63 268, 90 273,91 275,26 32 39 278,2 279,11 280,42 281,54 57 61 64 282, 70 72 284,26 288,20 26 289,33 37 294,49 295,75 296,9 12 297, 25 300,6 15 301,35 304,1
αχχω 224,75
αλα 161,1
αλαα 161,1
αλαδ 161,1
αλαε 161,1 227,47
αλαη 217,35
αλανοι 192,79
αλας 176,31
αλγαδ 219,74
αλεξανδρος 186,15
αλιηλ 161,1
αλιμαζονεις 161,2
αλιμελεχ 223,67
αλιμωθ 161,2
αλληλουια 161,2 173,74 182,92 187,27 200,14
αλλουθ 211,89
αλλοφυλοι 186,16 200,99 226,16 244,20/21

αλλοφυλον 279,10
αλλοφυλους 214,65 218, 60 66 219,70 224,76 81 237,55 63 238,79/ 80 242,66 244,18 247, 85 250,58 256,90/91 267,65 272,61 284,18
αλλοφυλων 209,66 210, 81 218,58 65 237,65 244,24 245,41 247,80 81 87 256,96 260,90 272,72 75 280,50 281, 56 288,22
αλμωνι 300,15
αλναθαν 161,3
αλους 225,91
αλφ 222,44
αλφααλ 161,3
αλφαιος 186,16
αλφαιου 174,82/83
αλωθ 229,83
αλων 161,3
άλων 226,83
αμαα 161,4
αμαδ 161,4
αμαδαθου 161,4
αμαδαν 161,4
αμαζονεις 161,5
αμαθ 161,5 187,27
αμαθα 161,5
αμαθη 201,34
αμαθι 161,6 224,84
αμαθους 219,76
αμαλ 161,7 201,29
αμαληχ 161,7/8 186,17 201,43 215,87 90 252, 22 260,7 269,8 287,89
αμαληχιται 260,8
αμαληχιτης 161,8
αμαληχιτις 215,84
αμαλιηλ 161,8
αμαν 161,8
αμαριου 161,9

αμαρφα 181,76
αμαρχανων 222,50
αμασαι 161,9
αμασει 161,10
αμασι 161,12
αμασιας 161,10
αματα 221,23
αματταρει 161,11
αμβαχουμ 173, 66/67 186,17 200,14/15 256, 4 270,35
αμειθθα 226,32
αμεχχασις 222,39
αμεμ 220,92
αμεσα 187,29
αμεσενειθ 161,11/12
αμεσσια 161,12
αμην 161,13 173,73 176, 41 185,83 187,30 200,17
αμηναλαβ 201,45
αμησα 201,44
αμητραν 201,35
αμιβαζαθ 161,13
αμιηλ 161,13
αμιναδαβ 161,14 179,37 185,91/92
αμιναδαμ 186,18
αμιουθ 161,14
αμις 162,15
αμισα 201,27
αμιταλ 162,15
αμμα 224,79 226,31
αμμαχ 162,15
αμμαζειβη 162,16
αμμαθα 223,53
αμμαν 187,28 188,60 212,25 215,94 96 219, 82 258,51 263,80 277,85
αμμανιθ 162,16/17
αμμανιται 181,88
αμμανιτης 162,17 187,29

αμμανιτων 188,61
αμματ 162,17
αμμιδαιοι 162,18
αμμωενια 222,42
αμμων 162,18 182,91
  187,28 201,44 219,81
  224,74 225,6 282,79
  288,18
αμμωνι 162,18
αμνων 162,19
αμοδ 223,68
αμορια 162,20
αμοριτην 162,20
αμορραιοι 174,96 201,31
  210,84 290,76
αμορραιον 252,23
αμορραιος 187,30 200,23
  217,38 241,40/41 243,
  5
αμορραιου 162,20 212,
  12 213,51 231,33 232,
  40 241,44 249,45 253,
  24 33 264,98
αμορραιω 257,33
αμορραιων 181,79 212,
  11,17 26 214,55 65 216,
  2 217,37 219,71 250,62
  264,94 278,4/5 300,5
αμουηλ 162,21
αμουλ 179,18
αμπλην 186,19
αμραμ 162,21
αμρειμ 162,22
αμσα 222,47
αμνων 186,19
αμφιπολις 186,19/20
αμως 162,22 173,63 201,
  36 254,64 261,21
ανα 162,23
ανααν 181,78
αναας 162,23
αναβ 221,14
αναηλ 162,23

αναθ 200,23
αναθημα 200,19
αναθουσαν 229,75
αναθωθ 162,24 187,31
  201,37 222,34 223,57
αναθωμ 182,4 184,69
αναια 221,19 236,47
αναμ 162,25
αναμεηλ 162,25 186,20
  229,79
αναμειμ 162,26
αναν 162,26
ανανι 162,26
ανανιας 174,86 187,32
  200,16
ανανιηλ 162,27
ανασανθαμαρ 162,28
ανδριας 174,82 187,32
  200,18
ανδριου 239,7
ανδρονικος 186,21
ανεα 221,15
ανειρ 224,70
ανεχα 226,20
ανερθ 223,64
ανεων 221,18
ανημελεχ 228,57
ανι 162,28
ανιαμ 162,28
ανιας 162,29
ανιφανες 162,28/29
αννα 162,29 176,41 186,
  21 200,15
αννας 186,22 201,46
αννουνουμ 162,29
αννων 162,29
ανοθωθοα 162,30
ανονα 223,54 55
ανους 162,30
ανσημ 221,19
ανσοεμα 221,17
αντιλιβανος 216,14
αντιοχεια 187,33

αντιοχειας 190,18/19
αντιπατριδος 245,32 246,
  75
αντιπατρις 186,22
ανω 181,86 201,37
ανωβ 217,44
ανωμ 162,30
ανωνιτης 162,30/31
ανως 162,31
αουθ 295,70
αοφσιφ 227,50
απελλης 187,34
απολλωνα 187,34
απολλως 186,23
απφιου φορω 186,23
απφω 185,93
αρ 212,21
αραβ 200,21
αραβα 213,49 215,91 92
  219,80 257,19
αραβια 187,35 201,33
  264,85
αραβιαν 298,64 301,41
αραβιας 212,13 213,37
  48 215,95 216,99 219,
  82 232,47 57 241,38
  242,70 251,80 253,27
  32 263,66 265,6/7
  268,95 99 269,12 15
  273,93 276,53/54 59
  279,18 282,90 286,71
  287,94 298,66/67
αραβωθ μωαβ 213,44
αραδος 186,24
αραθ 226,21
αραμ 181,69 74 187,35
  225,94
αραμα 214,55
αραρατ 186,24 208,25 28
αρασα 229,77
αραφ 201,42
αραψ 187,43
αρβηλα 214,72 73 74

αρβοχ 301,29
αρβωχ 209,65 210,72
αργοβ 216,97
αρεα 228,69
αρεδ 225,96
αρειος παγος 186,25
αρεμβα 221,24
αρεοπολεως 212,9 15 228, 62 251,81 276,44
αρεοπολιν 228,67 68
αρεοπολις 212,13 277,60
αρεως 98,18
αρημ 222,45
αρι 201,42
αρια 182,91 288,10
αριηλ 182,89 200,19 201, 30 228,66 67
αριθ 226,21
αριμα 225,2
αριμαθαια 288,12
αριμαθαιος 176,34
αριμαθημ 200,20
αριμαθιας 226,14
αρινα 228,66
αριναθ 187,44
αριρα 182,11
αρισταρχος 187,44
αρισωθ 225,97
αριωθ 187,45
αριωλ 181,77
αριωχ 252,6
αρχεμ 228,55
αρμα 226,30
αρμαγεδδων 187,45
αρμαθαμ 201,30 295,80
αρμαθεμ 182,4 183,30 187,36/37 200,15 225, 12
αρματωρια 196,14
αρμενια 208,25 40/41 229,77
αρμενιαν 209,48 289,34
αρμενιας 208,27

αρμενιοι 167,24 208,35
αρνων 200,24 212,11 20 29 257,32 33
αρνωνα 212,14 21 217,43 231,34 277,83 282,91
αρνωναν 249,44 264,93
αρνωνος 213,43
αροηρ 212,29 213,33 265, 1
αρουει 225,100
αρουραιος 189,15
αρρα 200,22
αρραν 285,50
αρσαφ 200,21
αρτεμας 187,37
αρτεμις 187,46
αρτωβ 201,32
αρφαδ 229,73
αρφαθ 190,42
αρφαξαδ 177,72/73 181, 68
αρφαξατ 187,47
αρχιαταρωθ 221,25
αρωδη 187,38
αρωηρ 187,46
αρων 200,21
αρωνιειμ 228,59
αρωχ 187,36
ασα 227,43
ασαδημωθ 229,80
ασαερηναν 214,70
ασαηλ 178,1 187,48 201, 26
ασαν 221,9 222,49
ασαρ 222,48
ασαρα 181,85
ασαραδδα 214,67
ασαρσουαλ 220,95
ασαρωμ 201,41
ασασανθαμαρ 210,84
ασαφ 180,42 52 187,39 262,61 288,25
ασαω 201,28

ασδωδ 218,47 63
ασεδεκ 187,39
ασεδειμ 224,83
ασεδου 201,28
ασελ 201,28 229,78
ασεμωθ 187,48
ασεμωνα 214,58
ασεμωνας 211,3
ασενεθ 187,49
ασεννα 221,11 223,52
ασεννεκ 303,87
ασερ 220,93
ασερνα 214,71
ασηδωθ 216,2 217,27
ασηδωθφασγω 216,3
ασηνων 212,23
ασηρ 173,53 177,82 178, 5 187,40 200,18 222, 29 223,66 67 68 69 224,70 73 74 75 76 79 80 236,40 44 255,81 83 256,90 91 271,50 275,23 280,36 286,65 287,7 289,46 47 294, 61 302,66 67 303,93
ασηρωθ 187,49 211,100 2
ασηχ 200,18
ασθαωλ 220,99
ασθω 220,99
ασιαν 241,55
ασιας 282,71
ασιδ 201,37
ασιδα 187,40 201,40
ασιμαθ 227,53
ασιρωθ 200,22
ασιωνβαβαι 227,44
ασιωνγαβερ 227,44
ασκαλων 218,67 299,71
ασκαλωνα 220,94
ασκαλωνος 217,32 220, 100 226,16 293,38 299,80
ασνα 220,1

ασουρ 187,49 201,35
ασουφ 201,40
ασσα 187,38
ασσαριον 187,50
ασσενιθ 178,9
ασσουρ 181,66 227,34
  249,26 282,88 286,75
  289,49 301,25
ασσυριας 286,75
ασσυριοι 187,41 296,100
ασσυριων 224,87 227,51
  52 228,57 229,74 249,
  25 252,3 256,10 267,
  60 271,54/55 273,84
  282,88 284,31 286,78
  288,29 297,33 301,25
  303,70 71
ασταρτη 187,50
ασταρωθ 187,51 213,35
  51 214,52/53 268,98
ασταρωθ καρναειμ 213,
  39
ασταρωθ καρναειν 209,61
ασταρωθ σωφαρ 214,54
ασυγκριτος 187,42
ασυριοι 201,35
ασωθ 201,29
ασωρ 201,31 217,29 31
  33 224,86 254,50
  259,80
αταρωθ 221,26 26/27
  222,32 33
αυγουστος 187,51
αυγουστου 176,39
αυειθ 241,47
αυλων 214,76
αυλωνα 265,7
αυλωνι 227,36 254,67
αυλωνος 215,79
αυναν 178,92 187,42
αυσιτιδι 286,67
αυσιτις 187,52 201,39
  264,84

ανωθιαειρ 216,10 232,36
αφαχ 218,52
αφαχα 221,22
αφεχ 224,80
αφεκα 219,71 72
αφεκι 201,34
αφεκχα 183,16
αφερ 201,29 226,28
αφεσδομειμ 226,18
αφνει 222,43
αφουσωθ 227,50
αφρα 222,40
αφραια 223,62
αφρηλ 222,40
αφροδιτη 187,51
αφροι 200,98
αφφω 187,43
αχααβ 187,53
αχαδ 209,54
αχαζ 180,45 187,43 201,
  36
αχαια 187,53
αχαρ 186,2 253,42
αχειμ 257,15
αχελγαι 211,8
αχελδαμαχ 263,74
αχερει 220,8
αχεσελωθ 223,58
αχιαμ 223,66
αχιεζερ 187/188
αχικαμ 186,2
αχιμας 188,54
αχιμελεχ 186,3
αχιτοφελ 247,88
αχιτωβ 188,55
αχιτωφελ 188,55
αχραν 224,73
αχωρ 186,4 201,38 217,
  23 24 219,88 253,41
αωδ 201,40
αωθ 186,4
βααλ 188,56 232,39 50
  234,94

βααλασωρ 238,89
βααλγαδ 233,76
βααλεθ 236,35
βααλερμων 237,64
βααλημ 188,71
βααλθαμαρ 238,75
βααλιμ 182,97
βαβελ 230,94
βαβυλων 174,91 181,65
  188,57 201,52 230,94
  99/100
βαβυλωνα 230,7
βαβυλωνι 209,54 285,49
  301,23
βαβυλωνιι 289,52
βαβυλωνιων 289,36
βαβυλωνος 184,70 191,62
  208,28 239,100 5 284,
  29 289,48 290,54
  293,40
βαδδην 188,72
βαθμα 237,62
βαθουηλ 180,49 182,95
  183,16/17 188,58 201,
  54
βαθουλ 236,34
βαιαν 232,40
βαιθαγγαν 239,95
βαιθαχαθ 239,96
βαιθαννι 239,99
βαιθηλ 209,56 58 217,21
  230,9 243,1 2 9 259,
  67 265,11 274,2 275,
  29 30 285,54 287,2
βαιθσαρισαθ 239,92
βαινιθ 239,99
βαιτιχη 183,18
βαιτοαναια 224,70
βαλ 182,98 188,63
βαλα 231,13 234,97
βαλαα 234,97
βαλααμ 188,79/80 213,41
  235,12 300,100 2/3

βαλαχ 213,40 249,35 250,50 300,3
βαλανος 231,18
βαλανος σικιμων 237,69
βαλεθ 237,66
βαλθ 239,91
βαλιν 201,51
βαλλα 201,53
βαλλα 241,46
βαλτασαρ 188,63
βαλωθ 234,98
βαμα 238,81 82
βαμαμ 182,97
βαμωθ 231,33
βανα 178,89
βαναιας 273,81
βανιας 188,80/81
βανη 236,48
βανηιαχαν 231,31
βαουριιμ 238,87
βαρα 201,53
βαρααχ 188,64
βαραβαν 175,9
βαραββας 188,81
βαραδ 231,20
βαραχ 237,49
βαραχια 175,9
βαραχιου 184,62
βαρεχα 237,50
βαρηχ 295,77
βαρθολομαιος 174,84 6 188,64/65 201,48
βαριν 269,13
βαρις 209,48
βαριωνα 174,7 182,98 188,82 201,51
βαριωνας 188,82
βαρναβας 188,82/83
βαρνη 188,65 201,46 233,74 269,4
βαρσαχ 201,53
βαρσαββας 188,83
βαρτιμαιος 176,35

βαρουχ 173,70 185,79 188,83 201/202
βαρουχαβι 201,56
βασαν 174,92 188,66 216,10 231,35 253,30 277,84
βασανιτιδι 235,22 242,76 244,25 292,7 18
βασανιτιδος 209,63
βασανιτις 201,47 232,37
βασχωθ 235,13
βασωρ 238,85
βαταναια 232,37 236,46
βατανιαις 213,37 242,77 263,63 284,19 23
βαταναιας 209,63 216,12
βαται 236,40
βατος 181,79 188,84
βαχειμ 257,15
βεελζεβουλ 176,36 182,96 188,66/67
βεελμαους 232,47
βεελμεων 232,45 46
βεελσεφων 231,27
βειλφεγωρ 201,47/48 232,38
βεεσθαρα 235,21
βεζεχ 237,52 53
βεθβετεν 236,41
βεθβηρα 237,67
βεθενιμ 259,68
βεθηλ 182,93 188,59 235,24
βεθορων 188,79
βεθφαλετ 234,99
βεθφογορ 233,78
βεθσαμις 294,65
βεθσαμοις 188,59/60
βεθσαμυς 226,17
βεθσουρ 235,25 236,29
βελιαρ 182,96 188,69
βενιαμιν 173,54 177,83 179,10 184,69/70 188,70 201,52 222,32 34

37 38 39 40 42 43 44 45 47 230,11 235,7 23 25 236,31 32 237, 59 238,76 243,8 244, 13 245,48 246,56 62 69 70 252,8 255,73 261,25 265,22 267,66 274,4 279,15 280,33 34 283,6 287,100 1 3 289,38 294,49 50 51 301,36 302,46 47 56
βερεχθρα 182,97
βερζελλην 188,68/69
βερνικη 188,73
βερσελλειν 288,21
βεσελεηλ 188,73
βετθασεττα 237,68
βετοανναβ 218,46
βεχορ 179,19
βεωρ 188,73 249,35
βη 184,47
βηιρει 201,54
βηελαμων 202,57
βηζαθα 240,15
βηθααβαρα 240,12
βηθαγλα 236,32
βηθαγλαιμ 234,92
βηθαλαιμ 234,91
βηθαλωθ 235,16
βηθαναθα 236,45
βηθανια 173,58 175,8 182,94 188,74 201,49
βηθανιμ 220,97
βηθαραβα 235,20
βηθασαν 221,9
βηθασιμουθ 233,81
βηθαυν 230,11 235,23 243,2
βηθαφου 260,12
βηθδαγων 235,14 236,42
βηθεβερρα 201,55
βηθελ 201,53
βηθηλ 181,76 209,55

βηθλεεμ 173,57 182,93 188,78/79 201,55 231, 22 24 236,37 44 252, 7 11 289,38 300,4 301,36 303,73
βηθμαελα 227,37
βηθναμαρις 232,43
βηθναμραν 232,42
βηθνεμρα 234,89
βηθορων 233,69 72
βηθραμφθα 234,87
βηθσαιδα 174,7 188,75 239,7
βηθσαμες 237,59
βηθσαν 237,55
βηθσιμουθ 266,27
βηθσωρω 236,26
βηθταφου 235,17
βηθφαγη 173,58 175,8 182,94 188,75 201,50 239,9
βηθφασις 236,39
βηθφογωρ 300,2
βηθχωρ 238,79
βηλ 188,86 239,5
βηλα 232,53
βηλιαρ 201,51
βηνναμαρειμ 284,33
βηρα 238,73
βηραμμωθ 236,36
βηρδαν 299,76
βηροσοβα 299,74
βηρσαβεε 173,58 179,30 182,95 188,85 201,47 234,100 4
βηρωθ 233,61 83
βηρωσος 208,38/39
βησανια 201,50
βησθαμαρ 238,77
βιθ 201,56
βοανεργες 188,77 201,49
βοανηργες 176,35/36
βολα 236,33

βοοζ 179,38
βοον 236,31
βορχονΝειμ 238,71
βοσορ 182,96
βοσορα 18,86
βοστρα 232,57
βοστραν 268,95
βοστρης 213,38 253,32
βοστρων 269,17 298,55
βοσωρ 188,78 201,48 232,55 58 233,60
βοτενειν 234,85
βοτνια 234,85
βουβαστος 239,3
βουζιτης 189,87
βουθαν 232,51 259,64
βουνος ακροβυστιων 233, 65
βοωζ 188,78
βρια 179,22
βυβλος 239,1
βωζαν 239,4
βωρασαν 238,86
βωσης 238,84
γααδ 178,4
γαας 246,63
γαβα 238,75 280,50
γαβαα 217,21 246,55
γαβααν 246,70
γαβαας 246,66
γαβαθα 246,55 56 67 270,25
γαβαθον 189,87
γαβαθων 246,52 57
γαβαληνη 277,66 279,12 286,78 291,79
γαβαληνης 277,64
γαβαλιτικη 260,96 299, 84
γαβαων 226,31 233,83 243,6 302,46
γαβαωνιται 243,6
γαβαωνιτων 271,41

γαββαθα 189,87 202,62
γαβε 246,53
γαβερ 189,88
γαβηθ 189,3
γαβρι 189,4
γαβριηλ 173,75 189,88 3 202,58
γαγγην 298,60
γαγγης 251,97
γαδ 172,52 177,82 178,4 202,59 213,34 214,52 54 219,81 232,43 234,86 90 249,46 279, 18 21 287,91 293,22
γαδαρα 189,90 248,11
γαδαραν 242,71 251,90
γαδαρων 219,78 225,8
γαδγαδ 242,60
γαδγαδα 242,73
γαδδα 245,35
γαδδαν 247,99
γαδδει 247,98
γαδδη 189,5
γαδδι 202,60 254,69
γαδειρα 245,37
γαδερ 189,90 241,45 244,27 28
γαζα 182,100 189,90 242,62
γαζαν 220,5 234,92 300, 1
γαζαρα 244,16
γαζερ 244,14
γαζηρων 189,91
γαζης 211,2 279,25
γαι 209,60 230,11 235, 23 241,57 243,91 2 245,46
γαια 241,58
γαιβαι 244,13
γαιδαδ 180,54
γαιδωρα 245,37
γαιεννουμ 245,47

γαιλιλωθ 246,61
γαιμωα 248,9
γαιφα 248,8
γαιων 240,24
γαλααδ 179,21 182,99
  189,92 216,11 232,37
  240,36 241,41 42 44
  242,69 253,24/25 33
  262,53 268,81 284,22
  288,16 292,4
γαλααδιτης 288,21
γαλααδιτιδι 279,22 287,
  92
γαλατια 189,5
γαλγαλα 189,92/93 243,
  88 89 94 1 253,44
γαλγαλοις 233,65
γαλγουλις 245,32
γαλγωλ 243,94/95
γαλιλαια 173,77 177,58
  189,6 202,61 247,90
γαλιλαιᾳ 193,7 239,8
  254,61 271,53 274,97
  285,39
γαλιλαιαι 247,90
γαλιλαιας 303,77
γαλλααθ 202,61
γαλλαια 247,79
γαλλιι 246,77
γαμαλιηλ 182,99 189,93
γαμβλη 245,41
γαμιλ 202,60
γαμιερ 181,69
γαμιηλ 202,63
γαρηβ 248,6
γαρημωθ 248,7
γαριζιιν 242,82 86 243,
  89
γαριζιν 202,58
γασιων γαβιρ 241,53
γαυλων 242,75 76
γεβαλ 189,91 7 242,79
  82 87 243,89

γεβαληνη 264,84
γεβαληνῃ 211,89 241,48
  /49 257,28/29
γεβαληνην 277,62
γεβαληνης 264,87/88
γεβουιλ 202,57
γεδδουρ 247,83
γεδουρ 245,39
γεδρους 245,39
γεδιων 173,61 182,99
  189,7 225,96 237,67
  251,75 272,62/63 284,
  20 300,9
γεεννης 175,10/11
γεζερ 247,86
γεζηρα 247,85
γεηλ 178,97
γεθ 189,94 244,20
γεθια 241,47
γεθθα 246,73
γεθθαρχοφιρ 247,97
γεθθιιμ 246,76
γεθθεφα 245,50
γεθρεμμων 245,44 246,
  58
γεθσεμανη 248,18
γεθσημανη 189,7/8
γειων 174,99 189,98
γειλαμσουρ 247,80
γειλβουε 180,53 189,95
  247,81
γειλβους 247,82
γειλγελ 189,95 244,30 31
γειλμων διβλαθαιιμ 241,
  59
γεννεσαρετ 175,10
γεννησαρετ 189,9
γεννησαριτιδι 239,8
γεννησαριτιν 273,96
γεραρα 189,9 240,28
γεραριτικη 240,28
γεραριτικῃ 299,74 77 80
γερασα 242,70

γερασαν 216,99 225,99
  259,75 268,84 282,83
γερασινον 189,96/97
γερασινων 242,72
γερασων 263,81
γεργασιι 242,68 244,24
  /25
γεργεσα 202,62 248,14
γεργεσαιοι 174,97 189,10
γεργεσαιων 181,80
γεργεσηνων 175,11
γερμανος 164,66
γεσεμ 241,50
γεσουρει 244,26
γεσουρειμ 244,24
γεσσουρ 247,87 281,58
γεφαρ 189,97
γεφθαελ 245,51
γεων 247,95
γηβα 248,3
γηβαρωθ 248,7
γηβειν 248,2
γηλων 245,42
γημιιλα 281,57
γημειλα 248,100
γηρ 247,96
γηρα 189,97
γηρσαμ 189,98 202,63
γηρσαν 178,90
γηρσων 180,50
γησσος 189,100
γηνων 202,59
γηνωρας 189,11
γλωσσοχομων 189,11
γιιθθαμ 246,74
γιιλων 247,88
γιισων 245,42
γιοβ 247,89
γιοβελ 239,2
γιοδ 189,2
γιοδολιας 189,100
γιοθθολια 189,12
γιοθονιηλ 189,1 250,60

ελισσαιε 180,51 190,39 202,65
ελισσαιον 239,92
ελισσαιος 174,88 182,8 227,36 232,48
ελιφαζ 163,43 191,51 260,97 99 7
ελιφαλετ 163,44
ελιφατ 163,45
ελιωζι 163,45
ελιωηναι 163,45
ελιωνας 163,45
ελκανα 163,46 182,7 183,31 190,39 202,66 /67 225,12
ελκε 163,46
ελκεσαιος 257,17
ελκεσε 257,17
ελκια 163,47
ελλασαρ 252,6
ελλην 171,18 191,51
ελληνες 298,60
ελλησι 251,97
ελληχ 163,47
ελμεθεμ 163,47
ελμοδαδ 191,52
ελμουνη 190,40
ελμωδαδ 163,48 181,70 /71
ελμωνι 256,6 300,16
ελνααμ 163,48
ελοι 202,73
ελοιμ 190,40
ελοιν 190,41
ελουλ 163,48
ελσαθα 163,49
ελσαμους 190,41
ελυμαιδα 163,49
ελυμας 191,52/53
ελφααλ 163,49
ελφαλατ 163,49
ελχια 163,50
ελωαι 182,2 185,79

ελωε 163,50 190,41
ελωεθε 182,2
ελωειμ 206,70
ελωθ 256,8
ελωι 205,59
ελωμ 178,97
ελων 163,50 303,74
εμαθ 191,53 248,4 252, 20 256,96 9 257,12 275,26
εμαθ ρεμβα 256,11
εμαθ σωβα 163,50/51
εμαχειμ 257,18
εμαρ 190,42
εμεχ 253,49
εμεχ αχωρ 253,41
εμεχ ραψαειμ 255,72
εμεσσης 257,13
εμιμυρ 202,70
εμιουθ 163,51
εμμα 178,5
εμμαθα 219,78
εμμαθεις 163,51
εμμαους 176,43 257,21
εμμαχθωρ 256,94
εμμην 202,71
εμμηρ 163,52
εμμηρουθ 163,52
εμμορ 190,42
εμμωρ 290,60
εμπυρισμος 252,16
εμρα 163,52
εμωνειμ 163,52 .
εναγαλλιμ 202,71/72
εναγεβ 191,53
εναθα 163,53
εναχειμ 218,48 244,20 250,61 254,52
εναχιμ 163,53 301,31
ενασιβος 163,54/55
εναχ 191,54
ενγαδι 202,71
ενεμεσσαρου 163,55

ενηνιος 163,55
ενηρ 164,56
ενιαμ 256,99
ενχηλα 256,3
εννα 191,43 253,37
εννομ 164,56 298,46 300,12
εννουμ 245,47
ενναλιου 290,53
ενωβ 164,56
ενως 164,56 176,43 177,68 191,54
ενωχ 164,57 174,2 176,42 177,70 191,43 202,72
εξαδους 218,55
επιφανεια 165,95 257,13
εραστος 191,55
εργα 216,100
εργαβ 164,57/58 256,100
ερεμβων 256,92
ερεμινθα 254,60
ερμα 164,58 255,76
ερμανα 252,21
ερμων 164,58 202,73/74 253,38
ερμωνη 191,44
ερυθρα θαλασση 210,76
ερυθραν θαλασσαν 231, 29 240,34 252,14 297,34
ερυθρας θαλασσης 227,46 241,55/56 276,54/55 277,69 291,91 93/94
ερωμαθ 164,58
εσαβανα 164,59
εσαρληλ 164,59
εσβους 232,48 249,37 253,27 283,95 100
εσδραηλα 267,54
εσδρηλωμ 164,59
εσδρι 164,59
εσιβια 164,59
εσεβουν 213,48 216,7

ζαραχην 165,79
ζαρδαιος 165,79/80
ζαρε 165,80 300,98
ζαρεθ 257,35
ζαρελ 165,80
ζαφωειμ 257,28
ζαχαριας 165,80 173,68
    175,12 191,58 202,76
ζαχουρ 165,82
ζαχρι 165,81
ζαχχαι 165,82
ζεβεδαιος 202,77
ζεβεδαιου 175,12
ζεβεε 272,62
ζεβειννας 165,82
ζεθοθ 165,82
ζειβ 258,43 46
ζειφ 165,82
ζειφαιοι 165,83
ζελφα 191,60 202,78
ζεμβραν 165,84
ζεμμαθ 165,84
ζευς 189,15
ζεφ 257,37
ζεφρονα 257,34
ζεχρι 165,85
ζεχωρα 165,85
ζηβ 258,51
ζηζα 165,86
ζημ 256,99
ζηφα 165,86
ζια 258,51
ζογερα 258,48
ζοοβ 257,31 32
ζοορα 258,49 290,75
ζοορων 261,37 276,44
    284,34 299,87
ζοροβαβελ 165,87 202,76
ζορομβαβελ 182,13
ζουε 165,88
ζουζα 165,88
ζουχαν 165,88
ζοχρηλ 165,88

ζωαρα 231,13
ζωελεθ 165,89 258,53
ζωλαμ 165,89
ζωοβ 191,60
ζωρυμβαβελ 191,61
ζωσαραν 165,89
ζωφηθ 179,17
ζωχαθ 165,89
ηδαν 165,90
ηδειν 165,90
ηδες 165,90
ηζιρ 165,90
ηθ 202,80 206,81
ηθαι 165,90
ηθαμ 165,90 259,64
ηθπ 206,76
ηλ 189,4 202,80 206,70
ηλα 165,91 .259,86
ηλαθ 258,57 259,86
ηλαμ 165,91
ηλαμαιαι 165,91
ηλαμαρ 165,92
ηλας 165,92
ηλασα 165,92
ηλι 165,92 175,14
ηλιαχειμ 175,13
ηλιας 175,14 180,51 191,
    62 202,80 263,64
    272,80 296,5
ηλιου 165,93 174,88
    175,13 182,14 184,64
    202,79
ηλιουπολις 258,61 303,84
ηλυμ 191,64
ηλων 165,94
ημαθ 165,94 260,90
ημει 165,95
ημμειμ 165,95/96
ην 165,96
ηναθαβ 259,77
ηναδαδ 165,96
ηναδδα 259,76
ηναιμ 259,68

ηναν 165,96 260,92
ηνασωρ 259,79
ηνγαδδι 259,87
ηνγαννα 259,74
ηνγαννι 259,73
ηνγαννιμ 259,67
ηνδωρ 259,70
ηνια 165,96
ηπ 206,72 75 80
ηρ 165,96 178,92 212,21
ηραε 165,97
ηρομ 165,96
ηρεχων 259,81
ηρεμ 165,97
ηρωδης 176,44 191,63
ηρωμ 165,97
ηρωων πολις 258,59
ησαιας 165,97 173,69
    185,78 191,64/65 202,
    79
ησαμ 166,98
ησαμι 166,98
ησαραι 166,98
ησαν 166,98 177,78
    182,14 191,63 202,80
    232,58 241,54 258,57
    260,97 7 263,67 68
    82 286,68 291,78 79
ησιαμ 259,83 84
ησφα 267,71
ησφαθ 166,99
θααδ 262,53
θααθ 166,99 252,18
θααν 166,99
θαανα 166,99
θααναχ 261,39
θαβασων 166,100
θαβορ 183,18
θαβραθεν 202,82
θαβωρ 166,100 191,65
    202,85 218,55/56 223,
    59 226,27 250,55
    261,27 268,90 285,40

θοχχαδαν 167,25
θραχες 180,58
θραξ 167,21
θνειμ 178,4
θνηρ 202,86
θυμασφαι 167,25
θυσιλημ 178,3
θωβιλ 192,78
θωδα 178,94
θωδαδα 167,25
θωθ 163,48
θωχανου 167,25
θωλα 167,26
θωλαδ 261,26
θωμας 174,85 175,15
  191,71 202,82/83
θων 167,26
θωσαι 167,26
θωου 167,26
ια 204,53 205,63
ιααρ 268,86
ιαβειν 217,29
ιαβειρ 266,37
ιαβεις 167,26 266,24
ιαβεις γαλααδ 268,81
ιαβις 192,81 225,97 98
ιαβνης 167,27
ιαβωχ 263,78 288,17
  299,83
ιαδα 167,27
ιαδαια 167,27
ιαδειηλ 167,28
ιαδιας 167,28
ιαδιηλ 167,28
ιαειρ 89,14 101,26 167,29
  216,11 232,36 234,94
  266,34 271,41 272,65
ιαειρος 176,46 192,83
ιαζηρ 167,29 264,98
  265,1
ιαζιηλ 167,29
ιαηλ 203,98
ιαηρος 203,100

ιαθερ 264,87
ιαθηλ 192,82
ιαιρου 167,30
ιαχαβα 167,30
ιαχαχ 167,31
ιαχειμ 233,61 278,87
ιαχιν 167,31
ιαχουβ 167,32
ιαχωβ 167,32 177,78
  192,94 203,91 240,36
  241,45 50 244,28 263,
  78/79 274,2 286,81
  290,55 291,87 297,27
  37 299,82
ιαχωβος 174,82 83 192,
  83 203,94/95
ιαχων 192,93
ιαλεηλ 167,33
ιαλλιληλ 167,33
ιαλλων 167,33/34
ιαμανα 167,34
ιαμβρις 192,95
ιαμειν 167,34 267,62
ιαμνεια 266,35 36
ιαμνειαν 246,75
ιαμνην 268,76
ιαμνιας 218,61 235,15
ιαναθαλας 167,35
ιαναι 167,36
ιαννα 264,91
ιαννης 192,84
ιανουα 266,46
ιανουμ 167,36
ιανουν 266,46
ιανω 267,59 60
ιαρασα 167,36
ιαρεδ 177,70
ιαρεθα 192,93
ιαρειβ 167,37
ιαρειμ 167,37 270,37
ιαρερ 180,57
ιαρετ 167,36 192,95
ιαριμωθ 167,38

ιαρμωθ 167,38
ιασα 192,81
ιασαηλος 167,38
ιασανα 167,38
ιασι 167,39
ιασην 267,63
ιασηρ 183,25
ιασια 167,39
ιασιηλ 167,39
ιασουα 178,5/6
ιασουη 178,6
ιασουια 167,40
ιασουφ 203,1
ιασσα 167,40
ιασσων 192,84
ιασωνος 189,92
ιαφαλητ 167,41
ιαφεθ 177,72 183,26
  192,79 203,94 267,69
ιαφετ 167,41
ιαφιε 168,42
ιαχηλ 178,89
ιαχιν 168,42
ιαω 164,63 165,93 169,75
  83 170,7 171,8 10 11
  15 16 183,19 185,80
  192,80 203,1 205,59
ιαωμ 192,80
ιβηρεις 192,79
ιβηρων 166,8/9
ιβλααμ 168,43
ιγααλ 168,43
ιγαβης 168,43
ιγλααμ 168,43
ιδια 168,44
ιδιθουμ 184,68
ιδιθουν 168,44
ιδουα 168,44
ιδουμα 168,45
ιδουμαια 183,22 192,85
  203,97 263,82
ιδουμαιᾳ 241,48 251,86
ιδουμαιας 232,53 233,59

41 42 46 49 267,57
270,27 31 32 33 37
271,41 274,12 14 19
275,20 21 27 278,92
96 279,20 23 24 26
27 280,29 31 32 283,
7 8 10 287,98 293,20
23 24 26 27 28 31
34 35 36 38 41 294,
44 297,39 40 41 302,
49 50 51 54 55
ιουδα 301,37
ιουδαια 193,13 14 203,
99 227,34
ιουδαιą 227,54 263,69
284,28 30
ιουδαιαν 265,6
ιουδαιας 207,9 214,58
/59 61 67 70 71 72
215,85 234,3 249,34
265,20 297,21 302,43
ιουδαιοι 277,72 281,68
298,51 301,20
ιουδαιοις 289,44
ιουδαιος 169,83
ιουδαιων 209,53 218,60
/61 221,15 250,54
254,68 71 256,92 258,
45 261,30/31 267,50
282,89 283,12
ιουδας 169,82 172,51
177,80 193,4 260,3
ιουδειθ 169,84
ιουδηθ 193,13
ιουδηλα 267,73
ιουηλ 169,84
ιουλια 193,14
ιουστος 193,5
ιππην 219,73
ιππον 251,90
ιρ 193,14
ιραμαηλ 170,85
ιρας 169,84

ιρωαμ 170,85
ισαακ 170,85 177,77
193,5 203,95 235,5
299,75 78 79
ισααρ 170,85
ισαβια 170,86
ισαχαρ 172,51 177,81
178,94 193,16 203,96
223,58 61 64 65 250,
72
ισβααλ 170,86
ισβαχων 170,87
ισβολαμ 170,87
ισδαηλ 170,87
ισειρ 170,88
ισεσιας 183,28
ισθμουθ 233,81
ισιμωθ 266,26
ισκαριωθ 175,18
ισκαρωθ 193,15
ισμαηλ 170,88 183,24
193,6 252,100 260,100
273,94 298,68
ισμαηλιται 298,68/69
ισμαηλιτης 170,88
ισμαηλος 170,89
ισοαμ 170,89
ισουθ 170,90
ισραηλ 170,90 181,82
193,15 203,92 211,98
3 6 212,19 215,89
217,42 225,95 4 226,
26 227,48 231,28 34
232,51 238,76 241,54
57 242,61 244,25/26
249,43 45 48 250,51
252,18 259,64 262,61
263,80 264,90 268,82
272,65/66 277,68 76
78 80 278,6 282,92
286,79 287,85 90 95
289,45 291,90 292,100
15 296,15 298,66 299,

82 85 90 300, 97
302,42 303,85 86 91
ισσααρι 170,91
ισσαχαρ 170,91 236,43
259,73 76 261,29
267,54/55 74 271,46
287,6 294,56 58 60
ισσια 170,91
ισταλκουρ 170,92
ιστουραιων 170,92
ιστωβ 170,92
ιταβυριον 193,6 268,90
ιταλια 193,7
ιτουραια 193,16 268,93
298,53
ιτουρια 176,44
ιω 174,81
ιωα 170,93
ιωαα 170,93
ιωαβ 170,93 193,17
295,90 302,61
ιωαδ 170,94
ιωαδεμ 170,94
ιωαδειν 170,94
ιωαθαμ 170,94 193,7
238,73
ιωαχειμ 170,95 183,28
192,81 193,17 203,2
271,43
ιωαμ 170,96
ιωαμαν 170,96
ιωαναν 170,96
ιωαννης 170,97 174,81
176,45 183,27 193,8
202,89 229,88 240,12
ιωαννην 177,57
ιωαννου 185,76
ιωαρειμ 170,97
ιωας 170,98 193,18
296,99
ιωαχ 170,99 203,93
ιωαχαζ 289,32
ιωαχαρ 193,19

ιωαχας 170,99 193,8
ιωβ 178,94 181,69 193, 19 203,96 249,36 264,85 86 268,100 286,67
ιωβαβ 170,100 181,74 225,95 278,94
ιωβεδ 179,39
ιωβηδ 170,1
ιωβηθ 193,9
ιωβηλ 193,20
ιωδα 170,1
ιωδαε 170,1
ιωεθιρι 170,2
ιωζαβαδ 170,2
ιωζαβαδαν 170,3
ιωζαι 170,3
ιωηλ 170,3 173,65 193,9 203,100
ιωηλα 170,5
ιωθ 206,72 75 80
ιωθαμ 170,5
ιωθωρ 179,17 203,94
ιωιαδα 170,5
ιωιαδου 273,81
ιωιαρειβ 170,6
ιωμαν 170,6
ιωνα 170,7 182,98 188, 82 201,51
ιωναδαβ 170,7/8
ιωναδαμ 183,26
ιωναθαν 171,8 180,45 183,25 193,10 202,88 256,100 275,38
ιωνας 171,9 173,66 202, 89 247,97
ιωνια 171,18
ιωνναθου 171,10
ιωππη 203,92 267,70
ιωρα 171,11
ιωραμ 171,11 180,44
ιωρεε 171,12
ιωριβον 171,12

ιωσα 171,13
ιωσαβαδος 171,14
ιωσαβεε 171,13
ιωσαια 171,14
ιωσαιας 202,87
ιωσαφαθ 193,20
ιωσαφατ 171,14 180,44 227,45 273,89 300,14
ιωσεδεκ 183,21 27 193, 21 203,91
ιωσεδεχ 171,15
ιωσεφια 171,16
ιωσιας 171,17 183,19 193,21 296,3 302,62
ιωσηππον 228,55 262,58
ιωσηππος 208,28 230,97 251,99 285,52 289,50 290,70 296,96/97 297, 34 304,98
ιωσηφ 171,16 173,53 175,17 177,83 178,8 193,10 203,96 221,25 226,13 233,70 237,70 249,38 258,60 261,16 267,58 274,5 290,57 294,48 297,27
ιωναν 171,18
ιωυχαν 171,18
ιωχα 171,19
ιωχαβεδ 193,22
ιωχαβιλ 183,20
ιωχαβηδ 171,19
ιωχηλ 171,19
χααθ 171,20 178,90 193,23
χααθιτης 171,21
χαβασαηλ 171,21
χαβεδ 171,22
χαβου 171,22
χαβσεηλ 273,81
χαδδης 210,85 231,20 253,37 269,3 4 291,97
χαδδης βαρνη 269,4

χαδες 270,26
χαδημωθ 171,22 270,23 28
χαδης 171,23 174,89 183,29 203,3 214,56 233,74 240,32 34
χαδησιν 171,23
χαδις 193,22 23
χαδμαιος 193,24
χαδμιηλ 171,23
χαδμιηλου 171,24
χαδων 174,89 183,29
χαθαιμα 194,34
χαθονα 171,24
χαθωηλ 171,24
χαιαφας 175,20 203,4/5
χαιν 172,47 177,68 193, 25 203,3 282,86
χαιναν 171,25 177,69 193,25
χαισαρ 194,35
χαισαρειαν 250,57
χαισαρειας 207,1 224,70 /71 236,46 246,53/54 267,71 283,4 296,8
χαισαρος 176,46
χαλαμωλαλου 171,26
χαλιτας 171,26
χαμβυσην 296,97
χαμμωνα 272,66
χαμουηλ 171,26 194,35
χαμψαηλ 193,28
χαμων 272,65
χανα 177,59 193,25 203,5 270,38 271,50
χαναθ 269,15 283,98
χαναθα 269,15
χαναναιος 175,21
χανδακη 193,25/26
χανδακης 236,28
χανε 270,39
χαπερναουμ 203,4
χαππαδοχες 242,62/63

53 57 287,96 297,44 301,40

μαδιαναιοι 276,55

μαδιανη 276,56

μαζεχ 249,31

μαζηρ 183,40

μαζουρωθ 194,57

μαθεια 195,62

μαθθανεμ 277,82

μαθουσαλα 177,70 195, 62/63 203,11

μαχες 281,65

μαχηδα 278,90 92

μαχηλωθ 277,78

μαχχαβαιοι 281,60

μαιηλ 180,54

μαλα 281,57

μαλααδ 194,56

μαλααθων 214,57

μιλαθοις 255,79 .

μαλαθων 266,45

μαλαχιας 173,68 194,58 203,16

μαλελεηλ 177,69

μαληδομνει 220,90

μαλχιου 195,69

μαμβρη 249,27 276,49 50

μαμβρι 182,100 183,34 /35 194,59

μαμζηρ 195,65

μαμωνα 188,38/39

μαμωνας 194,59

μαν 183,39

μανααν 183,37

μαναειμ 263,62 279,21

μανασση 179,21 183,37 213,36 216,98 11 15 222,29 232,36 235,21 237,56 241,44 242,69 75 245,44 250,58 251,74 259,70 261,14 19 39 266,34 267,53

64 269,16 270,39 276,47 279,9 280,35 283,13 294,46

μανασσης 178,8/9 195, 63 203,12

μανδυας 195,64

μανη 195,60 203,13

μανωε 183,38 195,64

μανων 280,29

μαραλα 280,35

μαραναθα 195,65

μαρησα 279,27

μαρθα 176,50 195,74 203,14

μαρια 176,49 179,31 183,34 195,66

μαριαμ 175,22 179,32 195,66 74/75 203,17 211,100 269,5

μαριαμα 203,14

μαριας 269,7

μαριμωθ 282,72

μαρχον 176,34

μαρχος 174,80 195,67

μαρσιππιον 173,56 185, 81

μαρτυριον 195,67

μαρωθ 280,31

μαρωμ 278,7

μασα 281,63

μασαν 280,36

μασαρις 277,63

μασβαχ 281,56

μασελεχ 183,35

μασερεθ 281,54

μασιφφα 195,76

μασογαμ 282,76

μασοιρουθ 277,80

μασριχα 277,62

μασσημα 279,19

μασσηφα 278,96 281,52

μαστραιφωθ 278,2 3

μαστραιφωθ μαιμ 278,2

μασφα 279,18 280,33

μασχανα 277,82

ματθαιον 174,6 175,22

ματθαιος 174,79 203,15 /16

ματθιας 174,80

μαχα 282,70

μαχαθι 231,35 278,4 6

μαχαναραθ 277,85

μαχειρ 195,67/68 276,41

μαχιρ 241,44

μαχμα 195,76

μαχμας 235,24 280,47 48

μαχωθ 280,34

μαψαρ 281,61

μαψις 210,86

μαωζειν 183,36

μαων 282,78

μεγδαλσεννα 292,8/9

μεδαθ 195,68

μεδδαβα 279,13

μεεβρα 281,64

μεθελει 234,99

μεθλεμ 280,38

μελας 183,38

μελελεηλ 195,69

μελλωθ 183,33

μελχαλ 195,69

μελχη 183,39

μελχηλ 195,77

μελχι 203,12

μελχιηλ 179,22

μελχισεδεκ 178,84 183, 35 195,78 203,12 265,22

μελχω 183,39

μελχωλ 238,87 246,77

μελω 281,66

μεμβρανος 195,70

μεμφει 281,69

μεμφης 195,79

μεμφιβααλ 195,70

μεμφιβοσθε 276,40
μεμφις 281,67
μενσηθ 280,44
μεραρι 178,91
μερε 178,99
μεροην 296,97
μερρα 183,34 195,71
277,73
μερραν 278,99
μερρους 278,100
μεσιας 203,10
μεσοποταμια 181,66 187,
50 195,79
μεσοποταμιαν 300,99
μεσοποταμιας 240/241
252,4 291,87/88 301,
27/28
μεσραιμ 181,62
μεσσαβ 280,50
μεσσιας 177,59 195,80
μεστραημ 195,71
μεστραιμ 183,38
μετανιον 195,77
μηδαβα 279,14
μηδαβαν 269,11
μηδαβων 264,97 269,12
277,88
μηδεβηνα 279,24
μηδεειμ 281,59
μηδους 185,78
μηδων 185,77 227,47
μηνισχους 195,71/72
μηνοεις 279,24/25
μηφα 282,77
μηφ ααθ 279,15
μιδα 195,80
μιλητος 282,71
μιννα δα 209,48
μισαδαι 278,87
μισαηλ 174,86 195,81
203,13
μισωρ 277,84 279,11
μιτρα 195,72

μιχα 195,81
μιχαηλ 173,75 195,72
203,10
μιχαιας 173,64 195,82
203,16 282,74
μιχθιηλ 203,15
μνασεας 208,45
μνηματα επιθυμιας 277,
76
μολδαν 203,13
μολχομ 282,79
μομφιν 179,13
μοσολ 180,59
μοσοχ 181,70
μουσει 183,33/34
μοσφιθαμ 280,42
μωαβ 182,92 5 183,36
188,62 195,73 212,9
12 13 24 30 31 213,
40 45 216,5 232,39
243,91 248,9 249,44
250,49 50 251,85 253,
25 258,48 264,91
273,95 276,57 59
277,60 61 281,52 282,
76 78 283,94 292,2
4 300,2 303,74 75
304,3
μωαβιται 183,36
μωαβιτας 212,18
μωαβιτιδος 228,59/60 61
65 249,47 251,78
253,26 34/35 264,96
265,2 283,97 284,
32/33 288,27 291,
86 292,5/6
μωαβιτων 188,62/63
200,8
μωδαδ 278,94
μωλαδα 279,23
μωραθ 195,74
μωρασθει 282,74
μωρε 280,43

μωσης 195,82
μωυσεως 211,1 303,89
μωυση 225,95
μωυσην 185,73 243,92
μωυσης 173,60 179,15
183,33 195,82/83 203,
10 209,52 216,4 242,
80 250,51 269,6 270,
21 23/24 277,74 283,
94 291,96
νααλιηλ 282,91
νααλωλ 283,14
νααμ 283,7
νααραθα 283,11
ναας 195,83
νααασων 179,37 195,87
ναβα 203,20
ναβαβ 283,100
ναβαλ 183,43 258,45
272,76 302,52
ναβαρα 284,23
ναβαυ 179,12 195,83
216,5 283,93 98
ναβελ 195,88
ναβεωδ 195,88
ναβεωθ 284,35
ναβη 196,92
ναβλεαι 195,84
ναβουζαρδαν 195/196
ναβουθε 184,44 195,85
ναβοχοδονοσωρ 195,85
ναβωθ 269,16 283,99
ναβωρ 283,96
ναγεβ 195,86 283,1
ναδαμ 203,19
ναειν 285,41
ναειναμ 183,42
ναζαρ 175,24 183,41
ναζαραιοι 285,38
ναζαρεθ 177,60 195,87
203,21 284,37
ναζαρετ 175,23
ναζειραιος 196,90

ναζηραιος 175,24 183,41
ναζωραιος 175,24 196, 89 284,37
ναη 203,21
ναθαμ 203,19
ναθαν 176,50/51 196,91
ναθαναηλ 196,98 203,20 271,52
ναθανιου 196,91
ναιδ 282,86
ναιμ 182,10 259,71
ναουμ 173,66 176,50 196,98 203,19 257,17
ναρκισσος 196,92
νασιβ 283,8
νανη 183,24 261,33
νανιωθ 284,25
ναφαθ 250,56
ναφεθ 283,13
ναφεθδωρ 283,3
ναφθα 196,93 203,21
ναφθαε 283,5
ναχαηλ 184,44
ναχαω 196,100
ναχων 284,26
ναχωρ 177,74 181,74 183,42 196,95
νεα πολει 242,83
νεαν πολιν 248,3
νεαπολεως 262,46
νεαπολιν 300,96
νεας πολεως 209,57 214, 62 222,30 223,55 227,38 237,53 70 255, 75 261,17 . 267,61 274,4 6 290,56 297, 26 37
νεβηρειμ 284,32
νεβρα 284,22
νεβρωδ 181,64 196,99 230,95 97 285,49
νεειλα 284,19
νεελα 284,18

νεζεβ 284,30
νειλος 202,59 240,24
νεκεμ 283,16
νεκρα θαλασσα 215,80 /81 219,80
νεκρα θαλασση 233,82 254,68 260,88/89
νεκραν θαλασσαν 215,82 /83 265,8 290,66
νεκρας θαλασσης 213,42 265,7
νελχα 180,53
νεμβρωδ 209,54 301,23
νεμψαν 283,10
νεσαραχ 284,31
νεσιβ 283,8
νεσσα 196,95
νεφαθ 284,27
νεφθαλειμ 172,52 175, 25 177,82 178,1 183, 43 214,66 224,82—87 230,11 236,45 237,62 247,92 255,82 85 256, 94 259,79 261,29 268, 76 77 272,57 274,98 275,24 280,38 89 288, 16 288,9 294,62 296, 17/18 297,42 302,44 303,94
νεφθαλειν 175,25
νεφθαλημ 203,18
νεφθαλιμ 183,43
νεχοθα 196,96
νηγερ 196,96
νηρευς 196,100
νηριγελ 284,28
νικολαος 196,97 209,46
νικοπολεως 237,61 244, 17
νικοπολιν 225,91 233,71 84 255,89 293,30
νικοπολις 196,1 257,22
νινευη 176,51 181,66

196,97 249,26 282,88 90 289,49
νοεμα 203,20
νοεμειν 184,63
νοεμην 203,18
νοεμιν 180,56
νομβα 284,20
νομιν 183,42
νοοραθ 283,11
νουμιον 193,31
νωε 176,51 177,71 196,1 203,20 208,31 251,98
νωη 203,22
ξιλ 285,46
οβιδ 196,2
οδολαμ 196,6
οδολλα 204,23
οδολλαμ 253,45 285,57 301,38
οζαν 181,72 265,11
οζια 196,2
οζιας 180,44 196,6 204, 24
οζιηλ 196,2
ολιβα 184,45
ολλαμ 184,45
ομμειν 212,30
ονησιμος 196,2/3
ονησιφορος 196,7
οοθομ 285,60
οολει 286,65
οολιβα 204,23
ορει των ελαιων 239,9 248,19
ορεκ 181,65
ορεχ 285,49
οριου 196,3
ορμισχος 196,3/4
ορνα 196,4
ορναν 226,33 247,87
ορνιας 196,8
ορους των ελαιων 188,77 273,90

οναβ 206,76
οναριλει 178,100
οναρος 179,12/13
οναυ 206,72 81
ουδιδαν 181,63
ουχρια 178,6
ουλαμμα 285,55
ουλαμμαους 285,53
ουρ 285,50
ουριας 196,5 204,23 271,43
ουριηλ 173,76 196,8
ους 286,67
ουσιηλ 178,6/7
ουφιερ 303,96/97
οφαραθονιτης 196,5
οσιερ 286,63
οφρα 286,66
οχοζιαν 247,96
οχοζιας 196,9 239,95
παζω 196,9
παθουρα 184,46
παλαιστινην 272,79/80
παλαιστινης 207,1/2 214, 74 218,48 64 67 219, 73 228,56 235,18/19 237,56 242,66/67 250, 57 257,22 260,12 264, 99 266,35/36 269,5 292,14 299,72
παμφιλου 207,1
πανεαδα 215,82 217,36
πανεαδι 271,56
πανεαδος 217,40 225,10 234,4 249,32 275,36
παραξιφις 196,15
παρθοι 180,59 196,10 200,5
παρμιναν 196,16
παροιστρωσα 196,10
πασεχ 184,46
παστοφορια 196,10/11
πασχα 197,17 204,24

πασχωρ 204,25
πατρωβας 196,11
παυλινε 207,5
παυλος 174,79 196,12 204,25
πιλλαν 251,90
πιλλης 214,73 225,98 268,83
πελλων 219,77
πιλται 196,12/13
πενταπολεως 210,82 240, 26
περα 179,11
περαια 214,52 219,76 251,90 259,75 264,99 288,16
περατης 197,20
περικνημιδες 196,14
περιοπη 197,21
περιουσιον 197,21
περιπτερον 196,14
περσαι 197,22
περσαις 203,22
περσικον 196,93
περσις 196,15
πεσσεχ 204,25
πετεφρη 178,9
πετεφρης 258,62
πετρα 228,55 286,71 287,94
πετρα 211,90 233,75 241,58 269,4 277,64
πετραν 264,84
πετρας 215,85 233,62 241,40 258,58 272,63 299,87 303,88
πετρος 174,78 175,28 193,29 197,17 203,3
πετρον 239,7
πετρων 260,98
πηλος 173,56 185,81
πιθωμ 179,14
πιθων 197,22

πιλατος 197,23
πιλατου 175,27/28
πιπι 205,59 60 206,69 73
πλειας 194,58
πλινθω 173,56 185,82
ποδηρης 197,18
ποντος 197,23
ποντου 175,27
πορχιος 197,24
πουδης 197,19
πριαπου 188,68
προβατικη 240,16 20
πτολεμαιδα 267,70 272, 67/68 280,40
πτολεμαιδος 224,77/78 236,41
πτολεμαις 197,25 224,75
πυθουν 197,20
πυρσος 197,25
πτωχα 197,24
πτωχωρ 197,20
ρααβ 175,29 197,26
ρααν 197,27
ραασσων 180,47 197,32
ραββα 213,34 265,1 288,18
ραββαθ μωαβ 277,61
ραββει 175,30
ραββι 197,26 204,26
ραββιν 197,26
ραβεδι 289,37
ραβος 197,32
ραγαβιν 197,33
ραγουηλ 179,16 197,33 204,27
ραθμα 287,90
ραχα 175,30 184,47
ραχχα 204,27
ραμα 175,28 176,52 184,66 200,99 280,48 284,25 287,1 288,9 289,38

ραμα 244,10 289,39
ραμαα 217,22
ραμεσι 197,27
ραμεσσε 286,79
ραμεσση 179,14
ραμμα 204,27
ραμωθ 287,91
γασεφ 288,28
ραφ 184,47
ραφαειμ 255,72
ραφαειν 215,95 288,22
ραφαηλ 173,76 197,28 204,28
ραφαην 197,34
ραφαχα 287,85
ραφεθ 288,29
ραφιδειν 291,94/95
ραφιδιμ 287,86
ραχελ 288,15
ραχηλ 173,54 174,94 175,29 179,28 184,48 197,29 204,28 30 252,9 301,36
ραψακις 197,35
ραως 288,20
ρεβεκκα 173,54 174,94 179,26/27 197,29 204,29
ρεβεκκης 231,19
ρεβλα 289,31
ρεβλαθα 289,36
ρεθ 288,25
ρεθωμ 287,6
ρεχεμ 286,72 287,94 3
ρεμαθ 288,26
ρεμμα 289,33
ρεμμαα 244,11
ρεμμαν 289,34 35
ρεμμανα 288,24
ρεμμωθ 288,14 16
ρεμμωθ γαλααδ 288,16
ρεμμων 287,98 4 5 288,72
ρεμμωνα 289,33

ρεμφις 288,11
ρινοχορουρα 289,40
ριχαβ 197,35
ροβοαμ 180,41 197,30
ροχομ 287,95
ρομελλιας 197,36
ρουβηλ 204,26
ρουβην 204,26
ρουβιλ 197,36
ρουβιμ 177,79 178,86
ρουβιν 172,50 216,3 219,72 75/76 232,41 46 50 56 233,78/79 241,41 46 246,62 253,29 34 269,10 270,28 274,19 279,11 283,96 284,22 292,5 293,21
ρουθ 175,29 179,33 197,37 204,30
ρουμα 288,10
ρουφιας 235,17
γουφος 197,31
ροωβ 286,82 83 287,7
ροωβωθ 286,75 77
ροωδι 197,31
ρωβωθ 197,37
ρωγελλειν 288,21
ρωγηλ 258,54 287,100
ρωμαιοι 196,14
ρωμαιων 210,78
ρωμελιου 180,48
ρωμη 197,31
σααρ 295,78
σαβα 176,54 184,61 198,50 292,4 296,96
σαβαειμ 184,55
σαβαι 197,37 204,37
σαβαρειμ 297,23
σαβαχαρ 179,11 197,38
σαβαχθανι 175,14/15
σαβαωθ 184,48 185,80 198,50 204,37 205,59 206,70

σαββατα 184,59 197,38
σαββατον 204,36
σαβε 294,52
σαβεε 302,61
σαβειμ 295,85
σαβεχ 182,8 197,39
σαβηρ 198,51
σαδαι 205,59
σαδαλα 297,21
σαδδαι 206,71
σαδημωθ 229,80 296,3
σαδωχ 197,39
σαηλ 198,51
σαις 297,20
σαχχα 293,41
σαλαβα 294,67
σαλαβειν 294,66
σαλαθιηλ 182,13 184,60 197,40
σαλαι 179,10
σαλεθ 177,73
σαλεει 293,28
σαλειμ 177,60 229,88 91
σαλημ 184,54 198,51 265,21 290,55 291,84
σαλιμ 204,32
σαλισα 295,81 297,25
σαλμανα 272,62
σαλμω 214,53
σαλμων 179,38 198,52
σαλμωνα 197,40
σαλμωνος 214,53
σαλομων 198,52
σαλωμων 204,31
σαλων 197,41
σαμ 294,54
σαμαηλ 198,52/53
σαμαρεια 180,47 197,41 296,15
σαμαρειαν 296,100/1
σαμαρειας 239,96 304,100

σαμαρειται 239,100 242, 82 284,29 293,40 296,1
σαμαρειτης 184,50
σαμαρειτιϑ 297,28
σαμαρειτων 228,58
σαμαρεων 263,63
σαμαρια 204,34
σαμερ 294,65
σαμες 294,49
σαμουηλ 184,51 55 198, 53 204,30 225,12 238,81 278,98 293,43 295,84
σαμψων 184,48/49 198, 42 255,87 259,83 294,63 295,76 78
σαν 237,57
σανααρ 290,63
σανια 204,36
σανιμ 295,87
σανιρ 204,41 217,38
σανιωρ 217,38 253,39
σανσανα 293,27
σαορ 293,21
σαουλ 184,56 198,44 204,40 217,22 226,18 29 238,81 246,56 280,51 281,52 284,21 287,1 295,81 84 85
σαπαφαρειμ 190,42
σαρα 173,59 204,41
σαραα 179,30
σαραβαρα 198,42
σαραειν 293,35
σαρακηνοις 298,65
σαρακηνων 240,35 273, 93/94 276,54
σαρασα 229,77
σαραφιμ 198,54
σαρϑα 293,29
σαρεπτα 296,4
σαρεφϑα 176,52 198,43

σαρϑαν 296,92
σαριϑ 294,53
σαριϑμοϑ 199,74/75
σιροα 198,54
σαρρα 173,59 179,25 204,42
σαρων 296,6
σαρωνας 296,8
σασιμα 294,60
σαταν 176,54 198,43 204,33
σατανας 184,55 198,55
σατον 198,44 N
σαττειν 292,1
σαυη 290,76
σαυλος 204,43
σαυχιτης 198,56
σαφαμωϑ 295,89
σαφειρ 293,37
σαφεκχα 184,58
σαφων 293,22
σαχωραν 293,23
σεβον 181,63
σεβαστη 198,56 296,15 /16
σεβαστην 292,13
σεβαστης 221,27 249,39 278,100 294,67 295,87
σεβεαι 198,45
σεβηρ 179,11
σεβοιμ 198,56
σεβωειμ 290,67
σεγωρ 290,74
σεδεκ 204,32
σεδεκιας 180,46 198,45
σεδον 178,98
σεδρα 198,56/57
σεδραχ 296,13
σεειλα 181,87
σεειρα 295,90
σεερ 178,96
σειλα 184,53
σειμ 295,84

σειρα 199,74
σειρωϑα 295,70
σειφα 225,12
σεχλα 198,46
σεχουνδος 198,46
σελα 294,51 296,99
σελλα 180,55 198,57
σελμων 198,46 295,73
σελμωνα 292,100
σελχα 292,7 18
σεμει 198,58
σεμερων 292,15 294,55
σεμηρ 292,15 16
σεμηρων 292,16
σεμνας 204,35
σεν 204,43 206,77
σενααρ 184,58/59
σεννα 292,8
σεννααν 293,36
σεννααρ 181,65 204,42 282,89 286,76 289,48 51 290,54 296,12 301,26
σεννανειμ 294,62
σενναχειριμ 198,58
σεπφορα 173,55 179,14 28 184,53 198,47
σεπφωρα 204,44
σεραφιμ 173,71 184,57 59 198,59 204,32
σεριμ 294,50
σερουχ 198,48
σερωρα 296,95
σεφιϑ 295,68
σεφεμα 292,10
σεφηλα 204,35 296,9 10
σεφινα 295,75
σεφφαριμ 198,47
σεφφαρουειμ 296,100
σηγωρ 204,36 231,13
σηϑ 177,68 198,48 204,39
σηειρ 291,78 80 81 82

σηειρα 292,17 295,71
σηλω 293,42
σηλωμ 178,93 184,51
σημ 172,49 177,71 184, 54
σηρειναι 198,57
σηων 198,49 212,17 241,40 249,45 253,24 264,86 94 270,24
σιβα 198,60
σιβυλλα 230,3
σιβυλλαν 184,62 230,98
σιγωρ 174,90 184,58 198,59 258,49
σιδων 176,31 181,67 204,33 289,43
σιδωνα 181,67
σιδωνος 271,50 275,34 296,4
σιειρ 204,42
σιθ 184,54
σικαριοι 198,49
σικελαγ 293,25
σικελος 163,41
σικερα 198,60
σικημα 198,49
σικιμα 184,56 290,55 295,74
σικιμοις 297,36
σικιμων 237,69 291,84
σικλος 198,61
σιλας 198,61
σιλουανος 199,70
σιλωαμ 177,61 184,53 198,62
σιλωμ 184,52 198,60 294,44
σιμ 204,40
σιμικινθια 199,70
σιμων 176,53 183,40 204,39
σιν 199,71 204,34 291, 93 94

σινα 181,82 184,52 198, 62 291,94 95 298,66 301,41
σισαρα 199,71 225,97 262,41
σιφα 184,49 198,63 204,37
σιφαη 183,30
σιγαν 184,49
σιων 174,90 184,52 198,63 204,34 229,87 248,22 294,58 296,14
σιωρ 293,19 20 294,61
σκευος 199,72
σκηναι 291,87
σκυθοπολεως 215,93 227, 36 229,90 247,81 248,11/12 267,54 286, 83
σκυθοπολιν 222,30 227, 38 237,54 259,72 262,47
σκυθοπολις 215,80 237, 56
σκυταλη 199,72
σμυρνη 199,73
σοαλ 286,66
σοδομα 176,53 198,64 204,35 290,64 65
σοδομιτιν 209,61/62 274, 1 290,67 77
σοδομιτων 231,14
σοδομων 210,82 240,26 258,49/50 290,74
σοηνη 297,19
σοηνης 277,70
σοχχω 293,32 39
σοχχωθ 285,60/61 291, 90 293,34
σολημ 204,40
σολομων 174,93 180,40 /41 184,50 227,34 39 233,72/73 239,91 244,

11 16 247,92 95 257, 14 262,54 55 268,89 281,63 65 66 284,27 296,93/94
σολομωνι 290,72 303,95
σολομωνος 227,35 ·
σολομωντι 262,57
σομανιτης 184,50
σομερων 292,12
σοορα 290,74
σορ 296,17
σουαλ 293,24
σουβα 199,73 296,91
σουβημ 294,56
σουθαλα 179,19
σουλαμιτης 198,66
σουλαμιτις 204,41
σουλημ 294,56/57
σουμανιτις 199,74
σουμη 184,57
σουρ 240,32 252,2
σουρ ωρηβ 295,72
σουσαννα 179,34 198, 66/67 204,38
σουφειρ 296,93
σοφειρα 296,93
σοφονιας 198,65
σοφονιου 184,71
σοφωνιας 173,67 204,38
στεφανος 198,67
συηνη 198,68
συκαμινος 267,70
συμεων 172,50 177,79/80 178,88 199,75 204,31 222,48 49 50 223,51 52 234,100 235,7 11 236,33 34 35 36 255 77 78 80 261,26 30 275,22 279,23 287,98 5 293,24 26 294,52
συμμαχος 211,5 8 213, 45 49 50 216,100/1 219,86 226,20 32

126

228,60 66 70 229,84
235,20 236,31 238,71
239,98 244,30 247,84
248,100 7 251,79 82
253,49 256,1 257,15
19 262,52 266,29
267,62 63 268,90 273,
91 275,32 39 278,2
279,11 280,42 281,55
57 61 64 282,70 73
283,1 3 288,20 26
289,33 294,54 295,75
296,9 12 300,15 304,1
συρια 198,68
συριας 263,70 288,24 28
συροις 234,87 286,72
συχαρ 177,61 199,75
297,26
συχεμ 181,75 198,68
204,43 274,6 290,55
60 61 291,84 294,46
48
σχιζει 199,76
σωβαλ 271,45
σωλομων 178,95
σωμαν 184,54
σωμανιτιν 295,88
σωμιειν 178,98
σωναμ 204,33 295,86
σωναμιτις 295,86
σωπατρος 199,69
σωρ 198,65
σωρηκ 199,76 294,63
σωρηχ 295,76
σωσθενης 199,69
σωφειμ 295,80
σωφειρα 290,69
ταβαμ 297,44
ταβεηλ 199,78/79
ταβιθα 199,77
ταλαντα 199,79
ταλιθα κουμι 176,32
199,77

ταμιας 199,79
τανεως 301,30
τανης 199,80
τανις 298,48
ταρσος 262,58
ταφιθ 298,46
ταφνας 298,49
ταφνος 199,80
ταφνων 221,12
τειταν 185,75
τελεμ 297,40
τερεβινθος 297,36
τερπλλος 199,83
τερπος 199,82
τεσσαμ 297,41
τιαραι 199,81
τιβεριαδα 247,93 296,7
τιβεριαδος 248,12 15/16
τιβεριας 199,83 215,80
τιβεριου 176,54/55
τιγριν 297,34
τιγρις 174,100 199,82
204,44 297,32
τιμοθεος 199,84
τιμων 199,87
τινα 297,39
τιτιανων 272,71
τιτος 199,84 204,45
τοβιας 199,88
τραχωνι 269,17
τραχωνιτιδος 176,55
τραχωνιτις 199,84/85
268,93 94 298,53
τρισσος 199,88
τριχαπτα 199,88
τροφιμος 199,89
τροχος 199,85
τρυφαινα 199,86
τρυφωσα 199,89/90
τρωας 199,86
τρωγλοι 199,90
τυμπανον 199,86/87
τυραννος 199,87

τυριων 198,65 247,91
287,8
τυρον 224,78 249,33
τυρος 199,90 296,17
297,42
τυρου 271,55 273,87
281,61 62
τυρρηνων 166,9
τυχικος 199,91
τωβ 297,45
τωταρ 199,77
υμενεως 199,91
φααμ 199,92
φαθουηλ 200,100
φαθουρα 300,99 1
φαθωρι 301,19
φαινοι 270,21
φαινων 299,86
φαλτει 246,77
φανα 251,87
φανουηλ 176,55 184,65
199,92 204,46 299,82
300,9 10
φαραγξ βοτρυος 299,93
φαραγξ εννομ 300,12
φαραγξ ζαρε 300,98
φαραγξ ιωσαφατ 300,14
φαραν 199,92 204,47 215,
79 287,89 298,64 70
φαραω 180,48 185,72
199,93 289,31
φαρες 178,93 179,18
36 200,1 204,45
φαρια 185,72 199,93
φαρισαιοι 204,47
φαρισαιος 176,56
φαρισσαιος 200,1
φαρφαρ 301,18
φασγα 300,5 6
φασγω 216,6 9
φασεκ 199,93
φεγωρ 201,48 232,39
φεισων 174,98 298,59

φελεϑϑι 200,1/2
φελμονι 300,15
φελμωνι 199,94
φελοχ 178,86
φελωνης 200,2
φενανα 204,47 .
φεναννα 184,65
φεννανα 199,94
φερεζαιοι 174,96 200,2
φερεζαιων 181,80
φεστος 199,95
φιϑωμ 299,89
φιλαδελφια 215,94 219, 82 288,18/19
φιλαδελφιαν 280,45/46
φιλαδελφιας 212,25 27 225,7 258,52 263,80 264,98/99 277,85 287, 93
φιλημων 199,95
φιληξ 200,96
φιλητος 200,3
φιλιππος 174,84 200,3 204,46 268,94 298,54
φιλιππου 236,28/29 239, 7/8
φιλισταιοι 244,21
φιλισταιων 240,31
φιλολογος 200,96
φιν 300,97
φινεες 200,4 246,66
φινων 299,85
φισων 204,45/46 251,97
φιτ 204,45
φλεγων 200,97
φοβω 301,17
φογορ 233,79
φογωρ 200,97 213,47 216,8 243,91 292,2 299,84 300,2 4
φοιβη 200,97
φοινικες 217,37/38 253, 38

φοινικης 225,9 239,1 241,38 249,30 272,80 276,42 289,43 296,17
φοινικικην 208,45
φορθομμην 200,4/5
φονα 178,94 179,15 200,98
φουδ 181,63 200,98
φρεαρ 299,91
φρεαρ χρισεως 299,76
φρεαρ ορασεως 299,75
φρεαρ ορχισμου 299,73
φρεαρ ορχου 299,78
φυγελλος 200,5
φυλιστιιμ 200,99 299, 71
φωχα 200,6
χαβραϑα 301,35
χαβων 302,54
χαβωρ 200,6
χαηλα 200,9
χαλαζα 164,75
χαλαχ 301,25
χαλανη 200,7
χαλαννη 301,23 24 302, 63
χαλασων 302,47
χαλαχ 249,26
χαλδαιχα 190,42
χαλδαιοι 181,75 200,10
χαλδαιος 208,39
χαλδαιων 285,50
χαλεβ 180,50 200,7 210, 73 250,60 258,46
χαλους 302,67
χαμ 177,72 200,10 204, 48
χαμος 200,8
χαμωαρ 303,73
χαμως 303,75
χανααν 180,57 181,66 200,9 283,96
χαναναια 200,9

χαναναιοι 174,95 176, 32 215,90
χαναναιον 252,22
χαναναιος 200,11 211,6 215,88
χαναναιου 252,22
χαναναιων 181,79 216, 16 218,57 240,30 242,64 274,1 289,44 295,68
χαραδας 302,42
χαρμελ 302,51
χαρμιν 178 87
χαρραν 240,37 301,27
χαρρει 302,61
χαρχαμις 303,72
χασβι 301,37
χασιλαϑ ϑαβωρ 302,57
χασελους 302,64
χαφϑεις 302,50
χεβρων 180,52 209,65 210,73 211,87 214,57 220,98 221,16 231,23 234,1 236,26 249,27 254,53 258,40 266,31 269,14 270,35 272,78 276,49 283,9 301,29 302,52
χεβρωνος 214,68
χεϑαϑα 181,67
χειλων 302,55
χειμαρρους κεδρων 303, 80
χελαιων 184,63 68
χελκιας 184,67
χελκιου 204,49
χελων 303,74
χενερεϑ 302,43
χερμαλα 258,44 272,77
χερουβ 204,49
χερουβιμ 173,72 184,66 67 185,82
χεσσαλους 302,65

Gen 2,7 : 189,99
Gen 2,8 : 5,15 116,32 180,54 251,93
Gen 2,11 : 5,15 6,11 117,1 122,23 164,65 251,95 298,59
Gen 2,13 : 2,16 6,23 124,11 240,24
Gen 2,14 : 2,16 5,16 117,11 155,2 164,66 252,4 297,32
Gen 2,16 : 2,17
Gen 3,20 : 5,16 164,64
Gen 3,24 : 4,11
Gen 4,1 : 4,2
Gen 4,2 : 2,18
Gen 4,16 : 9,3 141,24 282,86
Gen 4,16? : 182,9
Gen 4,17 : 5,17
Gen 4,18 : 7,23 8,3 9 180,54
Gen 4,19 : 2,19 10,12 180,55
Gen 4,20 : 7,10
Gen 4,21 : 7,10
Gen 4,22 : 9,3 180,56
Gen 4,25 : 10,12 164,56
Gen 4,26 : 5,17
Gen 5,9 : 4,2
Gen 5,12 : 8,9
Gen 5,15 : 7,11 180,57
Gen 5,18 : 164,57
B

Gen 5,21 : 8,10
Gen 5,29 : 9,4
Gen 6,10 : 7,11 10,13
Gen 8,4 : 2,19 82,27 208,25
Gen 9,25 : 180,57
Gen 10,1 : 4,11
Gen 10,2 : 6,23 7,12 8,11 12 13 9,19 11,17 18 180,58 59
Gen 10,3 : 2,20 11,18 180,60
Gen 10,4 : 4,3 14 5,4 6,1 9,19 11,19 180,60 61
Gen 10,6 : 4,14 6,11 8,14 180,61 181,62 63
Gen 10,7 : 2,20 5,5 9,21 10,14 15 181,63 64
Gen 10,8 : 9,4 181,64
Gen 10,'10 : 2,21 4,15 9,11 10,16 83,25 111,29 143,26 181,65 209,54 285,49 301,23
Gen 10,11 : 2,21 4,16 9,5 22 111,31 141,26 145,12 148,14 181,66 282,88 286,75 301,25
Gen 10,12 : 5,5 114,14 249,25
Gen 10,13 : 2,22 8,3 4 9,6 162,26
Gen 10,14 : 4,16 18 6,12

Gen 10,15 : 4,18 10,17 148,9 181,66 289,43
Gen 10,16 : 2,22 6,24 7,13
Gen 10,17 : 2,23 24 5,18
Gen 10,18 : 2,24 25 10,17
Gen 10,19 : 2,25 6,25 27 8,5 10,18 19 124,13 135,10 240,26 274,1
Gen 10,22 : 2,26 6,2 8,5
Gen 10,23 : 6,29 11,26
Gen 10,24 : 5,19
Gen 10,25 : 6,14 7,13
Gen 10,26 : 2,27 5,19 7,14 10,21
Gen 10,27 : 2,27 28 5,5
Gen 10,28 : 2,28 7,1
Gen 10,29 : 7,14 9,16 117,5 149,1 251,98 290,69
Gen 10,30 : 8,15 10,21 136,26 276,47
Gen 11,2 : 148,13 289,48
Gen 11,9 : 3,18 99,27 230,94
Gen 11,18 : 9,22
Gen 11,20 : 10,21
Gen 11,23 : 9,6
Gen 11,24 : 11,20
Gen 11,26 : 2,28 29 4,21
9

Gen 11,27 : 8,5

Gen 11,28 : 4,22 158,
18 285,50

Gen 11,29 : 7,14 8,16

Gen 11,31 : 10,22 112,
1 301,27

Gen 12,6 : 10,22 148,20
290,55

Gen 12,8 : 3,18 83,30
100,8 209,55 230,9

Gen 12,10 : 2,29

Gen 12,15 : 6,13

Gen 13,3 : 2,30

Gen 13,7 : 6,14

Gen 13,10 : 10,23

Gen 13,18 : 4,23 84,18
112,4 114,16 136,28
249,27 276,49 301,29

Gen 14,1 : 2,30 3,1 4,
25 5,20 11,21 84,25
117,15 121,16 148,29
210,75 82 252,6 258,
57 290,63

Gen 14,2 : 3,18 19 10,
23 24 25 84,33 100,
23 148,31 33 149,6
231,13 290,65 67 74

Gen 14,5 : 3,1 4,3 6,2
9,23 10,27 84,5 108,
17 27 149,8 209,61
268,98 269,10 290,76

Gen 14,5 ? : 12,3

Gen 14,6 : 4,26 10,27
122,28 123,1 149,10
291,78 298,64

Gen 14,7 : 3,2 4,4 11,
21 85,1 108,21 25 162,
28 210,84 269,3 4 8

Gen 14,13 : 3,3 5,21 8,
16 136,29 162,20 276,
50

Gen 14,14 : 114,26 249,
32

Gen 14,15 : 4,27 5,6
112,9 301,32

Gen 14,18 : 9,1 148,20
149,15 265,21 290,55
291,84

Gen 15,2 : 6,3 8,17 114,
21 163,38 249,30

Gen 15,19 : 4,4 5

Gen 16,3 : 3,3

Gen 16,7 : 149,22

Gen 16,11 : 7,15

Gen 16,14 : 3,20 101,3
231,20

Gen 16,18 ? : 161,6

Gen 17,5 : 3,3

Gen 17,15 : 10,28

Gen 19,22 : 149,28

Gen 19,37 : 8,17 137,5
276,59

Gen 19,38 : 3,4 162,17

Gen 20,1 : 7,2 10,28
124,15 18 240,28′32

Gen 20,2 : 3,5

Gen 21,3 : 7,15

Gen 21,21 : 6,15 122,
33 298,68

Gen 21,22 : 6,15

Gen 21,31 : 3,20 104,3
144,32 234,4 299,73

Gen 21,32 : 6,16

Gen 21,34 : 123,3 299,
71

Gen 22,13 : 10,29 182,8

Gen 22,21 : 3,21 4,6 9,
17 171,26

Gen 22,22 : 3,5 21 4,
27 6,17 7,16 168,54

Gen 22,23 : 9,23

Gen 22,24 : 7,3 8,17
9,24 11,14

Gen 23,2 : 3,5 84,9 108,
32 112,5 209,65 269,
14 301,29

Gen 23,3 : 4,28

Gen 23,8 : 5,22 164,68

Gen 24,29 : 8,6

Gen 24,62 : 145,1 299,
75

Gen 25,1 : 4,28

Gen 25,2 : 7,16 17 8,
18 10,29 11,28 136,
31 276,52

Gen 25,3 : 3,6 5,7 8,6

Gen 25,3b : 5,7

Gen 25,4 : 3,6 5,23 6,3

Gen 25,10 : 5,23

Gen 25,13 : 3,7 4,6 8,
19 9,7 8 111,20 273,
94

Gen 25,14 : 5,8 8,20

Gen 25,15 : 4,7 29 7,
17 9,8 156,4 169,74
260,100

Gen 25,18 : 117,8 252,1

Gen 25,25 : 6,3 166,98

Gen 25,26 : 167,32

Gen 25,30 : 5,24

Gen 26,26 : 9,11

Gen 26,33 : 104,4 145,
5 235,5 299,78

Gen 26,34 : 3,21 22 7,
18 163,50 169,84

Gen 27,36 : 7,19 167,
32

Gen 28,9 : 8,21

Gen 28,19 : 83,35 100,
13 135,11 158,22 274,
2 285,53

Gen 29,6 : 9,25

Gen 29,16 : 8,7

Gen 29,24 : 11,28

Gen 29,32 : 9,28

Gen 29,33 : 10,30

Gen 29,34 : 8,7

Gen 29,35 : 7,19

Gen 30,3 : 3,23

Gen 30,8 : 9,9
Gen 30,11 : 7,3
Gen 30,18 : 7,19 170,91
Gen 30,20 : 11,29 164, 72
Gen 30,21 : 5,8
Gen 30,24 : 7,20
Gen 31,21 : 124,23 240, 36
Gen 31,47 : 7,4
Gen 31,48 : 189,92
Gen 32,4 : 149,13 291, 81
Gen 32,11 : 7,20
Gen 32,23 : 7,21 130, 29 263,78
Gen 32,31 : 123,5 299, 82
Gen 32,32 : 6,22
Gen 33,17 : 149,32 291, 87
Gen 33,18 : 10,31 148, 21 290,55
Gen 33,19 : 5,24 148, 26 290,60
Gen 33,35 : 241,53
Gen 34,2 : 164,64
Gen 35,4 : 155,6 297,36
Gen 35,8 : 5,9 101,1 231,18
Gen 35,16 : 4,30 5,24 112,14 117,16 252,7 301,35
Gen 35,18 : 3,23 24
Gen 35,19 : 101,5 117, 20 231,22
Gen 35,21 : 3,7 101,9 124,32 127,21 241,45 244,28
Gen 35,26 : 3,7
Gen 36,2 : 6,5 9,11 11, 1 162,23
Gen 36,4 : 6,6 9,29

Gen 36,5 : 4,7 168,58
Gen 36,11 : 7,6 9,17 11,2 22 108,26 155, 32 158,10 159,2 257, 28 260,96 263,67 269, 9
Gen 36,12 : 11,23 156, 10 260,7
Gen 36,13 : 8,21 9,10 11,3 12,2
Gen 36,14 : 3,8 7,21 22 143,27
Gen 36,15 : 11,3
Gen 36,16 : 130,33 263, 82
Gen 36,20 : 4,30 8,8 11, 3 135,16 274,7
Gen 36,21 : 5,9 25
Gen 36,22 : 6,6
Gen 36,23 : 3,8 6,6 8,21
Gen 36,24 : 3,9 167,34
Gen 36,25 : 5,12
Gen 36,26 : 3,9 5,26 7, 22
Gen 36,27 : 3,9 12,2
Gen 36,28 : 3,10 158, 26 286,67
Gen 36,32 : 3,24 25 5, 13 114,31 249,35
Gen 36,33 : 3,26
Gen 36,35 : 3,10 11 26 125,1 241,47
Gen 36,36 : 8,22 11,4 137,10 277,62
Gen 36,37 : 11,5 145, 15 286,77
Gen 36,38 : 8,11 27
Gen 36,39 : 6,17 8,23 24 123,8 299,84
Gen 36,40 : 7,22 131,3 156,9 260,6 264,87
Gen 36,41 : 6,7 18 123, 9 299,86

Gen 36,42 : 8,25 137, 11 277,63
Gen 36,43 : 7,23 8,25 137,13 277,65
Gen 37,17 : 5,13 115,3 249,38
Gen 37,28 : 8,26
Gen 37,36 : 6,18
Gen 38,1 : 3,12 7,23 9, 12 143,28 165,97 182, 6 285,57
Gen 38,2 : 11,5
Gen 38,3 : 6,7
Gen 38,4 : 3,12
Gen 38,5 : 5,1 11,6 112, 18 152,4 294,44 301, 37
Gen 38,9 : 9,18
Gen 38,12 : 11,23 156, 6 260,8
Gen 38,14 : 85,8 211,91
Gen 38,21 : 6,8
Gen 38,29 : 6,19
Gen 41,45 : 8,13 6,19 11,6 144,12 303,86
Gen 41,51 : 8,27
Gen 41,52 : 5,26
Gen 45,10 : 7,6 125,4 241,50
Gen 46,9 : 5,2 21 26 6,21 164,63 178,86 87
Gen 46,10 : 3,13 7,24 25 167,34 168,57 178, 88 89
Gen 46,11 : 4,8 7,7 8, 27 178,90 91
Gen 46,12 : 8,14 178, 92 93 179,18
Gen 46,13 : 6,21 7,25 11,9 24 178,94 95
Gen 46,14 : 7,25 11,10 178,96 97
Gen 46,16 : 3,14 15

Num 1,13 : 15,17 18,15
Num 1,14 : 17,18 18,8
Num 1,15 : 15,18 18,9
Num 3,2 : 15,18
Num 3,24 : 19,5
Num 3,30 : 163,42
Num 3,35 : 14,26 20,10
Num 7,18 : 20,11
Num 7,89 : 17,15
Num 10,12 : 18,16 122, 29 298,65
Num 10,29 : 19,6 26
Num 11,3 : 131,10 252, 16
Num 11,26 : 17,25 19,7
Num 11,34 : 137,24 277, 76
Num 11,35 : 15,19 85, 26 211,100
Num 12,1 : 85,26 211, 100
Num 13,2 : 17,11
Num 13,4 : 20,11 21,13
Num 13,5 : 19,26 20,12
Num 13,6 : 17,12 18,25
Num 13,7 : 18,25 168,43
Num 13,8 : 19,27
Num 13,9 : 18,17 20,3 12
Num 13,10 : 13,15
Num 13,11 : 13,15 20,13
Num 13,12 : 13,16 15, 20 19,7 20,13
Num 13,14 : 19,14 21, 12
Num 13,15 : 13,16 19,8
Num 13,16 : 18,26
Num 13,21 : 15,20 20, 3 117,24 145,21 252, 20 286,82
Num 13,22 : 15,3 21 20,14 84,14 112,5 301, 30

Num 13,22? : 166,13
Num 13,23 : 18,1
Num 13,25 : 299,93
Num 13,26 : 17,3
Num 13,26? : 12,18
Num 13,29 : 15,22 88, 22 215,87
Num 14,25 : 88,24 215, 90
Num 14,45 : 17,26 117, 26 164,58 252,21
Num 16,1 : 15,23 17,7 18 18,17
Num 20,1 : 108,23 149, 27 171,23 269,5
Num 20,14? : 124,21 240,34
Num 20,25 : 144,14 303,88
Num 21,1 : 15,24 85, 31 211,5
Num 21,10 : 144,17 303, 91
Num 21,11 : 15,25 86, 1 211,8
Num 21,12 : 21,13
Num 21,13 : 15,25 86, 4 212,11
Num 21,14 : 21,13 159, 5 257,31
Num 21,15 : 15,26 86, 16 212,21
Num 21,16 : 299,91
Num 21,18 : 19,8 137, 30 277,82
Num 21,19 : 16,17 101, 22 141,29 231,33 282, 91
Num 21,20 : 18,17 86, 18 131,13 212,23 264, 91
Num 21,23 : 18,27 131, 15 167,39 40 264,94

Num 21,24 : 15,27 18, 28 86,21 212,25
Num 21,25 : 164,59
Num 21,26 : 17,26 86, 12 25 117,29 212,17 29 253,24
Num 21,27 : 20,14
Num 21,29 : 17,12
Num 21,30 : 19,8 15 115,7 249,42
Num 21,32 : 18,26 131, 18 264,98
Num 21,33 : 16,18 17, 27 18,9 86,34 101,24 118,3 213,37 231,35 253,30
Num 22,1 : 18,26 28 131,25 265,6
Num 22,2 : 16,19 20,16
Num 22,5 : 16,20 21 18,18 123,17 300,99
Num 22,22 : 20,17
Num 23,14 : 87,3 213,40
Num 23,28 : 123, 20 300,2
Num 24,7 : 15,27
Num 24,17 : 20,17
Num 24,18 : 20,17
Num 24,21 : 17,3
Num 24,24 : 15,28 17,4
Num 25,1 : 20,16 150, 14 292,1
Num 25,3 : 16,21 22 18,20 101,28 232,38
Num 25,7 : 18,20
Num 25,14 : 20,18 21, 14 15
Num 25,15 : 17,13
Num 26,3 : 87,7 115,14 213,44 250,49
Num 26,9 : 19,15
Num 26,15 : 15,28 20,20 21

Num 26,16 : 19,21
Num 26,17 : 15,29
Num 26,19 : 18,9 19,28
Num 26,20 : 18,21 20, 21 21,14
Num 26,21 : 16,1
Num 26,23 : 15,4 18, 21 21,7
Num 26,24 : 18,28 20, 22
Num 26,26 : 18,10 29
Num 26,29 : 13,17 19,9
Num 26,30? : 17,28
Num 26,31 : 16,1 20,22
Num 26,32 : 16,1 20,22
Num 26,33 : 16,2 19,10 16 20,23 21,7 166,17
Num 26,35 : 16,22 20, 24 21,8
Num 26,36 : 18,11
Num 26,38 : 16,2 23 17,28
Num 26,39 : 19,21 20, 25
Num 26,40 : 16,3 19,17
Num 26,44 : 16,23 18, 29 19,1 169,72
Num 26,45 : 16,3 19,10
Num 26,48 : 18,18 19,1
Num 26,49 : 19,2 20,28
Num 26,63 : 16,4
Num 27,1 : 19,22
Num 27,12 : 16,5
Num 27,14 : 108, 23 269,6
Num 28,7 : 20,27
Num 31,8 : 17,29 20,4 146,1 287,94
Num 32,3 : 16,6 25 17, 29 20,28 87,17 101, 32 118,6 141,30 142, 32 213,51 232,40 253, 33 283,93 284,22

Num 32,8 : 16,25
Num 32,33 : 20,1
Num 32,34 : 16,6 17, 19 87,18 214,52
Num 32,35 : 20,27 29 87,21 214,54
Num 32,36 : 16,26 27 19,18 102,14 232,42
Num 32,37 : 17,6 108, 27 118,1 7 162,82 253,29 34 269,10
Num 32,38 : 16,28 19, 18 102,5 10 142,1 150,17 232,45 50 283, 96 292,4
Num 32,39 : 124,31 241, 44
Num 32,41 : 19,2
Num 82,42 : 17,5 19, 19 109,1 142,3 30 269, 15 283,98 284,20
Num 33,5 : 21,1
Num 33,6 : 18,12 19,21 102,11 121,24 232,51 259,65
Num 33,7 : 16,7 24 27
Num 33,12 : 17,21
Num 33,13 : 85,6 25 145,24 211,89 287,85
Num 33,14 : 16,7 145, 25 287,86
Num 33,15 : 150,7 291, 95
Num 33,18 : 20,5 145, 28 287,90
Num 33,19 : 20,6 145, 29
Num 33,20 : 19,5 135, 18
Num 33,21 : 20,7 145, 30
Num 33,22 : 17,5 19,11
Num 33,23 : 150,13

Num 33,24 : 16,8 112, 27 302,42
Num 33,25 : 137,27 277, 78
Num 33,26 : 15,4 21,9 131,12 156,15 252,18
Num 33,27 : 21,9 156,16
Num 33,28 : 137,28
Num 33,29 : 16,9 19, 11 85,30 87,25 211,3 214,58
Num 33,30 : 19,12 137, 29 277,80
Num 33,31 : 17,1 101, 21 231,31
Num 33,32 : 16,10 125, 15 242,60
Num 33,33 : 19,3 131, 9 264,90
Num 33,34 : 17,29 117, 23 252,19
Num 33,35 : 18,12 125,8
Num 33,36 : 150,8 291, 97
Num 33,39 : 19,29
Num 33,40 : 87,22 88, 2 214,55 68
Num 33,41 : 21,1 150, 12 292,100
Num 33,42 : 109,7 123, 9 16 270,21 299,85 300,97
Num 33,43 : 19,29
Num 33,44 : 125,11 241,57
Num 33,45 : 17,20 115, 13 249,48
Num 33,45?? : 16,11
Num 33,46 : 16,11 125, 13 241,59
Num 33,47 : 17,21
Num 33,49 : 16,12 19, 4 86,20 212,24

Num 34,3 : 21,2 142,7 283,1

Num 34,4 : 16,13 14 17,6 21,2 87,28 118, 10 150,20 214,61 253, 37 292,8

Num 34,7? : 16,14

Num 34,8 : 20,27 21,3 88,1 150,26 214,67

Num 34,9 : 18,13 21,15 88,4 159,8 214,70 257, 34

Num 34,10 : 21,3 88,5 150,25 214,71 292, 10

Num 34,11 : 16,15 17, 14 88,6 102,13 214, 72 232,53

Num 34,20 : 21,5

Num 34,21 : 17,15 18, 13 163,38

Num 34,22 : 17,1 19,4

Num 34,23 : 17,30 18, 1 164,66

Num 34,24 : 17,7 21,5

Num 34,25 : 18,22

Num 34,26 : 16,15

Num 34,27 : 16,16 21,6

Deut 1,1 : 21,22 23,14 88,10 109,4 135,19 156,13 214,76 269,19

Deut 1,2 : 21,28 112, 23 301,40

Deut 1,4 : 21,18 22,7 86,32 213,35

Deut 1,7 : 21,19 88,26 213,49 215,91

Deut 1,28 : 12,8

Deut 1,44 : 22,8 117, 27 252,23

Deut 2,4 : 22,12

Deut 2,8 : 22,14 125,8 241,54

Deut 2,9 10 : 86, 26 212, 30

Deut 2,10 : 22,14

Deut 2,12 : 22,4

Deut 2,13 : 159,9 257, 35 300,98

Deut 2,13? : 165,80

Deut 2,19 : 88,31 215, 94

Deut 2,20 : 12,3 23,6 15 88,32 215,95

Deut 2,23 : 21,18 20 22,5 6 8 18 85,27 125,17 211,1 242,62

Deut 2,26 : 22,1 109,9 270,23

Deut 3,4 : 21,19 88,34 216,97

Deut 3,8 22,9

Deut 3,9 : 23,9 10 90, 20 118,11 217,37 253, 38

Deut 3,10 : 23,1 10 137, 32 150,24 277,84 292, 7

Deut 3,11 : 23,6

Deut 3,12 : 23,7

Deut 3,14 : 21,20 22,20 22 23,2 89,14 101,25 120,13 216,10 231,35 256,1

Deut 3,16 : 124,26 241, 40

Deut 3,17 : 22,9 89,5 112,28 123,24 138,1 216,2 277,85 300,5 302,43

Deut 3,17? : 21,23

Deut 3,27 : 22,16

Deut 4,3 : 21,26

Deut 4,43 : 21,26 27 22,21 22 23,7 102,15 125,33 232,55 242,75

Deut 4,46 : 123,20 300,2

Deut 4,49 : 123,26 300,6

Deut 7,1 : 125,27 242, 68

Deut 10,3 : 23,11

Deut 10,6 : 21,21 28 23,3 102,21 138,5 233,60 278,87

Deut 10,7 : 125,31 131, 29 242,73 265,9

Deut 11,29 : 18,24 22, 14 22 24 126,4 12 242,79 86

Deut 11,30 : 22,23 126, 14 243,88

Deut' 12,8 : 22,23

Deut 23,3 : 23,3 183,40

Deut 23,5 : 21,28

Deut 29,22 : 21,24 25 23,11

Deut 32,8 : 22,9

Deut 32,49 : 89,8 131, 31 216,4 265,10

Deut 33,2 : 22,16 23,13

Deut 34,1 : 89,10 115, 17 141,31 216,6 283, 94

Deut 34,6 : 126,19 243, 91

Ios 1,4 : 89,19 216,14

Ios 2,1 : 29,26 150,15 169,62 292,8

Ios 3,16 : 30,3

Ios 4,3 : 102,28

Ios 4,19 : 126,22 243, 94

Ios 5,3 : 102,25 233,65

Ios 5,6? : 138,3 278,86

Ios 6,15 : 24,3

Ios 6,23 : 131,31 265,10

Ios 7,1 : 31,5

Ios 7,2 : 25,6 100,10 126,32 230,11 243,2

Ios 7,21 : 25,6
Ios 7,26 : 89,31 118,14 217,23 253,41
Ios 8,1 : 23,18 209,60
Ios 8,17 ? : 104,23
Ios 8,18 : 26,16 189,100
Ios 9,3 : 127,1 243,6
Ios 9,17 : 26,3 16 103, 12 113,2 132,15 167, 37 233,83 302,46
Ios 10,1 : 23,18 132,7 265,18
Ios 10,3 : 27,1 28,5 18 29,20 118,21 135,22 168,42 61 253,45 274, 9
Ios 10,10 : 23,20 25,6 28,25 89,22 102,29 138,8 216,16 233,69 278,90
Ios 10,12 : 23,21 89,25 216,19
Ios 10,29 : 28,18 135, 26 274,13
Ios 10,33 : 27,23 29,20 127,8 244,14
Ios 10,38 : 116,1 250,65
Ios 10,40 : 90,3 217,27
Ios 10,41 : 26,3 27,23 103,3 127,14 233,74 244,19
Ios 11,1 : 23,23 28,6 26 30,3 90,6 118,25 138, 11 167,26 217,29 254, 50 278,94
Ios 11,2 : 22,17 115,22 142,13 250,56 283,3
Ios 11,3 : 28,26 27 90, 11 138,13 217,34 278, 96
Ios 11,5 : 28,27
Ios 11,7 : 138,16 278, 99

Ios 11,8 : 28,28 138,19 278,2
Ios 11,11 : 254,52
Ios 11,16 : 23,24
Ios 11,17 : 23,25 25,7 90,16 19 103,5 151,1 217,35 37 233,76 292, 17
Ios 11,19 : 127,2 243,7
Ios 11,21 : 23,26 90,25 112,7 118,27 217,44 301,31
Ios 11,22 : 23,26 27,1 24 25 90,30 127,15 218,47 244,20
Ios 12,1 : 23,27
Ios 12,2 : 23,28
Ios 12,3 : 25,8 27,21 103,9 132,18 233,81 266,26
Ios 12,4 : 86,33 213,36
Ios 12,5 : 27,25 29,1 30,4 138,21 278,4
Ios 12,8 : 27,2
Ios 12,9 : 126,32 243,3
Ios 12,11 : 132,16 266, 24
Ios 12,12 : 127,8 244, 14
Ios 12,13 : 26,24 115, 19 127,20 244,27 250, 53
Ios 12,14 : 23,29 90,33 218,50
Ios 12,15 : 23,29
Ios 12,16 : 100,11 230, 12
Ios 12,17 : 30,25 144, 2 156,18 260,10 286, 63
Ios 12,18 : 23,30 91,1 135,29 218,52 274, 17

Ios 12,20 : 29,1 30,5 91,3 138,24 150,28 218,54 278,7 292,12
Ios 12,21 : 29,2 30,26 138,26 156,21 261,13
Ios 12,22 : 26,4 18 28, 7 109,12 132,24 266, 32 270,26
Ios 12,23 : 26,24 29,12 127,22 24 244,30 31
Ios 12,24 : 30,27 156, 30 261,23
Ios 13,2 : 27,26
Ios 13,3 : 24,1 2 27,27 91,6 14 18 218,57 63 67
Ios 13,4 : 91,22 219,71
Ios 13,5 : 24,1 91,25 26 128,3 219,74 75 245,41
Ios 13,9 : 26,25 29,3 138,29 32 279,11 13
Ios 13,10 : 92,1 219,81
Ios 13,11 : 138,21 151, 2 278,4 292,18
Ios 13,12 : 23,30 86,33 213,36
Ios 13,13 : 127,18 138, 22 244,24 278,5
Ios 13,17 : 25,9 10
Ios 13,18 : 29,3 109,14 139,1 270,28 279, 15
Ios 13,18 ?? : 167,39
Ios 13,19 : 26,5 30,5 6 150,18 151,7 292,5 293,21
Ios 13,20 : 25,10 103,7 233,78
Ios 13,21 : 27,3 29,26 27 31,4 146,2 164,65 287,95
Ios 13,25 : 28,7 86,30 131, 19 213,34 264,100

Ios 13,26 : 25,11 29, 4 27 103,14 115,31 139, 4 7 234,85 250,62 279,18 21

Ios 13,27 : 25,11 12 103,16 19 151,8 9 234,87 89 293,22

Ios 13,30 : 132,26 266, 34

Ios 14,15 : 84,12

Ios 15,1 : 30,7

Ios 15,3 : 24,4 27,3 92, 3 6 150,20 219,83 86 292,8

Ios 15,4 : 24,5

Ios 15,6 : 25,13 14 103, 21 24 135,30 234,91 274,19

Ios 15,7 : 24,5 6 29,28 92,8 9 126,28 219,88 89 243,99

Ios 15,8 : 27,4 29,28 110,25 164,56 272,71

Ios 15,9 : 25,15 28,7 29,12 103,25 118,30 142,16 234,94 254,54 283,5

Ios 15,10 : 25,15 26,20 113,4 302,47

Ios 15,11 : 28,8 30,7 132,27 151,10 266,35 293,23

Ios 15,13 : 24,6

Ios 15,14 : 24,7 30,8 28

Ios 15,15 : 26,25 115, 27 132,29 250,59 266, 37

Ios 15,16 : 24,7

Ios 15,17 : 24,8 115,28 250,60

Ios 15,19 : 127,27 245, 34

Ios 15,21 : 28,8 29,4

109,17 118,32 132,30 254,56 270,31

Ios 15,22 : 24,9 26,6 26 109,18 115,32 155, 9 250,63 270,32 297, 39

Ios 15,23 : 28,9 90,9 109,13 118,33 217,32 254,57

Ios 15,24 : 25,16 30,20 31, 6 103,30 155,10 159,11 234,98 257,37 297,40

Ios 15,25 : 217,33

Ios 15,26 : 27,5 29,5 30,8 92,18 139,9 151, 11 220,92 279,23

Ios 15,27 : 24,9 10 25,17 92,19 103,31 127,28 220,93 234,99 245,35

Ios 15,28 : 25,17 30,8 92,21 103,32 119,1 151,12 220,95 234, 100 254,58 293,24

Ios 15,29 : 24,10 25,18 104,12 119,2 235,12 254,59

Ios 15,29 LXX : 28,3

Ios 15,30 : 26,21 27,5 113, 5 119, 3 156, 32 158,30 261,26 285,46 302,49

Ios 15,31 : 29, 5 30, 9 10 139,10 151,13 16 279,24 293,25 27

Ios 15,32 : 24,11 27,5 28,19 30,1 10 92,22 135,32 146,5 151, 17 220,96 275,20 287,98 293,28

Ios 15,33 : 27,6 30,11 92,26 28 151,18 220, 99 1 293,29

Ios 15,34 : 24, 11 31,6 121,26 27 159,12 165, 77 258,38 259,67 68

Ios 15,35 : 24,12 30,12 92,29 132,31 151,21 163,52 220,2 266,38 293,32

Ios 15,36 : 27,27 30,12 92,32 127,30 151,25 220,4 245,37 293,35

Ios 15,37 : 24,12 29,5 30, 12 93, 3 139, 12 151,26 220,6 279,26 293,36

Ios 15,38 : 26,27 28,9 115,33 133,1 169,76 250,64 266,40

Ios 15,39 : 25,18 104, 13 235,13

Ios 15,40 : 26,21 28,19 113,6 7 135,33 275, 21 302,50 54

Ios 15,41 : 25,19 27,28 128,6 138,9 142,17 278,92 283,7

Ios 15,42 : 24,13 93,7 8 220,8 221,9

Ios 15,43 : 27,6 28,9 29,13 93,10 133,2 142,18 221,11 266,41 283,8

Ios 15,44 : 24,13 26,6 29,6 93,11 109,19 139,13 221,13 270,33 279,27

Ios 15,47 : 91,16 125,20 218,65 242,65

Ios 15,48 : 30,13 133,3 151,27 29 266,42 293, 37 39

Ios 15,49 : 26,28 116,1 250,65

Ios 15,50 : 24,14 27,8

93,12 16 18 164,61
221,14 17 19
Ios 15,50?: 164,61
Ios 15,51: 27,16 113,10
128, 4 5 245,42 43
302,55
Ios 15,52: 24,14 26,28
27,9 116,4 119,4 6
155,11 250,68 254,60
62 297,41
Ios 15,53: 25,19 28,10
93,21 104,17 133,8
167,36 221,22 235,17
266,46
Ios 15,54: 24,14 30,13
93,22 151,3 221,23
293,19
Ios 15,54?: 162,17
Ios 15,55: 26,7 28,10
29,6 16 113,8 133,10
139,15 159,14 258,40
266,49 280,29 302,51
Ios 15,56: 28,11 133,13
18 267,57
Ios 15,57: 24,14 30,28
Ios 15,58: 24,15 25,20
104,27 119,7 127,32
235,25 245,39
Ios 15,58?: 25,1
Ios 15,59: 25,21 27,9
29,7 119,9 139,16
254,63 280,31
Ios 15,60: 24,15 26,8
93,23 109,23 156,28
221,24 261,20 270,37
Ios 15,61: 25,21 29,7
30,14 104,19 139,17
151,32 235,20 280,32
293,41
Ios 15,62: 27,17 29,13
119,12 142,20 254,66
283,10
Ios 15,63: 132,8 265,19

Ios 16,2: 29,16 93,24
221,25
Ios 16,3: 27,21 133,19
267,58
Ios 16,5: 93,25 27 102,
30 221,26 222,28
233,70
Ios 16,6: 28,11 31,1
133,20 152,1 156,24
261,16 267,59 293,42
Ios 16,7: 24,15 142,21
283,11
Ios 16,8: 26,9 109,24
156,26 261,19 270,38
Ios 16,10: 127,12 244,
17
Ios 16,60: 103,26 234,
95
Ios 17,2: 24,15 27,10
30,15
Ios 17,3: 24,16 29,7 8
14
Ios 17,5 LXX: 28,22
Ios 17,7: 24,16 133,23
139,19 152,5 267,62
280,34 294,46
Ios 17,8: 156,27
Ios 17,9: 109,26 270,39
Ios 17,10: 93,28 222,29
Ios 17,11: 27,18 28,12
121,29 133,28 138,27
142,23 157,12 259,70
261,39 267,64 279,9
283,13
Ios 17,11 12: 115,25
250,57
Ios 17,16: 27,9 133,25
267,63
Ios 17,16?: 133,26 253,
49
Ios 18,1: 30,14
Ios 18,12: 104,24 144,
26 235,23 304,100

Ios 18,13: 28,20 93,31
94,3 135,11 222,32
37 274,4
Ios 18,14: 109,27 271,
40
Ios 18,16: 24,18 25,22
119,21 128,9 146,8
245,47 255,72 287,100
300,12
Ios 18,17: 27,28 104,34
119,22 152,8 236,31
255,74 294,49
Ios 18,18?: 105,1
Ios 18,19: 25,22 139,23
261,36
Ios 18,21: 27,10 94,5
105,3 222,39 236,32
Ios 18,22: 30,16 100,10
152,10 230,11 294,50
Ios 18,23: 24,19 20 94,
6 7 222,40 42
Ios 18,24: 24,21 22 94,
9 10 127,7 222,43
244,13
Ios 18,25: 25,23 27,28
30,1 105,4 127,3 146,9
243,8 287,1
Ios 18,26: 29,8 94,13
113,2 139,18 222,47
280,33 302,46
Ios 18,26?: 113,11 302,
56
Ios 18,27: 28,12 31,2
133,30 146,12 156,31
261,25 267,66 287,3
Ios 18,27?: 166,18
Ios 18,28: 24,22 30,16
94,11 109,11 128,18
132,14 152,11 201,38
222,44 45 246,56 265,
28 270,25 294,51
Ios 19,1: 104,10 235,
11

Ios 19,2 : 30,17 152,12 294,52

Ios 19,3 : 24,22 23 94, 14 15 103,29 105,5 222,48 49 234,97 236, 33

Ios 19,4 : 25,23 27,10 105,6 119,25 156,32 236,34 255,76

Ios 19,5 : 25,24 94,16 105,7 222,50

Ios 19,6 : 25,24 105,10 136,1 275,22

Ios 19,7 : 24,23 94,17 19 119,27 157,4 223, 51 52 255,78 261,30

Ios 19,8 : 25,25 26 105, 8 9 236,35 36

Ios 19,10 : 30,17 152, 13 294,53

Ios 19,11 : 26,29 28,12 29,8 116,8 133,31 139,20 168,53 250,71 267,67 280,35

Ios 19,12 : 26,21 22 29 28,13 113,12 24 133, 32 152,14 267,69 294,54 302,57 64

Ios 19,13 : 26,10 27,29 94,20 21 119,29 128, 13 146,13 223,53 54 245,50 255,80 287,4 5

Ios 19,14 : 27,11 28,14 94,23 128,14 134,3 223,57 245,51 267,72

Ios 19,15 : 26,11 29 28, 14 29,14 105,11 110,2 134,4 142,24 152,15 236,37 267,73 271,48 283,14 294,55

Ios 19,18 : 30,17 94,24 133,14 152,16 223,58 267,52 294,56

Ios 19,19 : 24,23 27,11 30,18 94,28 30 152,19 223,61 64 294,58

Ios 19,20 : 24,24 26,11 30,1 94,31 109,33 146,14 223,65 271,46

Ios 19,21 : 25,26 27,18 19 30,1 105,13 121, 33 122,3 134,5 146, 16 236,39 259,73 76 267,74 287,6 294,46

Ios 19,22 : 25,27 30,18 31,2 152,21 156,33 261,27 294,60

Ios 19,25 : 25,27 27,12 29,16 94,32 105,14 119,30 144,3 223,66 236,40 255,81 286,65

Ios 19,26 : 24,24 27,12 95,1 2 136,2 139,21 152,22 161,4 223,67 68 275,23 280,36 294,61

Ios 19,27 : 25,27 26,22 28,14 95,4 104,14 105,16 18 113,26 235, 14 236,42 44 302,66

Ios 19,28 : 24,24 25 30, 2 95,3 8 9 110,3 120, 4 146,17 148,11 223, 69 224,73 74 256,90 271,50 287,7 289,46

Ios 19,28? : 95,10 224, 75

Ios 19,29 : 29,21 30,20 95,12 144,19 146,18 224,77 287,8 303,93

Ios 19,30 : 24,25 95,15 16 224,79 80

Ios 19,33 : 24,26 25,28 28,22 29,9 95,17 20 134,10 136,3 139,25 142,25 152,23 224,82

85 268,76 275,24 280,38 294,62

Ios 19,34 : 29,17 21 95, 23 134,7 224,88 255, 82

Ios 19,35 : 30,2 95,18 19 112,28 146,23 155,12 224,88 84 297, 42 302,43

Ios 19,36 : 24,26 27 95, 21 146,19 224,86 288,9

Ios 19,37 : 27,19 110,8 119,31 122,6 255,85 259,79 271,54

Ios 19,38 : 25,28 27,19 28,15 29,9 104,16 105,20 134,11 139,26 144,20 235,16 236,45 268,77 280,39 303,94

Ios 19,41 : 30,19 119, 32 152,24 26 294,63 65

Ios 19,42 : 24,27 30,19 31,2 134,12 152,28 268,78 294,66

Ios 19,43 : 95,25 134, 13 224,90 268,79

Ios 19,44 : 25,29 28,1 106,11 120,8 128,15 237,66 246,52 255,86

Ios 19,45 : 26,1 28,1 105,24 25 120,6 128, 23 134,14 236,48 237,49 246,58 256,92

Ios 19,46 : 28,15 122,7 134,15 135,2 169,81 259,81 268,80 92

Ios 19,47 : 28,23 136,6 275,27

Ios 19,50 : 31,3

Ios 20,7 : 84,15 148,28 290,62

Ios 20,8 : 28,2 102,16 125,33 138,30 145,31 232,56 242,75 279,11 287,91
Ios 21,11 : 84,16 171,28
Ios 21,12 : 28,16
Ios 21,14 : 27,12 115, 29 119,18 250,61 254,70
Ios 21,15 : 144,29 304,2
Ios 21,15? : 116,3 250, 67
Ios 21,16 : 28,16 92,22 94,17 220,96 223,51
Ios 21,17 : 127,6 7 244, 10 13
Ios 21,18 : 24,28 94,1 4 162,24 222,34 38
Ios 21,21 : 127,8 152,6 244,14 279,9
Ios 21,22 : 26,12 103,2 109,25 233,73
Ios 21,23 : 27,13 128, 15 246,52
Ios 21,24 : 95,25 224, 90
Ios 21,25 : 128,7 157, 12 245,44 262,41
Ios 21,27 : 104,21 235, 21
Ios 21,28 : 109,15 33 116,9 250,72 270,29 271,46
Ios 21,29 : 122,1 134,5 169,63 259,74 267,74
Ios 21,30 : 25,1 29,10 95,3 139,22 224,70 280,37
Ios 21,31 : 119,30 145, 23 146,17 255,81 286,83
Ios 21,32 : 25,1 110,8 12 120,8 256,94 272,57

Ios 21,34 : 26,12 110,1 133,31 267,67 271,47
Ios 21,35 : 26,30 116,7 142,24 250,70 283,16
Ios 21,35 mas : 26, 13 28,17 29,11 102,17 138,30 232,57 279,12
Ios 21,36 : 139,4 7 279, 18 21
Ios 21,37 : 118,2 131, 22 167,29 253,29 265,3
Ios 22,10 : 128,26 246, 61
Ios 24,9 : 26,2
Ios 24,30 : 128,28 157,7 246,63 261,33
Ios 24,30 LXX : 28,3
Ios 24,32 : 152,6 294, 47
Ios 24,33 : 28,4 128,31 246,66
Ios 24,33 LXX : 25,3 4
Iud 1,4 : 31,21 105,28 237,52
Iud 1,5 : 31,8
Iud 1,10 : 31,9 33,16 28
Iud 1,10 LXX : 32,8
Iud 1,12 : 31,9
Iud 1,13 : 31,10 27
Iud 1,16 : 31,10 95,29 225,94
Iud 1,17 : 33,16 152,31 295,68
Iud 1,18 : 24,3 91,8 125,20 218,59 242,65
Iud 1,19 : 33,14
Iud 1,21 : 132,8 265,19
Iud 1,23 : 135,13 136, 7 274,5 275,29
Iud 1,26 : 32,3
Iud 1,27 : 32,25 105,31 157,13 237,55 262,40

Iud 1,29 : 127,12 244, 17
Iud 1,30 : 31,27 33,10 110,14 142,27 272,60 284,18
Iud 1,31 : 31,11 12 95, 10 16 113,27 120,4 224,75 80 256,90 302, 67
Iud 1,33 : 106,3 6 8 237,59 62
Iud 1,35 : 33,16 95,27 225,92
Iud 1,36 : 31,12 87,34 214,66
Iud 1,36? : 286,71
Iud 2,1 : 110,27 134,32 257,15 272,72
Iud 2,9 : 32,20 33,28
Iud 2,13 : 31,13
Iud 3,3 : 106,10 136,5 237,64 275,26
Iud 3,8 : 32,3 33,14 17
Iud 3,15 : 32,16 20
Iud 3,26 : 33,17 152,32 295,70
Iud 3,31 : 31,14 33,17
Iud 4,2 : 31,14 32,25 33,18 95,32 167,34 225,97
Iud 4,4 : 32,6 33,5
Iud 4,6 : 31,14 22
Iud 4,7 : 110,22 272,69
Iud 4,11 : 33,13 172,34
Iud 4,13 : 172,35
Iud 4,17 : 32,26
Iud 5,5 : 32,8
Iud 5,16 : 139,31 280, 42
Iud 5,19 : 33,29 157,11 261,39
Iud 5,21 : 31,28 110,24 272,70

Iud 5,23 : 33,7
Iud 6,11 : 32,8 20 27
  116,11 251,74
Iud 6,26 : 33,7
Iud 6,32 : 32,28 169,63
Iud 7,1 : 32, 21 33, 8
  95,31 140,1 225,96
  280,43
Iud 7,10 : 32,17
Iud 7,22 : 31,15 33,19
  26 106, 14 155, 14
  237,68 297,44
Iud 7,24 : 106,12 237,
  67
Iud 7,25 : 32,29 33,13
  20 34,1 134,31 153,1
  256,99 295,72
Iud 8,5 : 33,20
Iud 8,7 : 31,23
Iud 8,8 : 32,17
Iud 8,10 : 31,29 110,15
  272,62
Iud 8,11 : 33,10 142,29
  284,20
Iud 8,13 : 31,16 96,3
Iud 8,16 : 106,18 238,
  71
Iud 8,17 : 123,30 300,9
Iud 8,18 : 134,26 268,
  90
Iud 8,27 : 32,9
Iud 8,33 : 31,24
Iud 9,5 : 33,1
Iud 9,6 : 33,8 106,15
  237,69
Iud 9,7 : 32,22
Iud 9,21 : 31,24 106,20
  238,73
Iud 9,26 : 31,16 32,22
Iud 9,28 : 34,1
Iud 9,41 : 31,16 96,7
  146,24 225,2 288,10
Iud 9,45 : 148,23 290,59

Iud 9,46 : 31,25
Iud 9,48 : 153,2 295,73
Iud 9,50 : 33,29 157,
  15 262,44
Iud 10,1 : 32,17 33,21
Iud 10,3 : 33,1
Iud 10,4 : 31,17
Iud 10,5 : 31,29 110,18
  272,65
Iud 11,1 : 169,75
Iud 11,3 : 155,15 297,
  45
Iud 11,18 : 182,5
Iud 11,19 : 33,22
Iud 11,24 : 32,4
Iud 11,33 : 96,5 10 140,
  3 225,100 5 280,44
Iud 12,1 : 153,4 295,75
Iud 12,5 : 32,12
Iud 12,6 : 33,23
Iud 12,8 : 31,19
Iud 12,11 : 34,1 96,8
  225,3
Iud 12,12 : 96,8 225,3
Iud 12,13 : 31,19 123,
  32 163,47
Iud 13,2 : 33,9
Iud 13,24 : 33,23
Iud 13,25 : 152,24 294,
  63
Iud 14,1 : 157,19 262,
  49
Iud 15,8 : 32,16 122,9
  259,83
Ind 15,16 : 134,16 136,
  9 256,97 275,32
Iud 16,1 : 32,23
Iud 16,4 : 32,6 33,24
  153,6 295,76
Iud 16,23 : 32,7
Iud 16,31 : 119,32 255,
  87
Iud 17,1 : 33,9

Iud 18,7 : 136,11 275,
  33
Iud 18,18 : 166,15
Iud 18,29 : 33,6
Iud 18,30 : 33,1
Iud 19,10 : 132,8 265,
  19
Iud 20,1 : 138,14 278,
  97
Iud 20,10 : 129,3 246,
  70
Iud 20,33 : 31,25 106,
  23 238,75
Iud 20,45 : 32,23
Iud 21,8 : 33,2 134,17
  268,81
Ruth 1,2 : 32,5 34,6 7
Ruth 1,3 : 34,4
Ruth 1,4 : 34,8 9
Ruth 1,16 : 184, 63/64
Ruth 2,1 : 31,25 34,3
Ruth 4,11 : 32,10
Ruth 4,12 : 32,18
Ruth 4,17 : 33,13
Ruth 4,19 : 31,20
Ruth 4,22 : 34,5
Reg I 1,1 : 35,20 29
  36,17 19 28 96,17
  153,11 167,22 24 182,
  4 7 183,29 31 225,12
  295,80
Reg I 1,1? : 165,93
Reg I 1,2 : 34,11 162,
  29
Reg I 1,3 : 35,22 36,15
  20 165,92
Reg I 1,4 : 35,22
Reg I 1,11 : 163,50
Reg I 1,20 : 36,20
Reg I 3,20 : 35,3
Reg I 4,1 : 34,11 96,20
  226,15
Reg I 4,4 : 35,7

Reg I 4,12 : 168,55

Reg I 5,8 : 129,6 246, 73

Reg I 6,11 : 164,57

Reg I 6,14 : 35,29

Reg I 6,18 : 36,21

Reg I 6,19 LXX : 35,29

Reg I 6,21 : 35,4

Reg I 7,1 : 34,11 35,13

Reg I 7,3 : 34,26

Reg I 7,5 : 138,14 278, 98

Reg I 7,11 : 34,26 106, 27 238,79

Reg I 7,12 : 106,28 238,80

Reg I 7,16 : 126,27 243,99

Reg I 8,2 : 34,12 36,1

Reg I 9,1 : 34,13 27 35,4 36,21

Reg I 9,2 : 36,22

Reg I 9,4 : 36,22 153, 12 14 295,81 82

Reg I 9,5 : 36,23 153, 16 295,84

Reg I 9,12 : 35,1 106, 30 238,81

Reg I 9,16 : 184,69

Reg I 10,5 : 172,40

Reg I 10,21 : 36,6 161, 11

Reg I 10,26 : 35,24 128,20 246,56

Reg I 11,1 : 34,13 36,1 167,26

Reg I 11,8 : 34,28

Reg I 11,14 : 35,24

Reg I 12,9 : 34,14

Reg I 12,11 : 34,28 36,1

Reg I 13,2 : 36,6 140, 5 280,47

Reg I 13,17 : 144,4 286,66

Reg I 13,18 : 153,17 295,85

Reg I 14,1 : 140,9 280, 50

Reg I 14,2 : 36,7 140, 10 280,51

Reg I 14,3 : 34,14 15 35,13 171,19

Reg I 14,4 : 34,28 36, 23 106,32 153,13 238,84

Reg I 14,25 : 134,21 268,86

Reg I 14,47 : 36,24

Reg I 14,49 : 36,3 7 8 169,72

Reg I 14,50 : 34,15 36,12

Reg I 14,51 : 34,16

Reg I 15,7 : 34,20 35, 15 36,24 124,20 149, 26 240,83

Reg I 15,8 : 34,16

Reg I 15,34 : 34,17

Reg I 16,1 : 169,72

Reg I 16,6 : 35,20

Reg I 16,9 : 36,25

Reg I 16,13 : 35,11

Reg I 17,1 : 34,17 35, 11 36,25 96,23 226,18

Reg I 17,2 : 122,12 259, 86

Reg I 17,4 : 35,24

Reg I 18,19 : 34,18 36,9

Reg I 19,18 : 36,12 143,2 284 25

Reg I 19,22 : 36,25

Reg I 20,19 : 34,18 120, 11 256,100

Reg I 20,20 : 136,17 161,11 275,38

Reg I 20,27 : 36,3

Reg I 20,41 : 96,25 226,20

Reg I 21,1 : 34,20

Reg I 21,2 : 36,12

Reg I 21,3 : 120,18 124,2 163,52 256,6 300,15

Reg I 21,8 : 35,12 168, 45

Reg I 21,11 : 34,19 186,97

Reg I 22,1 : 36,15

Reg I 22,3 : 140,11 281,52

Reg I 22,5 : 34,21 96, 27 226,21

Reg I 22,9 : 168,45

Reg I 22,19 : 142,30 284,21

Reg I 22,20 : 34,21

Reg I 23,14 : 140,13 159,18 258,43 281,54

Reg I 23,19 : 34,21 37,1 120,15 132,20 165,83 169,67 256,3 266,28

Reg I 23,24 : 36,10 169,67

Reg I 23,24? : 135,3 257,19

Reg I 24,1 : 119,12 122,14 259,87

Reg I 24,3 : 96,29 226, 23

Reg I 25,2 : 110,31 113,8 272,76 302,52

Reg I 25,3 : 34,22 36, 12

Reg I 25,44 : 35,23 25 129,9 162,15 246,77

Reg I 26,1 : 164,68 169,67

Reg I 26,6 : 34,23 35, 7 16 36,4 26

Reg I 27,2 : 36,10 162, 15

Reg I 27,3 : 34,23

Reg I 27,6 : 293,25

Reg I 27,8 : 35,26 27 129,13 247,80

Reg I 27,10 : 36,4 110, 30 134,22 169,71 272, 75 .

Reg I 28,4 : 35,27 36, 26 40,3 129,14 153, 18 247,81 295,86

Reg I 28,7 : 34,24 35, 1 96,31 121, 29 226, 25 259,70

Reg I 29,1 : 97,3 226,28

Reg I 29,3 : 35,16

Reg I 30,5 : 171,30

Reg I 30,8 : 129,16 247, 83

Reg I 30,9 : 35,2 107, 1 238,85

Reg I 30,14 : 35,8 9

Reg I 30,15 : 35,28

Reg I 30,27 : 134,23 146,29 268,87 288,14

Reg I 30,28 : 35,16 36, 27 120,25 153,20 256, 7 295,89

Reg I 30,29 : 36,17 146,30 166,19 172,40 288,15

Reg I 30,30 : 34,24 25 97,4 5 107,2 168,61 226,30 288,86

Reg II 1,8 : 161,8

Reg II 2,1 : 84,15

Reg II 2,8 : 38,26 39,11

Reg II 2,9 : 37,3 166, 9 169,71

Reg II 2,18 : 37,3 5

Reg II 2,24 : 37,5 38, 22 97,6 226,31

Reg II 2,24? : 162, 17

Reg II 2,29 : 38,9

Reg II 2,29? : 135, 3 257,19

Reg II 3,2 : 37,6 39,1 162,19

Reg II 3,3 : 37,6 39,11

Reg II 3,4 : 37,7 8 39, 25

Reg II 3,5 : 37,8 39,1 168,51

Reg II 3,7 : 37,8 39,22

Reg II 3,12 : 157, 21 166,100 262,51

Reg II 3,16 : 37,26 107, 3 238,87

Reg II 3,26 : 153, 21 295,90

Reg II 4,2 : 37,26

Reg II 5,6 7 : 132, 9 265,20

Reg II 5,7 : 39,25

Reg II 5,11 : 38,25

Reg II 5,14 : 39,26

Reg II 5,15 : 38,17 39, 2 15 163,42

Reg II 5,16 : 38,17 18 163,36

Reg II 5,16? : 167,35

Reg II 5,18 : 110, 26 147,6 272,71 288,22

Reg II 5,22 : 110, 26 272,71

Reg II 5,25 : 129, 19 247,85

Reg II 6,6 : 143,4 284, 26

Reg II 6,10 : 39,21

Reg II 7,11 : 38,5

Reg II 8,3 : 37,9 39,22 26 153,23 296,91

Reg II 8,7 LXX : 40,1

Reg II 8,8 : 140,16 281, 56

Reg II 8,9 : 122,17 167, 24 260,90

Reg II 8,9? : 120, 9 256,96

Reg II 8,10 : 39,2

Reg II 8,13 : 38,1 140, 17 281,57

Reg II 8,17 : 40,2

Reg II 8,18 : 37,9 38, 1 39,21

Reg II 9,2 : 40,1

Reg II 9,4 : 37,10 39,10 136,20 21 276,40 41

Reg II 10,1 : 37,10 162, 29

Reg II 10,6 : 38,2 25 140,19 170,92 281,58

Reg II 10,10 : 37,11

Reg II 10,16 : 38,12 40,2 84,31 210,80

Reg II 11,3 : 38,2 40, 14 163,35

Reg II 11,21 : 39,3 40, 9 166,4

Reg II 12,25 : 39,4

Reg II 12,26 : 147,1 288,18

Reg II 13,1 : 167,20

Reg II 13,3 : 170,7

Reg II 13,5 : 39,5

Reg II 13,23 : 38,4 107, 5 238,89

Reg II 13,37 : 37,11 40,9

Reg II 14,2 : 40,9

Reg II 14,17 : 39,12

Reg II 14,27 LXX : 39,23

Reg II 15,8 : 129,21 247,87

Reg II 15, 12 : 37, 12 38,22 129,22 247,88

Reg II 15, 23 : 111, 3 273,82

Reg II 15, 32 : 37, 13 40,14 147,3 288,20

Reg II 16,5 : 38,5 23

Reg II 17,17 : 39,23

Reg II 17, 25 : 37, 13 39,16

Reg II 17,27 : 38,6 39, 23 147,5 288,21

Reg II 18,21 : 38,12

Reg II 18,23 : 172, 38

Reg II 20,1 : 38,6 40, 3 168,55

Reg II 20,7 : 37,14 38, 12 20

Reg II 20,14 : 38,7 107, 6 113,17 302,61

Reg II 20,23 : 39,5 6

Reg II 20,24 : 37,14 15 39,6

Reg II 20,25 : 40,3 4

Reg II 20,26 : 169,84

Reg II 21,8 : 37,15 39, 12 164,58

Reg II 21,16 : 39,7 24 169,69

Reg II 21, 18 : 38, 23 40,4 15 129,23 247, 89

Reg II 21,19 : 39,7 162, 32

Reg II 23,8 : 37,17

Reg II 23,9 : 37,18

Reg II 23,11 : 37,18 19

Reg II 23, 13 : 37, 19 38,10 172,31

Reg II 23, 20 : 37,19 38,10 39,7

Reg II 23, 24 : 37,20 38,18

Reg II 23, 25 : 37, 20 40,6

Reg II 23, 26 : 37, 21 38, 25 40, 10 169,84

Reg II 23,27 : 37,21 22

Reg II 23,27 ? : 162,30

Reg II 23,28 : 39,13 16 40,7

Reg II 23,29 : 37, 21 38,8 39,24

Reg II 23,30 : 37,22 38,20 23 39,16 17

Reg II 23,31 : 37,23 24 38,8 39,18

Reg II 23, 32 : 38, 14 39,8 163,35

Reg II 23,33 : 37,24

Reg II 23, 34 : 38, 23 39,10 13 163,35

Reg II 23, 35 : 37, 24 38,21 40,7

Refi II 23,35 ? : 166,98

Reg II 23,36 : 39,8

Reg II 23,37 : 40,8

Reg II 23,38 : 38,24

Reg II 24,5 : 39,9

Reg II 24,6 : 39,9 18 40, 11 97,7 166, 100 226,32

Reg II 24,7 : 140,24 281,61

Reg II 24, 16 : 37, 25 97,9 226,33

Reg II 24,18 : 39,21

Reg III 1,3 : 40,17 43,9

Reg III 1,8 : 43,7

Reg III 1,9 : 44,3 159, 29 165,89 258,53

Reg III 1,11 : 41,5

Reg III 1,33 : 129,29 247,95

Reg III 1,38 : 42,5

Reg III 1,44 : 40,18

Reg III 2 add : 166,16

Reg III 2,3 : 42,24

Reg III 2,5 : 40,18

Reg III 2,27 : 41,26

Reg III 2,35 add : 40, 19

Reg III 2,39 : 42,19

Reg III 3,4 : 127,5 244, 11

Reg III 4,2 : 40,19 43,9

Reg III 4,3 : 40,20 41, 26

Reg III 4,5 : 44,3 164, 70

Reg III 4,6 : 40,20 21 24

Reg III 4,8 : 41,6

Reg III 4,9 : 41,6 7 18 27 42,20 43,10 140, 29 281,65

Reg III 4,10 : 40,22 41, 21 43,11

Reg III 4,10 ? : 164,61

Reg III 4, 11 : 42, 25 43,20 143,6 284,27

Reg III 4,12 : 40,22 41, 21 42,11 19 43,11 24 97,11 134,25 140,26 27 153,24 169,80 227, 35 268,89 281,63 64 296,92

Reg III 4, 13 : 40, 23 42,6 12 43,7 97, 16 146,31 164,57 227,39 288,16

Reg III 4,15 : 41,7

Reg III 4,16 : 41,8

Reg III 4,19 : 41,21 43,6

Reg III 4,31 ; 41,22

Reg III 5,4 : 43,25 157, 25 262,54

Reg III 5,11 : 41,15 18 28 42,1 20

Reg III 5,13 : 136,22 276,42
Reg III 6,16 : 41,19
Reg III 6,37 : 41,19
Reg III 6,38 : 41,8
Reg III 7,4 : 42,21
Reg III 7,6 : 40,24
Reg III 7,21 : 41,9 42,12
Reg III 7,23 : 41,11
Reg III 7,27 : 42,21
Reg III 7,40 : 166,17
Reg III 8,1 : 43,12
Reg III 8,2 : 42,1
Reg III 9, 11 : 129,25 247,91
Reg III 9,13 : 113,26 302,66
Reg III 9,15 : 42, 22 97,10 121, 1 140, 30 141,1 227,34 257,14 281,66
Reg III 9, 17 : 103, 1 127,9 233,72 244,16
Reg III 9,18 : 43,24 25 26 107,10 157,26 239, 91 262,55
Reg III 9,26 : 42,2 3 97,17 227,40
Reg III 9,28 : 43,6 144, 21 303,95
Reg III 9,28? : 43,16
Reg III 10,1 : 153, 29 296,96
Reg III 10,10 : 43,13
Reg III 10, 11 : 149,4 153,25 290,72 296,93
Reg III 10,22 : 43,26 111,9 157,28 163,50 262,57 273,87
Reg III 10, 28 : 111,8 273,86
Reg III 11,7 : 41, 15 114,5 303,75
B

Reg III 11,14 : 43,13
Reg III 11,19 : 43,26 166,11
Reg III 11,20 : 42,6
Reg III 11,23 : 40,25 43,7 13
Reg III 11,24 : 41,19
Reg III 11,26 : 42,13 26 43,14 15 153,28 164,67 169,64 296,95
Reg III 11,40 : 43,15
Reg III 11,43 : 43,8
Reg III 12,1 : 43,15
Reg III 12,16 : 42,13
Reg III 12,18 : 40,25
Reg III 12,24 add : 40, 26
Reg III 12,25 : 123,29 148,25 290,59
Reg III 12,29 : 100,19
Reg III 13,2 : 42,14
Reg III 14,17 : 44,1
Reg III 14,20 : 42,26
Reg III 14,21 : 42,27
Reg III 14,28 : 166,11
Reg III 15,8 : 40,26
Reg III 15,16 : 41,9
Reg III 15. 18 : 41, 22 43,20
Reg III 15, 20 : 41, 1 97,20 147, 9 227, 43 288,25
Reg III 15, 21 : 158,3 262,61
Reg III 15,22 : 41,2
Reg III 16,1 : 41,2 162, 26 169,82
Reg III 16,7 : 42,15
Reg III 16,9 : 44,4
Reg III 16,15 : 128,21 246,57
Reg III 16,16 : 43,2

Reg III 16, 21 : 44, 1 166,5
Reg III 16,22 : 42,7
Reg III 16, 24 : 43, 16 150,31 292,14
Reg III 16,28 : 41,3
Reg III 16,28 add : 42, 16 27
Reg III 16,31 : 42,11 168,46 49
Reg III 16,34 : 43, 17 44,8 131,32 265,11
Reg III 17,1 : 42,4 44, 1 158,6 166,19 263, 64
Reg III 17,1? : 165,93
Reg III 17, 3 : 41, 16 113,28 302,69
Reg III 17, 9 : 43, 17 18 154,4 296,4
Reg III 18,3 : 43,6
Reg III 18,19 : 41, 11
Reg III 19,4 : 147,10 288,26
Reg III 19,6? : 190,33
Reg III 19,15 : 44,9
Reg III 19, 16 : 43, 1 97, 12 102,8 163,41 227,36 232,48
Reg III 19, 19 : 42, 4 43,18
Reg III 20,1 : 44,9
Reg III 21,17 : 166,18
Reg III 22,2 : 42,16
Reg III 22,8 : 42,17 23 168,54
Reg III 22, 11 : 41, 17 43,19
Reg III 22,42 : 41, 3 43,16
Reg III 22,49 : 97,21 227,44
Reg III 22,49? : 43,16
10

Reg IV 1,2:44,10 45,1
Reg IV 1,8 : 45,20
Reg IV 2,14 : 185,93
Reg IV 3,4 : 46,12
Reg IV 4,8 : 47,12
Reg IV 4,12 : 42,8
Reg IV 4,23 : 47,13
Reg IV 4,40 : 47,13
Reg IV 4,42:45,1 107,
  11 239,92
Reg IV 5,1 : 46,23
Reg IV 5,12 : 44,11
  45,22 97,26 124,7
  227,49 301,18
Reg IV 5,18 : 147,20
  289,35
Reg IV 5,19 : 45,11
Reg IV 6,19 : 47,12
Reg IV 6,25 : 171,22
Reg IV 8,26 : 44,11
Reg IV 9,25 : 45,2
Reg IV 9,27 : 45,2 27
  107,15 129,30 239,95
  247,96
Reg IV 10,12 : 107,17
  239,96
Reg IV 10,14 : 45,2
Reg IV 10,15 : 47,5
Reg IV 10,33 : 44,13
  45,3
Reg IV 11, 2 : 45, 27
  171,13
Reg IV 11,4 : 45,12 28
Reg IV 11,8 : 47,14
Reg IV 11,18 : 46,12
Reg IV 12,2 : 47,15
Reg IV 12,6 : 45,4
Reg IV 12,10 : 162,16
Reg IV 12,18 : 130, 1
  247,98
Reg IV 12, 21 : 47,15
  153,31 296,99
Reg IV 12, 22 : 44,13

45,28 46,1 47,16 161,
  12 168,47 56
Reg IV 13,1 : 46,2
Reg IV 13,3 : 45,4
Reg IV 13,10 : 170,99
Reg IV 13,17 : 44,14
Reg IV 14,1 : 44,15
Reg IV 14,2:46,2 170,
  94
Reg IV 14,7 : 46,3 130,
  3 134,29 145,9 172,
  34 248,100 286,71
Reg IV 14, 22 : 45, 19
  97,19 120,26 227,42
  256,8
Reg IV 14, 25 : 44, 15
  46,4 91,30 129,32 170,
  7 219,79 247,97
Reg IV 14,25? : 161,6
Reg IV 15,1 : 44,16
Reg IV 15,2 : 46,5
Reg IV 15,5:44,16 97,
  27 227,50
Reg IV 15,10:45,7 47,
  16 172,32
Reg IV 15,13 : 167,26
Reg IV 15,14 : 158,4
  166,18 263,62
Reg IV 15, 16 : 47, 26
  166,18
Reg IV 15,17 : 46,13
Reg IV 15,19 : 45,22
Reg IV 15,22 : 45,23
Reg IV 15,25 : 44,17
  47,5
Reg IV 15,29 : 44,17
  45,24 47,26 97,28 110,
  9 133,20 224,87 227,
  51 267,59 271,54
Reg IV 15,30 : 43, 2
  165,91
Reg IV 15,30? : 45,19
Reg IV 15,32 : 46,5

Reg IV 15,33 : 169,66
Reg IV 16,1 : 44,18
Reg IV 16,6 : 47,6
Reg IV 16,9 : 111, 6
  273,84
Reg IV 17,3:46,13 47,
  16
Reg IV 17,6 : 42,9 44,
  18 19 46,14 97,24
  130,7 161,1 227,47
  248,4
Reg IV 17, 24 : 47, 17
  97,29 30 113,30 153
  32 173,63 N 227,52
  296,100 303,70
Reg IV 17, 30 : 44, 19
  46, 24 47,18 98, 1 3
  107,23 143, 7 227,53
  228,55 239,99 284,28
  293,40
Reg IV 17, 31 : 44, 19
  20 46,24 47,28 98.5
  143,9 158,11 166, 7
  228,57 263,69 284,30
Reg IV 18,1 : 46,6
Reg IV 18,2 : 44,20
Reg IV 18,4 : 46,25
Reg IV 18, 11 : 161, 1
Reg IV 18, 13 : 47,18
Reg IV 18,17 : 47,7 8
  29 166,7
Reg IV 18, 18 : 44, 21
  45,14 20 46,7 47,19
  170,99
Reg IV 18,34 : 44, 21
  22 99,2 6 229,74 76
Reg IV 19, 2 : 44, 22
  45,21 162,22
Reg IV 19,9:48,2 166,6
Reg IV 19, 12 : 45, 12
  47,9 48, 1 2 113,22
  158,12 166,2 263,70
Reg IV 19, 26 : 47, 20

Reg IV 19,36 : 46,25

Reg IV 19,37 : 44, 22 23 46,26 47,21 143, 10 284,31

Reg IV 20,12 : 45,4 46, 15

Reg IV 20,13 : 46,27 196,96

Reg IV 20,14 : 184,70

Reg IV 21,1 : 45,14

Reg IV 21,19 : 44,24 46,8 15 169,74

Reg IV 22,1 : 44,24 45, 5 46,8 107,16

Reg IV 22,3 : 45,15 47, 21 164,60

Reg IV 22,12 : 44,24 25

Reg IV 22,14 : 43,3 44,26 46,16 48,2

Reg IV 23,4 : 47,22 154,3 296,3

Reg IV 23,5 : 45,13 46, 16 113,19 302,62

Reg IV 23,7 : 45,6 7 171,23

Reg IV 23,8 : 42,9

Reg IV 23,10 : 45,15 46, 17 48,4 155,16 298,46

Reg IV 23,11 : 45,24

Reg IV 23,13 : 46,17

Reg IV 23,23 : 45,25

Reg IV 23,24 : 48,4 191,68

Reg IV 23,29 : 46,18 28 164,66

Reg IV 23,31 : 44,26 46,9

Reg·IV 23,33 : 47,10 147,16 289,31

Reg IV 23,34 : 163,36

Reg IV 23,36 : 42,5 45, 25 47,10 168,54

Reg IV 24,1 : 46,28

Reg IV 24,8 : 45,16 47,2

Reg IV 24,17 : 46,18

Reg IV 24,18 : 162,15

Reg IV 25,6 : 47,10 147,22 289,36

Reg IV 25,8 : 47,2

Reg IV 25,13 : 46,19

Reg IV 25,14 : 46,21

Reg IV 25,18 : 47,22 23

Reg IV 25,21 : 120,27 256,9

Reg IV 25,22 : 42,10

Reg IV 25,23 : 45,8 46,9 20 47,4 48,6 166, 6 171,27

Reg IV 25,23? 170,6

Reg IV 25,27 : 44,26 46,10 21 164,65

Par I 1,2 : 167,36 171, 25

Par I 1,4 : 167,41

Par I 1,5 : 167,20 21 171,18

Par I 1,6 : 167,24

Par I 1,7 : 163,40

Par I 1,12 : 172,32

Par I 1,16? : 161,6

Par I 1,19 : 168,53

Par I 1,20 : 163,48

Par I 1,26 : 166,6

Par I 1,26? : 166,7

Par I 1,29 : 170,88 172, 38

Par I 1,30 : 168,45

Par I 1,30? : 166,1

Par I 1,31 : 172,33

Par I 1,32 : 165,84 168, 58 169,69 172,34

Par I 1,34 : 170,85

Par I 1,35 : 163,43 168, 58 172,42

Par I 1,36 : 172,35

Par I 1,36? : 166,1 4

Par I 1,37 : 165,80

Par I 1,40? : 161,3 165, 89

Par I 1,41 : 161,4 168, 51

Par I 1,42 : 164,70 165, 88 171,18

Par I 1,45 : 166,1 170, 100

Par I 1,50 : 124,6 301, 17

Par I 1,51 : 168,49

Par I 1,52 : 163,37 165, 92

Par I 2,1 : 169,82

Par I 2,3 : 165,96

Par I 2,4 : 166,3

Par I 2,5 : 168,57

Par I 2,6 : 164,76 165, 90

Par I 2,9 : 170,85

Par I 2,10 : 161,14

Par I 2,12 : 170,1

Par I 2,16 : 170,93

Par I 2,17 : 170,88

Par I 2,19 : 101,15 231, 25

Par I 2,22 : 167,29

Par I 2,24? : 166,12

Par I 2,25 : 168,59

Par I 2,32 : 167,27 168, 50 171,8

Par I 2,34 : 171,19

Par I 2,35 : 168,51

Par I 2,36 164,72

Par I 2,38 : 169,78

Par I 2,42 : 84,24 159, 22 210,74 258,47

Par I 2,44 : 169,62

Par I 2,46 : 171,13

Par I 2,47 : 170,94

148

Par I 2,50 : 109,31 117, 20 252,11 271,45

Par I 2,52 : 162,16 164, 60 171,29

Par I 2,53 : 164,61 167, 25 171,29

Par I 2,54 : 87,19 214, 53

Par I 2,54? : 166,98

Par I 2,55 : 172,40

Par I 3,2 : 167,22

Par I 3,5 : 161,13

Par I 3,6 : 163,44

Par I 3,7 : 168,42

Par I 3,9 : 167,20

Par I 3,10 : 171,14

Par I 3,11 : 170,98 171, 11

Par I 3,12 : 170,5

Par I 3,14 : 171,17

Par I 3,15 : 170,95 96

Par I 3,16 : 169,77

Par I 3,18 : 168,52

Par I 3,21 : 169,70

Par I 3,23 : 163,45 164, 63

Par I 3,24 : 163,37

Par I 3,24? : 170,96

Par I 4,2 : 168,49

Par I 4,3 : 133,17 164, 62 64 168,48 169,71 267,56

Par I 4,4 101,15 123, 31 167,29 231,25 300, 10

Par I 4,5 : 161,1

Par I 4,6. : 166,99

Par I 4,8 : 164,56 167, 37

Par I 4,9 : 168,43

Par I 4,12 : 164,60 166, 6 172,36

Par I 4,15 : 169,76

Par I 4,15? : 161,1

Par I 4,16 : 165,82 86 167,21 33

Par I 4,17 : 167,33 169, 71

Par I 4,18 : 165,77 168, 44 169,76

Par I 4,18?? : 168,52

Par I 4,19 : 172,34

Par I 4,20 : 165,89 166, 19

Par I 4,21 : 164,62

Par I 4,24 : 167,37

Par I 4,26 : 162,21 164, 75

Par I 4,28 : 164,60

Par I 4,29 : 167,24

Par I 4,32 : 165,96 167, 25

Par I 4,34 : 161,10

Par I 4,35 : 170,86 3

Par I 4,36 : 167,30 40

Par I 4,37 : 165,88

Par I 4,37? : 161,3

Par I 4,42 : 169,70

Par I 5,6 : 166,10

Par I 5,12 : 167,36

Par I 5,13 : 165,88 171, 11 12

Par I 5,14 : 169,67

Par I 5,19 : 170,92

Par I 5,24 : 163,39 164, 62 168,48

Par I 5,26 : 161,1

Par I 5,29 : 169,79

Par I 5,33? : 161,9

Par I 5,41 : 171,15

Par I 6,1 : 171,20

Par I 6,5 : 164,75

Par I 6,6 : 165,78 170, 93

Par I 6,9 : 166,99

Par I 6,10 : 163,46

Par I 6,10? : 161,9

Par I 6,19 : 167,24

Par I 6,20 : 161,10

Par I 6,23 : 170,85

Par I 6,26 : 165,78

Par I 6,27 : 165,84

Par I 6,29 : 172,42

Par I 6,30 : 163,47 164, 59

Par I 6,53 : 168,53

Par I 6,54 : 165,94

Par I 6,55 : 164,56 168, 43

Par I 6,57 : 109,15 172, 33 270,29

Par I 6,58 : 162,25

Par I 6,60 : 167,31

Par I 6,61 : 171,27

Par I 6, 62 : 166, 100 168,53

Par I 6,63 : 169,62

Par I 6,64 : 171,22

Par I 6,66 : 167,29

Par I 7,1 : 167,26

Par I 7,2 : 168,56 61

Par I 7,3 : 168,48

Par I 7,6 : 167,28

Par I 7,7 : 168,61

Par I 7,8 : 163,47 165, 77

Par I 7,10 : 169,77 78

Par I 7,10? : 166,8

Par I 7,13 : 167,39 169, 70

Par I 7,18 : 170,90

Par I 7,19 : 162,28

Par I 7,20? : 163,49

Par I 7,21 : 164,69

Par I 7,21? : 163,49

Par I 7,25 : 166,99 3

Par I 7,26 : 161,14

Par I 7,27 : 169,79

Par I 7,29 : 166,99

Par I 7,30 : 168,56 169, 73

Par I 7,32 : 167,41

Par I 7,35 : 161,7 167, 34

Par I 7,38 : 169,75

Par I 8,7 : 168,43

Par I 8,10 : 168,58

Par I 8,11 : 161,3 163, 49

Par I 8,15 : 164,69

Par I 8,16 : 169,73 170,1

Par I 8,16 ? : 164,64

Par I 8,18 : 169,67

Par I 8,19 : 164,71 165, 81 85 167,31

Par I 8,20 : 162,34

Par I 8,22 : 162,33

Par I 8,22 ? : 164,64

Par I 8,23 : 162,26

Par I 8,24 : 162,30

Par I 8,25 : 169,74

Par I 8,27 : 167,36 169, 63

Par I 8,33 : 170,86

Par I 8,35 : 166,6

Par I 8,36 : 165,77 167, 27 170,5

Par I 8,37 : 162,33 164, 61

Par I 8,39 : 163,44

Par I 9,4 : 162,22 163, 51

Par I 9,7 ? : 14,27

Par I 9,8 : 168,56

Par I 9,10 : 168,42 170, 97 1

Par I 9,10 ? : 169,81

Par I 9,12 : 163,52

Par I 9,12 ? : 164,61

Par I 9,16 : 168,44

Par I 9,32 : 171,21

Par I 9,36 : 170,88

Par I 9,42 : 167,27

Par I 11,11 : 169,68

Par I 11,22 : 170,1 171, 21

Par I 11,30 : 161,1

Par I 11,31 : 165,90

Par I 11,35 : 163,45

Par I 11,37 ? : 166,98

Par I 11,40 : 168,51 169,84

Par I 11,44 : 168,52

Par I 11,45 : 167,26 170,3 171,19

Par I 11,46 : 163,48 168,49 171,14

Par I 11,47 : 161,1

Par I 12,3 : 167,29 169, 78

Par 1 12,4 : 170,2

Par I 12,5 : 163,45

Par I 12,6 : 169,68 72 172,42

Par I 12,7 : 169,63 170, 85 5

Par I 12,12 : 162,34

Par I 12,12 ? : 170,6

Par I 12,20 : 163,39 167,28

Par I 13,5 : 165,94

Par I 14,5 : 163,42 49

Par I 14,7 : 163,49

Par I 15,17 : 172,41

Par I 15,18 : 162,28

Par I 15,20 : 161,2'

Par I 15,21 : 161,11

Par I 16,3 : 162,20

Par I 18,9 : 167,26

Par I 20,5 : 167,29

Par I 23,8 : 164,74 165, 82

Par I 23,19 : 167,29 168,60

Par I 23,20 : 169,72

Par I 23,23 : 167,38

Par I 24,11 : 169,78

Par I 24,15 :,168,46 51

Par I 24,18 : 168,48

Par I 24,20 : 167,27

Par I 24,22 : 169,81 170,91

Par I 24,23 : 167,29

Par I 24,25 : 170,91

Par I 24,27 : 170,89

Par I 25,2 : 165,82 169, 70

Par I 25,4 : 163,36 170,2

Par I 25,9 : 165,96

Par I 25,24 : 169,68

Par I 26,2 : 164,71 167, 28

Par I 26,3 : 168,57

Par I 26,3 ? : 165,89

Par I 26,4 : 170,93

Par I 26,7 : 170,87

Par I 27,2 : 164,70 170, 87

Par I 27,6 : 161,13

Par I 27,9 : 166,13

Par I 27,11 : 165,79

Par I 27,21 : 167,39

Par I 27,26 : 164,59

Par I 27,30 : 167,28

Par I 28,17 : 172,37

Par I 28,20 : 164,75

Par II 3,1 : 162,20

Par II 8,3 : 163,50

Par II 8,4 : 161,5 166, 10

Par II 9,21 ? : 166,8

Par II 11,19 : 168,58

Par II 11,20 : 165,86 168,51

Par II 13,19 : 167,38

Par II 14,14 : 161,2 5

Par II 17,8 : 167,39
Par II 18,8 : 168,54
Par II 20,2 : 162,28
Par II 20,26? : 111,13
273,89
Par II 22,1 : 161,2 5
Par II 26,3 : 169,76
Par II 26,6 : 167,27
Par II 27,1 : 169,66
Par II 28,18? : 166,4
Par II 29,12 : 165,84
167,33 170,93 94 172,
35
Par II 31,14 : 168,56
Par II 34,22 : 164,60
Par II 34,22? : 166,12
Par II 35,19 : 171,27
Par II 35,20 : 172,31
Par II 36,5 : 165,85
Esdr I 2,2 : 165,87
Esdr I 2,6 : 169,79
Esdr I 2,8 : 164,74
Esdr I 2,9 : 165,82
Esdr I 2,15 : 165,90
Esdr I 2,18 : 171,11
Esdr I 2,31 : 165,91 92
Esdr I 2,32 : 165,96
Esdr I 2,39 : 165,97
Esdr I 2,40 : 171,23
Esdr I 2,44 : 172,37 39
Esdr I 2,53 : 166,14
Esdr I 2,56 : 172,37
Esdr I 2,57 : 164, 64
165,95
Esdr I 2, 59 : 165, 90
166,14
Esdr I 3,2 : 171,15
Esdr I 3,9 : 165,96 171,
24
Esdr I 6,2 : 161,5
Esdr I 7,3? : 161,9
Esdr I 8,5 : 164,73
Esdr I 8,10 : 171,16

Esdr I 8,14 : 164,72
Esdr I 8,16 : 161,3 162,
32
Esdr I 9,1 : 162,18
Esdr I 10,22 : 165,92
Esdr I 10,23 : 166,5
Esdr I 10,24 : 163,39
Esdr I 10,26 : 167,38
Esdr I 10,27 : 167,38
Esdr I 10, 28 : 164,72
166,3
Esdr I 10,33 : 168,58
Esdr I 10,43 : 165,82
Esdr II 2,10 : 162,18
Esdr II 3,2 : 169,62
Esdr II 3,5 : 166,13
Esdr II 3,10 : 164,58
Esdr II 3,11 : 166,6 15
Esdr II 3,16 : 164,73
Esdr II 3,17 : 172,34
Esdr II 3,20 : 164,72
Esdr II 3,30 : 162,30
Esdr II 6,15 : 163,48
Esdr II 6,18? : 165,97
170,6
Esdr II 7,14 : 165,82
Esdr II 7,20 : 165,90
Esdr II 7,22 : 166,98
Esdr II 7,34 : 165,92
Esdr II 7,43 : 171,23
Esdr II 7,47 : 172,37 39
Esdr II 7,48 : 172,39
Esdr II 7,58 : 168,54
Esdr II 7,59 : 165,95
Esdr II 7,61 : 165,97
Esdr II 8,7 : 162,28 167,
34 170,3
Esdr II 10,3 : 169,62
Esdr II 10,5 : 169,84
Esdr II 10,10 : 165,96
Esdr II 10,17 : 165,90
Esdr II 10,21 : 165,90
Esdr II 10,26 : 164,59

Esdr II 10,27 : 162,26
165,96
Esdr II 11, 5 : 164, 75
170,6
Esdr II 11,7 : 170,94
Esdr II 11,11 : 163,50
Esdr II 11,12 : 169,63
Esdr II 11,13? : 161,9
Esdr II 11,14 : 164,70
165,88
Esdr II 11,25 : 171,28
Esdr II 12,11 : 168,44
Esdr II 12,15 : 163,46
Esdr II 12,20 : 171,22
Esdr II 12,27 : 167,25
Esdr II 12,39 : 168,47
Esdr III 1,23 : 172,31
Esdr III 1,36 : 165,79
Esdr III 5,8 : 163,55
Esdr III 5,16? : 162,29
Esdr III 5,20 : 162,18
172,41
Esdr III 5,22 : 168,60
171,26
Esdr III 5,23 : 162,23
Esdr III 5,24 : 163, 52
Esdr III 5,25 : 171,30
Esdr III 5,26 : 171, 24
Esdr III 5,29 : 172,39
Esdr III 5,30 : 171, 24
172,39
Esdr III 5,30? : 162,29
Esdr III 5,32 : 167,23
172,42
Esdr III 5,33 : 170,87
Esdr III 5,36 : 166,14
16
Esdr III 5,56 : 169,80
170,1 171,24
Esdr III 8,32 : 168,47
171,10
Esdr III 8,38 : 170,97
Esdr III 8,40 : 170,92

Esdr III 8,41 : 166,15
Esdr III 8,43 : 163,53 171,12
Esdr III 8,47 : 162,29
Esdr III 8,54 : 164,63
Esdr III 8,89 : 168,48
Esdr III 9,14 : 167,25
Esdr III 9,14?? : 166,19
Esdr III 9,22 : 163,45 170,89
Esdr III 9,23 : 171,9 172,42
Esdr III 9,28 : 165,77 79 80 167,38
Esdr III 9,29 : 163,51 171,14
Esdr III 9,30 : 167,38
Esdr III 9,34 : 162,31 163,54 164,76 169,84 171,26
Esdr III 9,34? : 164,64
Esdr III 9,35 : 165,90
Esdr III 9,48 : 162,30 167,32 171,26
Esth 1,10 : 164,74
Esth 1,10? : 166,7
Esth 2,5 : 167,30 172,41
Esth 2,7 : 164,61
Esth 3,1 : 161,4 8
Esth 3,4 : 169,83
Esth 4,5 : 164,69
Esth 5,10 : 165,89
Esth 8,5? : 161,8
Esth 9,9 : 164,72
Esth 9,29 : 169,83
Esth 10,3 : 56,3
Tob 1,1 : 162,27
Tob 1,2 : 163,55 167,21 172,43
Tob 1,21 : 162,23
Tob 2,6 : 162,22

Tob 2,10 : 163,49
Iudith 1,8 : 164,59
Iudith 2,28 : 168,56
Iudith 4,4? : 164,64
Iudith 7,3 : 172,43
Iudith 9,7 : 189,100
Macc I 2,1 : 140,20 281,59
Macc I 2,5? : 185,93
Macc I 10,74 : 69,18
Iob 1,1 : 59,13 24 158,26 286,67
Iob 1,6 : 60,3
Iob 2,11 : 59,16 20 27 60,1 4 156,3 260,99
Iob 3,8 : 59,25
Iob 6,19 : 60,2
Iob 19,24? : 59,28
Iob 26,5 : 59,29
Iob 28,16 : 59,28
Iob 28,18 : 59,22 29
Iob 28,19 : 60,5
Iob 30,4 : 59,30
Iob 32,2 : 59,16 17 18 20 30
Iob 38,32 : 59,26
Iob 38,36 : 60,3
Iob 39,13 : 196,95
Iob 42,18 add : 59,15 17 19 22
Ps 3,1 : 48,8
Ps 7,1 : 48,14 22
Ps 29,8 : 48,12
Ps 39,1 : 48,22
Ps 50,1 : 48,8
Ps 51,8 : 180,40
Ps 62,1 : 184,68
Ps 68,15 : 48,28
Ps 74,15 : 165,90
Ps 83,8 : 48,20
Ps 83,12 : 49,9
Ps 88,1 : 48,16
Ps 89,13 : 48,16 49,6

Ps 106,28 : 48,10
Ps 119,1 : 48,8
Ps 119,9 : 48,11
Ps 119,17 : 48,20
Ps 119,25 : 48,15
Ps 119,33 : 48,18
Ps 119,41 : 49,8
Ps 119,49 : 49,9
Ps 119,57 : 48,18
Ps 119,65 : 49,3
Ps 119,73 : 48,23
Ps 119,80 : 48,14
Ps 119,89 : 48,24
Ps 119,97 : 48,25
Ps 119,105 : 48,26
Ps 119,113 : 48,29
Ps 119,121 : 48,9
Ps 119,129 : 48,19
Ps 119,136 : 49,1
Ps 119,145 : 48,12
Ps 119,153 : 48,27
Ps 119,161 : 49,2
Ps 119,169 : 49,6
Ps 120,5 : 48,13
Ps 132,6 : 48,17
Ps 133,3 : 182,1 190,21
Ps 135,11 : 101,24 231,35
Ps 137,1 : 48,11
Cant 1,13 : 119,16
Cant 4,4 : 202,84
Cant 6,12? : 161,14
Cant 7,6 : 171,30
Isa 1,1 : 50,21 162,22 165,97
Isa 2,16 : 111,9 273,87
Isa 5,2 : 50,24
Isa 5,22 : 50,24
Isa 6,2 : 50,24 184,59
Isa 6,11 : 98,24 228,70
Isa 7,1 : 50,6 22
Isa 7,3 : 50,8 98,26 228,71

Isa 7,6 : 51,3
Isa 7,14 : 49,30
Isa 8,2 : 49,21 51,4
Isa 8,6 : 50,25
Isa 8,13 : 50,25
Isa 8,18 : 50,25
Isa 9,8 : 50,26
Isa 10,9 : 49,27 29 30
   111,30 113,20 114,1
   120,27 256,9 301,24
   302,63 303,72
Isa 10,26 : 50,13
Isa 10,28 : 49,15 50,13
Isa 10,30 : 50,11 129,
   10 136,14 247,78
   275,35
Isa 10,30? : 49,16
Isa 10,31 : 50,7 14
   130,5 139,10 248,2
   279,25
Isa 11,11 : 49,15 50,4
   154,15 296,12
Isa 13,12 : 50,27
Isa 13,17 : 185,78
Isa 15,2 : 50,17 115,12
   116,16 142,2 249,46
   251,77 283,97
Isa 15,4 : 49,30 50,8
   117,31 118,7 131,16
   253,26 34 264,95
Isa 15,5 : 50,11 21 98,
   8 136,23 149,30 228,
   59 276,43 291,86
Isa 15,6 : 50,17 143,11
   284,32
Isa 15,8 : 50,1 5 98,10
   13 228,61 64
Isa 15,9 : 49,28 147,12
   288,27
Isa 16,6 : 130,13 248,9
Isa 16,7 : 116,18 251,79
Isa 16,8 : 50,27 131,21
   150,18 265,2 292,5

Isa 19,11 : 51,3 155,19
   298,48
Isa 19,13 : 50,14
Isa 19,18 : 98,28 187,
   39
Isa 20,1 : 50,28
Isa 21,11 : 149,14 291,
   82
Isa 21,13 : 49,29 116,
   19 251,80
Isa 21,14 : 158,7 263,
   66
Isa 21,16 : 111,18 273,
   93
Isa 22,5 : 50,1
Isa 22,15 : 50,28
Isa 22,20 : 49,27
Isa 22,24? : 50,29
Isa 23,1 : 49,24 113,14
   302,59
Isa 25,2 : 125,23
Isa 27,12 : 147,29 289,
   40
Isa 29,1 : 98,15 228,66
Isa 32,19 : 154,11 296,9
Isa 33,9 : 50,29 154,6
   171,30 296,6
Isa 34,6 : 49,22
Isa 36,2 : 135,23 274,
   10
Isa 36,3 : 49,16 50,8
Isa 36,19 : 99,1 154,2
   229,73 296,3
Isa 36,20 : 50,9
Isa 37,8 : 135,28 274,
   16
Isa 37,12 : 49,16 50,7
   22 113,23 130,7 147,
   13 248,4 288,28
Isa 37,13 : 49,16 17 99,
   3 147,14 229,75 288,
   29
Isa 37,13? : 49,16

Isa 37,37 : 50,18
Isa 37,38 : 49,17 18 50,
   19 51,1 99,8 229,77
Isa 39,1 : 49,22 50,15
Isa 44,28 : 49,25
Isa 45,14 : 51,2
Isa 46,1 : 49,22 50,19
Isa 49,23 : 99,2
Isa 60,6 : 50,5 51,2
   130,12 248,8
Isa 60,7 : 143,14 284,
   35
Isa 63,1 : 102,19 233,
   59
Isa 65,10 : 49,19
Isa 66,19 : 50,6 11 15
Ier 1,1 : 53,7 27 54,18
   94,2 222,35
Ier 1,2 : 53,8
Ier 2,16 : 55,23 141,2
   281,68
Ier 2,18 : 55,13
Ier 7,18 : 53,27
Ier 7,31 : 54,6
Ier 7,32 : 55,26 158,14
   263,72
Ier 8,7 : 201,40
Ier 10,9 : 55,7
Ier 20,1 : 55,4
Ier 20,3 : 54,14
Ier 21,1 : 54,24
Ier 21,13 : 55,13
Ier 22,6 : 124,29 241,42
Ier 22,24 : 54,18
Ier 25,23 : 53,19 54,3
   107,28 116,24 239,4
   251,84
Ier 25,25 : 54,11
Ier 25,26 : 55,14
Ier 26,9 : 55,15
Ier 26,18 : 54,24
Ier 26,20 : 53,22 55,15
   109,30 271,44

Ier 26,22 : 53,8 54,6
Ier 26,24 : 55,16
Ier 28,1 : 53,9
Ier 29,3 : 54,7 16
Ier 29,3? : 53,9
Ier 29,21 : 53,22
Ier 29,21? : 53,9
Ier 29,24 : 55,1
Ier 29,26 : 55,8
Ier 29,27 : 182,4
Ier 31,15 : 146,11 287,2
Ier 31,38 : 53,10
Ier 31,39 : 54,17 130,
9 248,6
Ier 31,40 : 53,10 23
99,12 229,80
Ier 32,7 : 55,16 162,25
Ier 32,8 : 53,11
Ier 32,12 : 53,19 55,1
Ier 32,35 : 54,24
Ier 33,13 : 55,16
Ier 34,7 : 135,23 274,
12
Ier 35,2 : 55,10
Ier 35,3 : 54,19
Ier 35,4 : 53,11 54,19
Ier 36,12 : 54,3 11
Ier 36,14 : 55,2 17
Ier 36,26 : 53,12 54,7
55,17
Ier 37,3 : 54,20
Ier 37,13 : 53,12 54,20
Ier 37,15 : 54,21
Ier 37,16: 99,15 229,82
Ier 38,1 : 54,22 25 55,
18
Ier 38,7 : 53,13
Ier 39,3 : 55,2 3 10 11
18 19
Ier 39,5 : 55,11
Ier 39,14 : 55,20
Ier 40,6 : 54,25 138,15
278,98

Ier 40,8 : 54,12 55,26
171,27
Ier 40,14 : 53,20
Ier 41,1 : 54,12
Ier 41,9 : 53,13 20
Ier 41,17 : 53,29 114,
2 303,73
Ier 42,1 : 55,9
Ier 43,4 : 54,22
Ier 43,7 : 155,20 298,50
Ier 44,1 : 54,26 137,18
141,3 277,70 281,68
Ier 44,15 : 54,14 124,8
301,20
Ier 44,30 : 53,13
Ier 46,2 : 54,1 15 55,3
Ier 46,14 : 137,18 277,
70
Ier 48,1 : 53,23 141,13
142,2 282,76 283,98
Ier 48,2 : 54,8 117,31
253,26
Ier 48,3 : 55,9 144,30
304,3
Ier 48,5 : 99,14 229,83
Ier 48,6 : 53,15
Ier 48,7 : 54,2
Ier 48,18 : 54,4
Ier 48,21 : 54,13 27
114,3 131,16 141,14
15 264,96 303,74
Ier 48,22 : 54,5 115,12
116,25 249,47 251,85
Ier 48,23 : 54,17 27
141,17 282,78
Ier 48,24 : 53,20 24
111,21 273,95
Ier 48,32 : 54,23 55,21
131,22 265,2
Ier 48,34 : 53,15 118,8
143,12 154,29 159,23
253,35 258,48 284,33
297,25

Ier 48,45 : 55,21
Ier 49,1 : 54,28 141,18
282,79
Ier 49,2 : 147,2 288,19
Ier 49,3 : 53,16 130,10
248,7
Ier 49,4 : 121,4 159,26
257,18 258,51
Ier 49,7 : 158,8 263,66
Ier 49,8 : 116,26 251,
86
Ier 49,19 : 99,17 229,
84
Ier 49,23 : 53,16 122
17 229,74 260,90
Ier 49,28 : 111,17 273,
92
Ier 50,2 : 53,21 54,28
107,29 239,5
Ier 51,11 : 54,29
Ier 51,27 : 53,17 82,29
208,27
Ier 52,1 : 53,17
Ier 52,31 : 53,18
Thren 4,7 : 175,24
Ez 1,1 : 56,12 58,3
Ez 1,3 : 57,1 9 113,31
303,71
Ez 1,4 : 56,28 57,18
Ez 1,16 : 189,96
Ez 3,15 : 59,3
Ez 4,11 : 58,3
Ez 6,14 : 57,16
Ez 8,3 : 58,20
Ez 8,11 : 56,12 58,3 22
Ez 8,14 : 59,4
Ez 9,4 : 59,8
Ez 10,1 : 58,26
Ez 10,13 : 58,1
Ez 11,1 : 56,24 57,1
20 28
Ez 11,23 : 111,15 273,
91

Amos 1, 1 : 51, 20 27 119,11 162,22

Amos 1,6 : 51,24

Amos 1,8 : 51,21

Amos 1,12 : 51,27

Amos 3,15 : 196,14

Amos 4,3 : 147,18 289, 33

Amos 5,5 : 126,30 243,1

Amos 5,26 : 51,25 26

Amos 6,2 : 120,28 256, 11

Amos 7,1 : 51,24

Amos 7,10 : 51,22

Mich 1, 1 : 51, 30 31 141,11 282,74

Mich 1,10 : 51,30 135, 1 257,15

Mich 1,11 : 154,16 296, 12

Mich 1,15 : 143,28 285, 58

Mich 5,5 : 52,2

Ioel 1,1 : 52,4 5

•Ioel 4,2 : 111,14

Ion 1,1 : 52,9 10

Ion 1,3 : 52,10

Abd 1 : 52,7

Abd 9 : 158,9 263,67

Abd 20 : 52,14

Nahum 1,1 : 52,12 13 121,2 257,17

Nahum 1,4 : 171,30

Abbac 1,1 : 52,16

Soph 1,1 : 52,18 19 20

Soph 2,4 : 67,5

Soph 2,4? : 125,23

Agg 1,1 : 52,22 23 24 26

Zach 1,1 : 52, 29 184, 62

Zach 6,10 : 184,70

Zach 7,1 : 52,31

Zach 7,2 : 52,32

Zach 9,1 : 53,4 154,17 296,13

Zach 9,2 : 120,28 256, 10

Zach 9,9 : 154,18 296, 14

Zach 14,4 : 139,28

Zach 14,5 : 52,29 99,9 229,78

Zach 14,10 : 52, 30 32 99,10 147,24 229,79 289,37

Mal 1,1 : 53,3

Mal 3,23 : 53,2 5

Matth 1,1 : 60,8 61,24 175,16

Matth 1,2 : 61,26 27

Matth 1, 3 : 61, 12 20 63,10 13

Matth 1,4 : 60,8 62,23 63,5

Matth 1,5 : 60,19 61, 12 62,29 32 63,1 175, 16 29

Matth 1,6 : 63,5

Matth 1,7 : 60,9 63,1

Matth 1,7? : 180,42

Matth 1,8 : 60,10 61, 28 29

Matth 1,9 : 60,11 61, 30 31

Matth 1,10 : 60,11 61, 31 62,15

Matth 1,11 : 62,2 3

Matth 1,12 : 63,6 13

Matth 1,13 : 60,13 14 61,16 175,13

Matth 1,14 : 61,17 62,3 63,9 175,13

Matth 1,15 : 61,17 62,15

Matth 1,16 : 62,16 175, 17 22

Matth 1,18 : 62,4

Matth 2,1 : 62,4 175, 17

Matth 2,17 : 62,5

Matth 2, 18 : 63,1 2 147, 26 175, 28 29 176,52 184,66 200,99 289,38

Matth 2,22 : 60,14

Matth 2,23 : 62,24 27 143,16 175,23 24 284, 37

Matth 3,1 : 62,6

Matth 3,7 : 61,20

Matth 4,1 : 61,9

Matth 4,13 : 62,27 63, 14 111, 22 175, 25 273,96

Matth 4, 15 : 129, 27 247,93

Matth 4,18 : 175,28

Matth 4,21 : 63,15 175, 12

Matth 4, 25 : 116, 29 251,89

Matth 5,13 : 176,31

Matth 5,18 : 60,14

Matth 5,22 : 63,3 175, 30 184,47

Matth 5,26 : 61,1 175, 20

Matth 8,17 : 62,6

Matth 8, 28 : 130, 15 175,11 248,11

Matth 9,9 : 62,20 175, 22

Matth 9,27 : 61,9

Matth 10,2 : 60,15

Matth 10,3 : 60,15 20 62,13 63,10 174,6 175,15 21

Matth 10,4 : 61,2 62,7 63,24 175,18 21

Luc 6,15 : 63,24
Luc 7,11 : 65,16 121,
 31 143,22 259,72
 285,41
Luc 8,3 : 65,1 66,2
Luc 8,26 : 64,26
Luc 8,41 : 65,2 176,46
Luc 9,52 : 66,3
Luc 10,12 : 66,4 176,
 53
Luc 10,18 : 66,4 176,
 54
Luc 10,30 : 92,16
Luc 10,38 : 65,11 176,
 50
Luc 11,15 : 66,11
Luc 11,30 : 65,17
Luc 11,31 : 66,5 176,54
Luc 11,32 : 176,51
Luc 16,20 : 65,7 176,48
Luc 17,28 : 65,6 176,49
Luc 19,1 : 132,1 265,12
Luc 19,2 : 63,16 175,13
Luc 20,27 : 66,5
Luc 23,51 : 96,19
Luc 24,13 : 64,8 121,6
 176,43 257,21
Luc 25,51 : 226,13/14
Ioh 1,1 : 177,61
Ioh 1,28 : 108,6 240,12
Ioh 1,42 : 66,17 177,59
Ioh 1,43 : 66,14
Ioh 1,44 : 177,58
Ioh 1,46 : 66,18 177,60
Ioh 1,48 : 110,6 271,52
Ioh 2,1 : 66,14 110,5
 177,59 271,51
Ioh 3,23 : 66,8 19 99,
 22 177,57 60 229,88
Ioh 4,5 : 66,20 154,33
 177,61 297,26
Ioh 5,2 : 108,9 240,15
Ioh 6,31 : 66,17

Ioh 9,7 : 66,22 177,61
Ioh 11,1 : 108,4 239,10
Ioh 11,54 : 66,15 121,
 9 177,58 257,24
Ioh 13,29 : 189,11
Ioh 18,1 : 111,4 114,12
 273,82 303,80
Ioh 18,13 : 66,8
Ioh 18,40 : 66,13
Ioh 19,38 : 96,19 226,
 13/14
Ioh 21,2 : 110,6 271,52
Act 1,1 : 72,5
Act 1,4 : 69,16
Act 1,5 : 69,16
Act 1,8 : 71,4
Act 1,11 : 69,12
Act 1,12 : 68,20
Act 1,13 : 66,24 27 67,
 21 69,5 70,1 16 72,6
Act 1,14 : 70,1
Act 1,16 : 68,13
Act 1,19 : 66,28
Act 1,23 : 67,22 69,17
Act 2,8 : 70,8
Act 2,9 : 67,29 68,21
 70,2 16 17 84,30
Act 2,10 : 66,28 67,29
 69,5 23 70,17 29
Act 2.11 : 66,29 67,30
Act 2,16 : 69,18
Act 2,22 : 70,12
Act 3,11 : 71,5
Act 3,24 : 71,5
Act 4,1 : 71,6
Act 4,6 : 66,29 30 67,
 31
Act 4,27 : 69,3 70,18
Act 4,36 : 67,23 69,23
Act 4,36? : 68,1
Act 5,1 : 66,31 71,6
Act 5,34 : 69,5 12
Act 5,36 : 72,7

Act 6,1 : 68,22
Act 6,5 : 70,12 13 19
 71,8 26
Act 6,9 : 68,1 69,24
Act 7,10 : 69,6
Act 7,16 : 68,22 71,9
Act 7,29 : 70,4
Act 7,30 : 71,9
Act 7,43 : 70,5 29
Act 8,26 : 69,13
Act 8,27 : 68,3
Act 8,28 : 69,3
Act 8,38 : 104,31 236,
 28
Act 8,40 : 67,3 68,2
Act 9,2 : 68,13
Act 9,4 : 71,11
Act 9,32 : 69,24
Act 9,33 : 67,6
Act 9,35 : 71,12
Act 9,36 : 69,19 71,26
Act 10,1 : 68,3 69,19
Act 10,17 : 71,4
Act 11,19 : 69,6
Act 11,20? : 68,1
Act 11,28 : 67,6 68,4
Act 12,4 : 70,20
Act 12,12 : 70,6
Act 12,13 : 71,1
Act 12,20 : 67,25 71,
 12 27
Act 13,1 : 69,25 70,6 14
Act 13,4 : 71,12
Act 13,5 : 71,14
Act 13,6 : 67,25 70,21
Act 13,7 : 71,15
Act 13,8 : 68,23
Act 13,9 : 71,16
Act 13,13 : 70,22
Act 13,14 : 69,7
Act 13,21 : 68,4
Act 13,22 : 69,20

158

Act 13,51 : 69,21
Act 14,1 : 68,27
Act 14,6 : 68,14 69,25
Act 14,12 : 68,24
Act 14,25 : 67,7
Act 15,22 : 71,16
Act 15,23 : 71,17
Act 16,7 : 67,26 70,6
Act 16,8 : 71,28
Act 16,9 : 70,7
Act 16,11 : 70,14 71,18
Act 16,12 : 68,5
Act 16,14 : 69,26 72,8
Act 16,16 : 70,22
Act 17,1 : 67,8 9
Act 17,5 : 69,20
Act 17,10 : 67,27
Act 17,19 : 67,12
Act 17,21 : 67,10
Act 17,34 : 68,14 15
Act 18,1 : 68,6
Act 18,2 : 67,14 70,22
Act 18,8 : 68,8
Act 18,12 : 67,14 69,14
Act 18,17 : 71,19
Act 18,23 : 69,14
Act 18,24 : 67,15
Act 19,9 : 71,28
Act 19,14 : 71,19
Act 19,22 : 68,25
Act 19,24 : 67,15 68,16
Act 19,29 : 67,16 69,15
Act 20,2 : 68,26
Act 20,4 : 68,17 70,23
   71,20 72,9
Act 20,9 : 68,29
Act 20,14 : 70,9
Act 20,15 : 70,9 71,21
Act 20,16 : 68,28
Act 21,1 : 68,8 9 70,
   23 71,1
Act 21,1 fin : 68,9
Act 21,7 : 70,23

Act 21,16 : 70,10
Act 21,38 : 71,21
Act 21,40 : 68,30
Act 23,24 : 69,9
Act 23,26 : 69,27
Act 23,31 : 67,17
Act 24,1 : 71,29
Act 24,24 : 68,17
Act 24,27 : 69,10 70,24
Act 25,13 : 67,18 27
Act 27,1 : 69,21 71,21
Act 27,2 : 67,18
Act 27,5 : 69,28 70,10
Act 27,7 : 71,23
Act 27,8 : 69,28
Act 27,14 : 68,30
Act 27,16 : 68,9
Act 27,17 : 71,23
Act 27,27 : 67,19
Act 28,1 : 70,11
Act 28,7 : 70,25
Act 28,11 : 68,18
Act 28,12 : 71,25
Act 28,13 : 70,25 71,2
Act 28,15 : 67,20 72,1
Act 28,16 : 71,2
Rom 1,1 : 74,25
Rom 1,3 : 74,3
Rom 1,16? : 74,15
Rom 3,22 : 74,15
Rom 4,1 : 73,23
Rom 4,19 : 75,1
Rom 5,14 : 73,23
Rom 8,15 : 73,24
Rom 9,6 : 74,15
Rom 9,7 : 74,16
Rom 9,10 : 74,29
Rom 9,15 : 74,20
Rom 9,17 : 74,10
Rom 9,25 : 74,24
Rom 9,27 : 74,8
Rom 9,29 : 74,13 75,1
Rom 9,33 : 75,2

Rom 11,1 : 74,1
Rom 11,2 : 74,8
Rom 11,4 : 74,1
Rom 15,12 : 74,16
Rom 15,12? : 72,14
Rom 15,19 : 74,16
Rom 15,26 : 73,24 74,
   17 20
Rom 15,28 : 75,3
Rom 16,1 : 74,2 10
Rom 16,3 : 73,25 74,25
Rom 16,5 : 73,26 74,4
Rom 16,6 : 74,21
Rom 16,7 : 72,15 73,26
Rom 16,8 : 73,28
Rom 16,9 : 75,4 9
Rom 16,10 : 73,28 29
Rom 16,11 : 74,9 22
Rom 16,12 : 74,25 75,6
Rom 16,13 : 74,30
Rom 16,14 : 73,29 74,4
   5 11 26
Rom 16,15 : 74,11 23
   24
Rom 16,20 : 75,4
Rom 16,21 : 72,15 74,
   19 75,5 7
Rom 16,22 : 75,7
Rom 16,23 : 74,5 13 28
Cor I 1,1 : 75,27
Cor I 1,2 : 75,15
Cor I 1,11 : 75,16
Cor I 1,12 : 75,11 15
Cor I 1,14 : 75,16 21
Cor I 1,16 : 75,27
Cor I 1,23 : 75,22
Cor I 5,5 : 75,29
Cor I 9,6 : 75,14
Cor I 9,9 : 75,24
Cor I 15,7 : 75,22
Cor I 15,32 : 75,19
Cor I 16,1 : 75,21
Cor I 16,2 : 75,29

Cor I 16,3 : 75,23
Cor I 16,5 : 75,24
Cor I 16,15 : 75,11
Cor I 16,19 : 75,12 26
Cor I 16,22 : 75,24
Cor II 1,8 : 76,2
Cor II 1,19 : 75,28 76,9
Cor II 2,11 : 76,9
Cor II 2,12 : 76,10
Cor II 2,13 : 76,10
Cor II 6,15 : 76,4
Cor II 11,3 : 75,19 76,7
Cor II 11,22 : 75,20
    76,2 7 8
Cor II 11,32 : 75,18 76,
    3 6
epist ad Gal : 112,13
Gal 1,13 : 76,18
Gal 1,17 : 76,13 17 18
Gal 1,18 : 76,21
Gal 1,19 : 76,18
Gal 1,21 : 76,16 22
Gal 2,9 : 76,19
Gal 2,11 : 76,13
Gal 3,6 : 76,14
Gal 4,6 : 76,14
Gal 4,24 : 76,15 22
Gal 4,28 : 76,20
Gal 6,16 : 76,20
Phil 1,1 : 76,28
Phil 2,25 : 76,26
Phil 3,5 : 76,24 26 28
Phil 4,2 : 76,26 77,1
    79,7
Phil 4,3 : 76,25
Phil 4,16 : 77,3
Col 1,2 : 77,8
Col 1,7 : 77,10
Col 2,1 : 77,13
Col 4,7 : 77,19
Col 4,9 : 77,18
Col 4,10 : 77,5 7 15
Col 4,11 : 77,11

Col 4,13 : 77,11
Col 4,14 : 77,9 14
Col 4,15 : 77,17
Col 4,17 : 77,5
Thess I 1,1 : 77,23
Thess I 1,7 : 77,21
Thess I 2,18 : 77,23
Thess I 5,28 add : 77,
    22
Tim I 1,3 : 78,20
Tim I 1,20 : 78,17 26
    27
Tim I 2,13 : 78,17 20
Tim I 3,6 : 78,19
Tim I 6,13 : 78,24
Tim II 1,5 : 79,7 15
Tim II 1,15 : 78,29 79,
    8 11
Tim II 1,16 : 78,23
Tim II 1,17 : 79,21
Tim II 1,18 : 79,9
Tim II 2,8 : 79,5
Tim II 2,17 : 79,12
Tim II 3,8 : 78,21 79,18
Tim II 3,11 : 79,1 14 16
Tim II 4,10 : 78,18 79,
    3 5 6 13
Tim II 4,11 : 79,16
Tim II 4,13 : 79,3 11
    18 22
Tim II 4,19 : 79,2 20
Tim II 4,20 : 79,3 9
    19 22
Tim II 4,21 : 79,4 9
    17 20
Tit 1,5 : 79,26
Tit 3,12 : 79,24 27
Tit 3,13 : 79,24 28
Philem 1 : 80,7
Philem 2 : 78,29 80,2
Philem 10 : 80,8
Philem 23 : 80,5
Philem 24 : 78,29 80,4

Petr I 1,1 : 72,19 20
    22 23 29 31 73,6
Petr I 3,6 : 72,25 73,7
Petr I 5,12 : 72,25 73,7
Petr I 5,13 : 72,20 24
    73,4
Petr II 1,1 : 73,7
Petr II 2,5 : 73,5
Petr II 2,6 : 72,31 73,7
Petr II 2,7 : 73,3
Petr II 2,15 : 72,27
Petr II 3,15 : 73,6
Ioh II 1 : 72,30
Ioh III 1 : 73,12
Ioh III 9 : 73,10
Ioh III 12 : 73,10
Hebr tit : 77,30
Hebr 2,9 : 78,4
Hebr 2,16 : 77,25
Hebr 3,2 : 78,9
Hebr 3,11 ? : 78,14
Hebr 3,16 : 77,25
Hebr 4,7 : 77,29
Hebr 5,4 : 77,26
Hebr 5,6 : 78,9
Hebr 7,1 : 78,14
Hebr 7,5 : 78,8
Hebr 7,14 : 78,4
Hebr 9,4 : 78,10
Hebr 11,4 : 77,26 28
Hebr 11,5 : 77,30
Hebr 11,7 : 78,11
Hebr 11,9 : 78,5
Hebr 11,11 : 78,14
Hebr 11,20 : 77,30
Hebr 11,21 : 78,5
Hebr 11,23 : 173,60
Hebr 11,24 : 78,1
Hebr 11,28 : 78,1
Hebr 11,30 : 78,6
Hebr 11,31 : 78,12
Hebr 11,32 : 77,27 78,
    3 6 14 15

Lightning Source UK Ltd.
Milton Keynes UK
UKHW030647140521
383717UK00007B/299